高等学校经管类"十三五"规划教材

市场营销理论与实务

主　编　王晓丽　闫贤贤　张伏玲

副主编　朱晓辉　宋　哲　徐　娜

　　　　陈小伟　张立斌　顾春娜

西安电子科技大学出版社

内 容 简 介

本书从当代营销理论与实务出发，结合应用型本科学生的特点，借助于大量的企业实际案例与经典案例，全面介绍了市场营销学的基本理论与实践方法。

全书共 13 章，每章由"知识点""技能要求""案例导入"引入，主要内容由三个模块组成：模块一是理论知识，模块二是技能训练，模块三是复习与思考。每章都配有以二维码形式给出的知识链接或营销前沿，作为知识的补充。

本书可作为高等学校工商管理、经济管理、会计学、金融、市场营销及相关专业本科生的教材，也可供从事营销工作的人士参考阅读。

图书在版编目（CIP）数据

市场营销理论与实务 / 王晓丽，闫贤贤，张伏玲主编. —西安：西安电子科技大学出版社，2019.10(2020.1 重印)

ISBN 978–7–5606–5477–5

Ⅰ.①市…　Ⅱ.①王…　②闫…　③张…　Ⅲ.①市场营销学—高等学校—教材　Ⅳ.① F713.50

中国版本图书馆 CIP 数据核字（2019）第 210801 号

策划编辑　刘玉芳
责任编辑　孙雅菲　阁　彬
出版发行　西安电子科技大学出版社（西安市太白南路 2 号）
电　　话　(029)88242885　88201467　　　　邮　　编　710071
网　　址　www.xduph.com　　　　电子邮箱　xdupfxb001@163.com
经　　销　新华书店
印刷单位　陕西天意印务有限责任公司
版　　次　2019 年 10 月 1 版　　2020 年 1 月第 2 次印刷
开　　本　787 毫米×1092 毫米　1/16　印张 16
字　　数　377 千字
印　　数　501～3500 册
定　　价　39.00 元

ISBN 978 – 7 – 5606 – 5477 – 5 / F

XDUP　5779001-2

*** 如有印装问题可调换 ***

前　言

市场营销是一门实践性极强的学科，随着中国市场经济体系的不断深入和完善，这门学科备受关注。国内外学习与研究这门学科的人数在逐年增多，高等院校、科研院所、企事业单位等都进入到这一领域进行相关研究，其研究结果包括各种书籍及论文，精彩纷呈。为了充分发挥这门学科的实践性特点，我们结合课程特点与应用型人才的培养模式改革教学方法、教学手段，探索多种形式的教学模式，以充分发挥学生的主动性和创造性，提高学生的市场营销实践能力。

本书共 13 章，包括导论，市场营销环境分析，市场分析，市场营销调研与预测，企业战略规划与营销管理，目标市场战略，产品策略，价格策略，分销渠道策略，促销策略，市场营销的计划、组织与控制，服务营销，市场营销的发展与创新等内容。每章有案例导入，章节最后有技能训练、复习与思考，在理论的基础上加强了实践技能的训练，加大了实践环节。本书理论适中、案例丰富、易教易学，突出应用型人才培养的特点，拓宽学习者的学习视野。

本书由中国地质大学长城学院王晓丽、闫贤贤、张伏玲担任主编，朱晓辉、宋哲、徐娜、陈小伟、张立斌、顾春娜担任副主编。王晓丽负责拟定编写大纲、组织协调并总撰定稿，且编写了第六章至第九章；闫贤贤负责编写第一章至第四章；朱晓辉负责编写第五章；张伏玲负责编写第十章至第十三章；宋哲等人负责编写每章知识链接、营销前沿、技能训练、复习与思考部分。

由于编者学识和认识水平有限，书中难免有许多有待商榷的地方，恳请广大读者和同行批评指正，以便进一步修改与完善。

编　者

2019 年 6 月

目　录

第一章　导　论

知识点

1. 市场的含义
2. 市场营销的内涵
3. 市场营销相关概念
4. 市场营销观念
5. 顾客满意、顾客价值
6. 市场营销学的产生
7. 市场营销学的发展阶段

技能要求

1. 学习用市场营销的思想分析问题
2. 树立现代市场营销观念

 案例导入

卖萌营销——三只松鼠的营销利器

随着时间的推移，因为个人偏好不同而出现了"万事万物皆可萌"的倾向，在此大环境下，多数人只是把"萌"作为描述可爱的一种方式。而对于营销人来说，了解自身商品、服务的萌点十分重要。看到一些卖萌的人或物，有没有让你燃烧起来？

1. 三只松鼠的卖萌史

三只松鼠卖的不仅是坚果，为顾客所津津乐道的还有那些不能吃的部分：品牌卡通形象的包裹、装果壳的垃圾袋、封包夹、擦嘴的湿巾等，当客服跟顾客沟通的时候，还会演化成宠物和主人的关系，以卖萌的口吻拉近与顾客的距离。

三只松鼠创始人章燎原说，互联网企业要形成品牌，靠的不是传统线下企业打广告的方式，而是要借助社会化媒体。年轻一代的消费者已经形成习惯，产品好与不好都在微博分享，换言之，如果能让顾客满意，那他们就成为产品的传播人员，经社会化媒体扩散形成口碑。

章燎原表示，三只松鼠不怕被模仿，因为在客户体验上，他们一直坚持快速创新，比如顾客每次购买收到的体验品都是不一样的。"互联网的特点是提供个性化服务，我们要做的是通过大数据挖掘，更好地满足客户需求。"章燎原说。

2. 卖萌营销优势

"卖萌"并不是校园的专属，商界使用得更甚。对于"卖萌营销"在商界的运用，更多的是赞同声。

1) 卖萌带来的免费传播效果

很多营销人都在琢磨如何让用户主动传播。一个功利性很强，或者毫无兴趣点可言的营销行为，不会引起用户参与的冲动。然而卖萌则不同，这种被附加了喜感的快乐情绪，容易传染，易于分享。当人们在微博、微信、人人、开心上看到各种萌人萌事儿时，豪放之人开怀大笑，闷骚之人心中暗喜。这个数字化时代中最容易分享的就是快乐，难怪冷笑话、冷兔火得一塌糊涂。

在电商运营中，如果网友在你那里买到的不仅是产品，还有被萌到的快乐，想不被他分享都难。这样心甘情愿的免费传播，多少人求之不得。想一想淘宝体的火爆，效果甚好。

2) 卖萌的产品溢价能力

卖萌让商家与用户的交流更具亲和力，有时让人都不好意思砍价。我们常见淘宝店铺的评价，比如"服务不好""态度差"……看似跟产品功能与效果无关，实则是导购人员及其话语表述让产品价值缩水。会撒娇、会卖萌的商家让产品无形中增加了价值空间。

3) 卖萌能够缓解负面情绪

商家与用户之间发生矛盾，甚至是出现重大危机时，通过卖萌营销，与用户之间的敌对情绪会软化下来。比如315高德地图的案例，他们在官方微博上的主动回复尽显萌态。

4) 卖萌是会员管理润滑剂

在会员情感营销时使用卖萌的手段，不仅会增加用户的复购概率，而且还能增加好感度与分享冲动。因而在一些电商经营中经常会出现类似"哦""呢""啵""妹纸""汉纸"等语言。而从另外一个角度讲，在电商经营中，让会员参与的最好方式是"晒单"，而晒单的最好形式还是"卖萌"。

卖萌营销是否真的可以得天下呢？是也！非也！得天下者，必得民心，民心就是用户口碑。卖萌可以拉近与用户的距离，然而有些时候却不能"得天下"，更多的是因为没找到萌点，这个"点"一定要符合产品特性、符合用户口味。

(资料来源：行行出状元网·电商资讯)

模块一　理 论 知 识

第一节　市场营销学概述

一、市场的含义

市场是企业营销活动的出发点与归宿点。市场营销，从字面上理解可以是与市场相关的活动。因此，首先需要了解什么是市场。

1. 市场具有丰富的多层次内涵

(1) 市场是商品交换的场所，亦即买主和卖主进行商品交换的空间和地点。这是从空间形式来考察市场，即市场就是一个地理的概念。但由于通信技术的发展和各种无店铺、无场所交易方式的产生，单纯用地理空间来界定市场的概念已不能包括市场的全部内涵。

(2) 市场是某一产品的所有现实和潜在买主的总和。在市场经济条件下，各自独立而又相互依赖的商品生产者和商品需求者，为了满足各自的需要，通过买卖方式连续不断地实现产品和货币的相互转让，市场正体现了买卖双方的这种交换关系。

(3) 市场是买主、卖主力量的集合，是商品供求双方的力量相互作用的总和。这一含义是从商品供求关系的角度提出来的，反映的是"作为供求机制"的市场。"买方市场""卖方市场"这些名词反映了供求力量的相对强度，反映了交易力量的不同状况。在买方市场条件下，商品的供给量大大超过商品的需求量，整个市场对买方有利，价格下降，服务质量要求高，顾客支配着销售关系；而在卖方市场条件下，商品需求量大于供给量，市场商品匮乏，品种不全，价格看涨，改善服务态度缺乏动力，由卖方支配着市场销售关系，整个市场对卖方有利。

(4) 市场是指商品流通领域，它所反映的是商品流通全局，是交换关系的总和。市场是商品生产和商品交换的产物。随着商品生产的发展，社会分工趋向专业化，市场既是商品交换的场所，又是整个社会范围内不同商品生产者之间、生产者与消费者之间的商品交换关系的总和。

2. 市场三要素

从营销的角度看待市场，市场是由人口、购买力和购买动机(欲望)有机组成的总和。它包含三个主要因素，即有某种需要的人、有满足这种需要的购买力和购买欲望，用公式来表示就是：

$$市场 = 人口 + 购买力 + 购买欲望$$

(1) 人口。人口是构成市场最基本的条件。凡有人居住的地方，就有各种各样的物质和精神方面的需求，从而才可能有市场，没有人就不存在市场。

(2) 购买力。购买力是消费者支付货币、购买商品或劳务的能力。消费者的购买力是由消费者的收入决定的。有支付能力的需求才能构成市场。所以，购买力是构成营销市场的又一个重要因素。

(3) 购买欲望。购买欲望是指消费主体购买商品的动机、愿望或要求，是消费者把潜在购买力变成现实购买力的重要条件，因而也是构成市场的基本因素。人口再多，购买力水平再高，如果对某种商品没有需求的动机，没有购买商品的欲望，也形成不了购买行为，这个商品市场实际上也就不存在。从这个意义上讲，购买欲望是决定市场容量最权威的因素。

总之，市场容量的大小，完全受上述三个因素的制约，只有当这三个因素有机结合时，才能使观念上的市场变为现实市场，才能决定市场的规模和容量。例如，一个国家或地区人口众多，但收入很低，购买能力有限，则不能构成容量很大的市场。又如，购买力虽然很大，但人口很少，也不能成为很大的市场。只有人口既多，购买力又高，才能成为一个有潜力的大市场。但是，如果产品不满足需要，不能引起人们的购买欲望，对销售者来说，仍然不能成为现实的市场。市场是上述三因素的统一。

二、市场营销的内涵

市场营销学是由英文"Marketing"一词翻译过来的，关于"Marketing"一词的翻译，中文有"市场学""行销学""销售学""市场经营学""营销学"等各种译法，从静态和动态结合上把握"Marketing"的含义，用"市场营销学"的译法比较合适。"市场营销学"一词的含义是什么呢？长期以来，许多人仅把市场营销理解为推销(Selling)。其实，推销只是市场营销多重功能中的一项，并且通常还不是最重要的一项。正如美国著名管理学家彼得·德鲁克(Peter Drunker)所言：可以设想，某些推销工作总是需要的，然而，营销的目的就是要使推销成为多余，从而使产品或服务完全满足顾客需要而形成产品自我销售；理想的营销会产生一个已经准备来购买的顾客群体，剩下的事情就是如何便于顾客得到这些产品或服务。

市场营销是一个动态发展的概念。近几十年来，西方学者从不同角度给市场营销下了许多不同的定义，归纳起来可以分为如下三类：一是把市场营销看作一种为消费者服务的理论；二是强调市场营销是对社会现象的一种认识；三是认为市场营销是通过销售渠道把生产企业与市场联系起来的过程。

本书采用的是世界营销权威菲利普·科特勒(Philip Kotler)所提出的定义："市场营销是个人和群体通过创造产品和价值，并同他人进行交换以获得所需所欲的一种社会及管理过程。"

根据这一定义，可以将市场营销概念归纳为以下要点：

(1) 市场营销的终极目标是满足需求和欲望。

(2) 市场营销的核心是交换，而交换过程是一个主动、积极寻找机会以满足双方需求和欲望的社会和管理过程。

(3) 交换过程能否顺利进行，取决于营销者创造的产品和价值满足顾客需要的程度与交换过程管理的水平。

三、市场营销的相关概念

要对市场营销进行深入细致的研究，首先应该掌握它的一些基本的核心概念，包括需要、欲望和需求，商品和服务，价值和满意，交换和交易，市场和营销者，如图1-1所示。

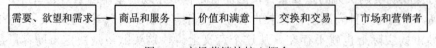

图1-1　市场营销的核心概念

1. 需要、欲望和需求

(1) 需要(Need)。构成市场营销基础最基本的概念就是人类需要这个概念。它是指人们没有得到某些满足的感受状态。人们在生活中需要空气、食品、衣服、住所、安全、感情以及其他一些东西，这些需要都不是社会和企业所能创造的，而是人类自身本能的基本组成部分。

(2) 欲望(Want)。它是指人们想得到这些基本需要的具体满足物或方式的愿望。一个人需要食品，想要得到一个面包；需要被人尊重，想要得到一辆豪华小汽车。

(3) 需求(Demand)。它是指人们有能力购买并且愿意购买某种商品或服务的欲望。人们的欲望几乎没有止境，但资源却有限。因此，人们想用有限的金钱选择那些价值和满意程度最大的商品或服务，当有购买力作后盾时，欲望就变成了需求。

企业并不创造需要，需要早就存在于营销活动出现之前，企业以及社会上的其他因素只是影响了人们的欲望，他们向消费者建议一个什么样的商品可以满足消费者哪些方面的要求，如一套豪华住宅可以满足消费者对居住与社会地位的需要。优秀的企业总是力图通过使商品富有吸引力、适应消费者的支付能力和容易得到来影响需求。

2. 商品和服务

人们在日常生活中需要各种商品(Goods)来满足自己的各种需要和欲望。从广义上来说，任何能满足人们某种需要或欲望而进行交换的东西都是商品。

"商品"这个词在人们心目中的印象是一个实物，如汽车、手表、面包等。但是，诸如咨询、培训、运输、理发等各种无形服务也属于商品范畴。一般用"商品"和"服务"这两个词来区分实体商品和无形商品。在考虑实体商品时，其重要性不仅在于拥有它们，更在于使用它们来满足人们的欲望。人们购买汽车并不是为了观赏，而是因为它可以提供一种被称为交通的服务，所以，实体产品实际上是向人们传送服务的工具。

服务(Service)则是一种无形产品，它是将人力和机械的使用应用于人与物的结果。例如，保健医生的健康指导、儿童钢琴知识教育、汽车驾驶技能的培训等。

当购买者购买商品时，实际上是购买该商品所提供的利益和满意程度。例如，在具有相同报时功能的手表中，为什么有的消费者偏爱价格高昂的劳力士手表？原因在于它除了基本的报时功能外，还是消费者成功身份的象征。这种由产品和特定图像、符号组合起来表达的信息，能够帮助消费者对有形产品和无形产品作出购买判断。在很多情况下，符号和无形的产品反而营造出一种更有形、更真实的氛围。由于人们不是为了商品的实体而购买商品，商品的实体是利益的外壳，因此，企业的任务是推销商品实体中所包含的内核——利益或服务，而不能仅限于描述商品的形貌，否则，目光就太短浅了。

3. 价值和满意

消费者通常都会面对一大批能满足某一需要的商品，在这些不同商品之间进行选择时，消费者一般都是依据商品所能提供的最大价值作出购买决定的。这里所谓的价值(Value)就是消费者付出与消费者所得之间的比率。一般来说，消费者在获得利益的同时也需要承担成本。消费者所获得的利益包括功能利益和情感利益，而成本则包括金钱、时间、精力以及体力，因此，价值可用以下公式来表达：

$$价值 = \frac{利益}{成本} = \frac{功能利益 + 情感利益}{金钱成本 + 时间成本 + 精力成本 + 体力成本}$$

企业可以通过这几种方法来提高购买者所得的价值：① 增加利益；② 降低成本；③ 增加利益的同时降低成本；④ 利益增加幅度比成本增加幅度大；⑤ 成本降低幅度比利益降低幅度大。

一名顾客在对两件商品进行选择时，这两件商品的价值分别为 V1、V2，如果 V1 与 V2 相比价值大于 1，这名顾客会选择 V1；如果相比价值小于 1，他会选择 V2；如果相比价值等于 1，他会持中性态度，任选 V1 或 V2。

如果满意(Satisfaction)解释为顾客通过对某商品可感知的效果与他的价值期望相比较后所形成的愉悦或满足的感觉状态，则满意水平可表示为感知效果与价值期望之间的差异函数，即

$$满意水平 = 感知效果 - 价值期望$$

如果效果超过期望，顾客就会高度满意；如果效果与期望相等，顾客也会满意；但如果效果低于期望，顾客就会不满意。

4. 交换和交易

需要和欲望只是市场营销活动的序幕，只有通过交换，营销活动才会真正发生。交换(Exchange)是提供某种东西作为回报而与他人换取所需东西的行为，它需要满足以下五个条件：第一，至少要有两方；第二，每一方都要有对方所需要的有价值的东西；第三，每一方都要有沟通信息和传递信息的能力；第四，每一方都可以自由地接受或拒绝对方的交换条件；第五，每一方都认为同对方的交换是称心如意的。

如果存在上述条件，交换就有可能，市场营销的中心任务就是促成交换。交换的最后一个条件是非常重要的，它是现代市场营销的一种境界，即通过创造性的市场营销，使交换双方都达到双赢。

交易(Transaction)是交换的基本单元，是当事人双方的价值交换。或者说，如果交换成功，就有了交易。怎样达成交易是营销界长期关注的焦点，各种各样的营销课题理论实际上都可还原为对这一问题的不同看法。

5. 市场和营销者

前面已经指出，市场营销就是以满足人们各种需要和欲望为目的，通过市场变潜在交换为现实交换的活动。毫无疑问，这种活动是指与市场有关的人类活动。在这种交换活动中，对交换双方来说，如果一方比另一方更积极主动地寻求交换，则前者称为营销者，后者称为潜在顾客。具体来说，营销者就是指希望从他人那里得到资源，并愿以某种有价值的东西作为交换的人。很明显，营销者可以是卖方，也可以是买方。假如有几个人同时想买某幢漂亮的房子，每个想成为房子主人的人都力图使自己被卖方选中，这些购买者就都在进行营销活动，也都是营销者。

四、市场营销学与相关学科

市场营销学自 20 世纪初产生以来，充分吸收了经济学、心理学和社会学等学科的研究成果，博采众家之所长，逐步形成为一门具有特定研究对象和研究方法的独立学科。

1. 市场营销学与经济学

市场营销学借鉴了许多经济学概念与理论，经济学是其重要的理论基础，而且由于早期市场营销方面的学者基本上都是经济学家，因而其长期被作为经济学的一个分支来看待。

　　经济学研究人与社会如何花费时间选择使用稀缺生产资源去生产各种商品并把它们用于消费。消费者的满足以式样、时间、地点和占有情况这四种经济效用为前提，而市场营销提供了后三种效用。所以说，市场营销是一种很重要的经济活动。因此，市场营销学中许多内容都应用了经济学的概念与理论。

　　消费者行为分析是市场营销活动的开始，它广泛借用了偏好、无差异曲线、边际效用、机会成本和理性等经济学概念，并以此为基础发展了一些新的研究与分析工具，如多维偏好分析和联合分析等市场研究方法中的偏好排序，就是以经济学中的偏好、无差异曲线等为理论依据。虽然消费者行为研究还应用到心理学等其他学科的知识，但经济学的这些概念是其重要的研究前提。

　　市场细分、确定目标市场和市场定位是现代营销战略的核心。微观经济学中的垄断竞争理论为其提供了理论支撑。不同市场中的消费者偏好、收入水平和竞争状况都有所差别，形成了不同的需求函数，因此，企业必须对市场进行细分，以满足目标消费者的需求。市场定位应用的经济学原理是通过产品差异化能制造出缺乏弹性的需求曲线，形成一个"小的垄断"市场，不同的企业就可以定位在不同的目标市场上进行非价格竞争。

　　产业组织经济学中的一些理论对营销战略的制定也有重要的影响，如波特竞争优势理论认为，厂商如果能够以比竞争对手更低的成本进行生产，或以独特的方式为购买者创造价值，就能获得持续的竞争优势。据此，市场营销学强调，制定营销战略时不仅要考虑目标消费者的需求，同时也要关注竞争对手的行动，树立真正的"市场导向"的观念。

　　经济学中认为产品的一系列属性，是一个特征的集合。不同消费者对这些特征的偏好程度有差异。也就是说，消费者对相同产品有不同的反应不是源于对产品的特征有不同的感知，而是由于他们对产品特性有不同的偏好。因此，在市场营销中，将产品看作"厂商所提供的对需要的满足"。满足目标消费者的需要也就成为产品开发中一条重要的准则。此外，产品策略中的生产线策略、包装策略和品牌策略还应用到经济学中互补品和替代品的概念。

　　营销定价涉及较多的经济理论。首先，经济学认为不同的消费者对同一种产品具有不同的需求弹性，营销定价中就采用了差别定位方法，以获取更多的利润。其次，根据信息经济学中"价格—质量"效应原理，即在信息不对称的情况下，消费者往往会认为高质量的产品价格也较高，企业就将创立品牌与高价策略相结合，力求在消费者心目中树立一个高价高质的形象。再次，现代经济学的基本分析工具——博弈论，为企业价格竞争决策提供了重要的分析工具。该理论在决策中考虑了各利益相关者的行为反应，其分析结果具有较强的现实解释力，最适宜分析企业之间的价格竞争。如著名的"囚徒困境"模型能较好地解释恶性价格竞争产生的原因。另外，收入弹性、交叉弹性和促销弹性也是营销定位和营销定价中常用的经济学概念。

　　销售渠道的建立是经济学中劳动分工这一基本原理在市场营销中的反映。渠道中的批发商、零售商或代理商承担了不同的职能，具有制造商所没有的分销技能。他们通过大规模分销产品获得规模经济效应，同时，其经营的品种较多，范围经济效应也十分明确。这样，通过劳动分工大大降低了执行分销功能的成本，提高了分销的效率。

　　在是建立自己的垂直一体化销售渠道还是借用别人的渠道的决策上，新制度经济学的交易费用理论为其提供了工具。交易费用理论认为，垂直一体化销售渠道会产生内部交易成本，而借用别人的渠道则会形成市场交易成本，企业通过比较这两种成本的大小，选择合适的销售渠道。具体而言，资产专用性和不确定性是渠道选择的重要标准。当资产专用性较高时，需要垂直一体化销售渠道；而当资产专用性较低时，则借用别人的渠道更为经济。当不确定性很低时，垂直一体化销售渠道的交易成本可能更高；反之，当不确定性很高时，垂直一体化销售渠道的交易成本可能更低。促销是营销中最富创造性的活动，也是经济学家关注较多的一个经济现象。经济学家认为促销不仅能向消费者提供信息，而且还是影响需求和创造产品差异的手段，具有积极的意义。因此，促销是一种重要的非价格竞争方式，在市场营销中占有重要的地位。但也有经济学家认为促销尤其是广告，是一种浪费并影响社会经济福利。

促销理论中的公共关系也有一定的经济学属性。制度的基本功能是节约交易费用。当关系契约普遍社会化后，一系列人际关系契约联结人际关系网就形成一种制度安排。人际关系作为制度安排的一种，也具有节约交易费用的功能。公共关系是企业与利益相关体保持良好人际关系的制度安排。因此，公共关系是一种降低交易费用的重要制度，一项重要的营销职能。

此外，市场营销学中还用到了一些经济学概念，如恩格尔定律用于市场分析；销售中用到货币理论的信用概念；地租理论用于解释市场营销机构的位置和布局；根据凯恩斯学派的观点提出政府干预市场营销活动理论等。

总之，经济学为市场营销学提供了许多概念和理论，为市场营销学的发展奠定了理论基石。

2．市场营销学与心理学

心理学是研究人们的心理、意识和行为以及个体如何作为一个整体，与其周围的自然环境和社会环境发生关系的一门学科，其研究对象是人。而人正是市场营销活动的主体，也是市场营销学研究的对象。由于两者研究对象相同，因此逐步形成了一门专门研究营销心理活动的新学科——市场营销心理学。

市场营销心理学早期的研究集中于对广告促销心理行为的研究。1903 年，美国心理学家斯科特的《广告论》是市场营销心理学最早的著作。进入 20 世纪 60 年代后，定价心理研究和消费者心理研究成为市场营销心理学研究的主要内容。此时，英国的大学开始讲授"消费者心理学"。70 年代末，以德国学者彼德·萨尔曼的《市场心理学》为代表，市场营销心理学进入了一个完善和成熟期，其研究领域几乎涵盖营销活动的全过程，它不仅限于研究营销活动中广告促销心理和消费者的心理，同时也研究市场细分和厂商对中间商、推销人员的心理策略。比如，在对消费者购买行为的分析中主要应用了心理学的认知理论和动机理论，分析消费者对产品和服务的知觉、注意、态度、兴趣、体验和记忆等认知过程，研究消费者的购买动机。

3．市场营销学与社会学

社会学的观点主要应用于市场分析，例如消费者行为的主要因素，如参照群体、家庭、社会阶层、文化和亚文化等，都是社会学中重要的概念，它们是消费者行为分析的重要理论基础。这些因素都会影响消费者购买行为，也将直接决定企业营销策略的选取。

分析市场时所涉及的组织、权利和地位等概念也是社会学的概念。市场营销学从这些概念出发，根据组织市场的基本特点，形成了一个有别于消费者行为分析的分析模式。

社会学家对未来社会发展的预测常常被市场营销学者借以分析消费的变化趋势。例如，妇女在社会中地位的转换、家庭领导权的转移、儿童消费的增长以及个人和社会价值观的改变等都会引起市场的变迁。市场预测中将其作为一个重点因素来考虑。

在新产品的扩散中，市场营销学应用了社会学的创新传播理论。创新在社会系统中的传播是一个复杂的社会现象。研究表明，采用创新者的数量随时间呈 S 型曲线的变化，且不同的创新在整个采用过程的时间范围上可能完全不一样，那些较早采用创新的创新者和先行采纳者在特质和对信息利用等方面与较晚采用者有明显的不同，较晚的采用者希望得到早期采用者的帮助；大众传媒信息借助人际交往得以在社会上传播。这些社会学的观点是市场营销学中新产品扩散营销策略的理论基础。针对新产品传播的不同阶段制订相应的营销策略，重视舆论领袖和口头传播的作用也就成为市场营销学中新产品扩散过程管理的基本原则。同时，该理论对营销沟通策略设计、产品定位、产品生命周期延伸策略均有重要的影响。

社会学对社会成员之间的冲突进行了深入研究，形成了一些正确对待冲突的观点和方法，这些是解决渠道成员间冲突的重要工具。另外，竞争与合作的概念是社会学用来描述社会成员和社会群体相互联系的方式，同时也被市场营销学用来说明渠道成员之间的关系类型，它对于处理渠道成员的关系具有重要的指导意义。

广告通过对商品和服务的宣传，把有关信息传递给目标市场的消费者，以诱发消费者的注意和产生购买动机。广告是否有效率取决于消费者对广告的认同和态度，这种认同和态度与参照群体、社会阶层、文化和亚文化等社会因素密切相关。据此，市场营销学主张广告策略的制订要充分考虑参照群体和文化等因素，社会学的有关理论应指导广告实践，如邀请目标消费者的参照群体做广告就是利用了社会学中有关参照群体的研究结论。

关系与网络也是社会学的概念，现也已借用到市场营销学当中。现代营销学认为，交换有两种方法，一种是营销组合方法，另一种是关系方法以及扩展的网络方法。营销组合方法主要是从企业的观点考虑营销，而关系方法则是将卖者和买者之间的特定交易看成是发生在两者之间以长期相互依赖和相互作用为特征的交易关系之中，网络方法进而将这种关系看作相互连接的网络。这种基于关系和网络的交换方法观点是关系营销的基石。

市场营销学者越来越重视市场营销活动中参与者之间的社会关系，因此，社会学的观点和方法将会在市场营销学中得到更为广泛的应用。

市场营销学的发展是一个兼容并蓄的过程，经济学、心理学、社会学等学科都为市场营销学的发展奠定了坚实的理论基础。

知识链接

第二节　营 销 观 念

市场营销观念是企业开展市场营销工作的指导思想或企业的经营思想，它集中反映了企业以什么态度和思想方法去看待和处理组织(Organization)、顾客(Customer)以及社会

(Society)三者之间的利益关系。市场营销工作的指导思想正确与否对企业经营的成败兴衰具有决定性的意义。

企业市场营销的指导思想是在一定的社会经济环境下形成的，并随着这种环境的变化而变化。当然，指导思想的变化会促使企业的组织结构以及业务经营程序和方法的调整与改变。一个世纪以来，西方企业的市场营销观念经历了一个漫长的演变过程，具体可分为生产观念、产品观念、推销观念、市场营销观念和社会营销观念等。

一、生产观念

生产观念是指导销售者行为最古老的观念之一，这种观念产生于 20 世纪 20 年代前。当时，企业经营哲学不是从消费者需求出发，而是从企业生产出发，其主要表现是"我生产什么，就卖什么"。生产观念认为，消费者喜欢那些可以随处买得到而且价格低廉的产品，企业应致力于提高生产效率和分销效率，扩大生产，降低成本以扩展市场。例如，美国皮尔斯堡面粉公司，从 1869 年至 20 世纪 20 年代，一直运用生产观念指导企业的经营，当时这家公司提出的口号是"本公司旨在制造面粉"。美国汽车大王亨利·福特曾傲慢地宣称："不管顾客需要什么颜色的汽车，我只有一种黑色的。"显然，生产观念是一种重生产、轻市场营销的商业哲学。

生产观念是在卖方市场条件下产生的。在资本主义工业化初期以及第二次世界大战末期和战后一段时期内，由于物资短缺，市场产品供不应求，生产观念在企业经营管理中颇为流行。我国在计划经济旧体制下，由于市场产品短缺，企业不愁产品没有销路，工商企业在其经营管理中也奉行生产观念，具体表现为：工业企业集中力量发展生产，轻视市场营销，实行以产定销；商业企业集中力量抓货源，工业企业生产什么就收购什么，生产多少就收购多少，也不重视市场营销。

除了物资短缺、产品供不应求的情况之外，有些企业在产品成本高的条件下，其市场营销管理也受产品观念支配。例如，亨利·福特在本世纪初期曾倾全力于汽车的大规模生产，努力降低成本，使消费者购买得起，借以提高福特汽车的市场占有率。

二、产品观念

在生产观念的末期，供不应求的市场现象在西方市场经济国家得到了缓和，产品观念应运而生。产品观念认为，消费者最喜欢高质量、多功能和具有某种特色的产品，企业应致力于生产高值产品，并不断加以改进。

产品观念产生于市场产品供不应求的"卖方市场"形势下。最容易滋生产品观念的场合，莫过于当企业发明一项新产品时，此时企业最容易导致"市场营销近视"，即不适当地把注意力放在产品上，而不是放在市场需要上，在市场营销管理中缺乏远见，只看到自己的产品质量好，看不到市场需求在变化，致使企业经营陷入困境。

例如，美国爱琴钟表公司自 1869 年创立到 20 世纪 50 年代，一直被公认为是美国最好的钟表制造商之一。该公司在市场营销管理中强调生产优质产品，并通过由著名珠宝商店、大百货公司等构成的市场营销网络分销产品。1958 年之前，公司销售额始终呈上升趋势，但此后其销售额和市场占有率开始下降。造成这种状况的主要原因是市场形势发生了变化：

这一时期的许多消费者对名贵手表已经不感兴趣，而趋于购买那些经济、方便新颖的手表；而且，许多制造商迎合消费者需要，已经开始生产低档产品，并通过廉价商店、超级市场等大众分销渠道积极推销，从而夺得了爱琴钟表公司的大部分市场份额。爱琴钟表公司竟没有注意到市场形势的变化，依然迷恋于生产精美的传统样式手表，仍旧借助传统渠道销售，认为自己的产品质量好，顾客必然会找上门，结果，使企业经营遭受了重大挫折。

三、推销观念

推销观念(或称销售观念) 产生于 20 世纪 20 年代末至 50 年代前，为许多企业所采用的另一种观念，表现为"我卖什么，顾客就买什么"。它认为，消费者通常表现出一种购买惰性或抗衡心理，如果听其自然的话，消费者一般不会足量购买某一企业的产品，因此，企业必须积极推销和大力促销，以刺激消费者大量购买本企业产品。推销观念在现代市场经济条件下被大量用于推销那些非渴求物品，即购买者一般不会想到要去购买的产品或服务。许多企业在产品过剩时，也常常奉行推销观念。

推销观念产生于资本主义国家由"卖方市场"向"买方市场"过渡的阶段。在 1920—1945 年间，由于科学技术的进步，科学管理和大规模生产的推广，产品产量迅速增加，逐渐出现了市场产品供过于求、卖主之间竞争激烈的新形势，尤其在 1929—1933 年的特大经济危机期间，大量产品销售不出去，迫使企业开始重视采用广告术与推销术去推销产品。许多企业家感到，即使有物美价廉的产品，也未必能卖得出去，企业要在日益激烈的市场竞争中求得生存和发展，就必须重视推销。例如，美国皮尔斯堡面粉公司在此经营观念导向下，提出"本公司旨在推销面粉"的推销观念。此类观念仍存在于当今的企业营销活动中，如对于顾客不愿购买的产品，往往采用强行的推销手段。

这种观念虽然比前两种观念前进了一步，开始重视广告术及推销术，但其实质仍然是以生产为中心的。

四、市场营销观念

市场营销观念是作为对上述诸观念的挑战而出现的一种新型的企业经营哲学。这种观念是以满足顾客需求为出发点的，即" 顾客需要什么，就生产什么"。尽管这种思想由来已久，但其核心原则直到 20 世纪 50 年代中期才基本定型，当时社会生产力迅速发展，市场趋势表现为供过于求的买方市场，同时广大居民个人收入迅速提高，有可能对产品进行选择，企业之间产品的竞争加剧，许多企业开始认识到，必须转变经营观念，才能求得生存和发展。市场营销观念认为，实现企业各项目标的关键，在于正确确定目标市场的需要和欲望，并且比竞争者更有效地传送目标市场所期望的物品或服务，进而比竞争者更有效地满足目标市场的需要和欲望。

市场营销观念的出现，使企业经营观念发生了根本性变化，也使市场营销学发生了一次革命。市场营销观念同推销观念相比具有很大的差别。

西奥多·莱维特曾对推销观念和市场营销观念作过深刻的比较(见表 1-1)，他指出，推销观念注重卖方需要，市场营销观念则注重买方需要。推销观念以卖主需要为出发点，考虑如何把产品变成现金；而市场营销观念则考虑如何通过制造、传送产品以及与最终消费产品有关的所有事物，来满足顾客的需要。可见，市场营销观念的四个支柱是市场中心、顾客导向、协调市场营销及利润；推销观念的四个支柱是工厂、产品导向、推销、赢利。从本质上说，市场营销观念是一种以顾客需要和欲望为导向的哲学，是消费者主权论在企业市场营销管理中的体现。

表 1-1　推销观念与市场营销观念区别

	出 发 点	重 点	方 法	目 标
推销观念	厂商	产品	推销和促销	通过扩大消费者需求获取利润
市场营销观念	目标市场	顾客需求	协调市场营销	通过满足消费者需求创造利润

五、社会市场营销观念

社会市场营销观念是对市场营销观念的修改和补充，它产生于 20 世纪 70 年代西方资本主义出现能源短缺、通货膨胀、失业增加、环境污染严重、消费者保护运动盛行的新形势下。市场营销观念回避了消费者需要、消费者利益和长期社会福利之间隐含着冲突的现实。社会市场营销观念认为，企业的任务是确定各个目标市场的需要、欲望和利益，并以保护或提高消费者和社会福利的方式，比竞争者更有效、更有利地向目标市场提供能够满足其需要、欲望和利益的物品或服务。社会市场营销观念要求市场营销者在制定市场营销政策时，要统筹兼顾三方面的利益，即企业利润、消费者需要的满足和社会利益(见图 1-2)。

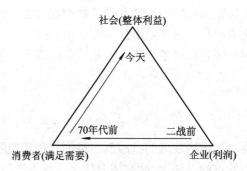

图 1-2　企业、消费者和社会的利益关系

上述五种企业经营观的产生和存在都有其历史背景和必然性，都是与一定的条件相联系、相适应的。分析以上五种观念可以看出，前三种观念属于生产观念范畴，都是以产品为中心，企业首先考虑的是产品而不是顾客，然后通过推销来出售已经生产出来的产品，要求顾客的需求符合企业的供给，把市场作为生产和销售过程的终点；而后两种观念以顾客为中心，企业首先考虑的是顾客需求而不是企业已有的产品，然后根据顾客需求，设计、生产出符合市场需求的产品，并对市场营销因素进行合理有效的组合，制订出既能满足需求又有利于企业长期发展的营销策略。通常，我们把五种营销观念归为两大类：前三种为传统市场营销观念；后两种为现代市场营销观念。下面我们用表格的方式对上述五种市场营销观念做出总结，如表1-2 所示。

知识链接

表 1-2 五种市场营销观念的比较

市场营销观念	营销出发点	营销目的	基本营销策略	方 法
生产观念	产品	通过大批生产产品或改善产品获利	增加产量，提高质量，降低价格竞争	等客上门
产品观念				
推销观念	产品	通过大量推销产品获利	多种推销方式	人员推销和广告宣传
市场观念	消费者需求	通过满足需求获利	发现和满足需求	实施整体营销方案
社会营销观念	消费者需求	通过满足需求达到长期获利	获取消费者信任，兼顾社会利益，影响消费	与消费者及有关方面建立良好的关系

第三节　顾客价值与顾客满意

现代企业正面临着几十年来最激烈的竞争，而且这种势头还会加剧。在科技高速发展、互联网迅速普及和消费者地位日益提高的今天，顾客已经成为企业的稀缺资源。现代企业的竞争实质上就是争夺顾客的竞争。顾客满意是现代营销的核心理念。

一、顾客满意的内涵

20 世纪 70 年代初，国外学术界开始关注顾客满意理论研究；到了 70 年代末，顾客满意逐渐成为企业管理理论研究的一个热点问题。菲利普·科特勒(Philip Kotler)认为，顾客满意是指"一个人通过对一个产品的可感知效果与他的期望值相比较后，所形成的愉悦或失望的感觉状态。"在这个概念中，使用了可感知价值与预期价值的概念。

从上面的定义可以看出，满意水平是可感知效果(感知价值)和期望值(期望价值)之间的差异函数，如图 1-3 所示。如果效果(感知价值)低于期望(期望价值)，顾客就会不满意；如果可感知效果(感知价值)与期望(期望价值)相匹配，顾客就满意；如果可感知效果(感知价值)超过期望(期望价值)，顾客就会高度满意。

$$顾客满意=f(感知价值，期望价值)\begin{cases}感知价值>期望价值——很满意\\感知价值=期望价值——满意\\感知价值<期望价值——不满意\end{cases}$$

图 1-3　顾客满意的形成过程

对于奉行营销观念的企业，顾客满意是最高目标；对于企图争取更多的顾客并保持已有顾客的企业，最主要的努力方向就是使顾客能获得满意感。因此，从顾客满意的概念和形成机制中可知，企业可以在降低预期价值、提高可感知价值方面分别或综合性地作出营销努力，来提高顾客的满意度。

在企业与顾客建立长期的伙伴关系的过程中，企业向顾客提供超过其期望的"顾客价值"，使顾客在每一次的购买过程和购后体验中都能获得满意。每一次的满意都会增强顾客对企业的信任，从而使企业能够获得长期的盈利与发展。但现实的问题是，企业往往将顾客满意等于信任，甚至是"顾客忠诚"。事实上，顾客满意只是顾客信任的前提，顾客信任才是结果；顾客满意是对某一产品、某项服务的肯定评价，即使顾客对某企业满意也只是基于他们所接受的产品和服务令他满意。如果某一次的产品和服务不完善，他对该企业也就不满意了，也就是说，它是一个感性评价指标。顾客信任是顾客对该品牌产品以及拥有该品牌企业的信任感，他们可以理性地面对品牌企业的成功与不利。

二、顾客价值

1. 顾客价值的定义

早在 1954 年，Drucker 就指出，顾客购买的和消费的绝不是产品，而是价值。尽管学者们都使用了顾客价值这一概念，却没有对其进行详细的描述与解释。

Zeithaml 在 1988 年首先从顾客角度提出了顾客感知价值理论。她将顾客感知价值定义为顾客所能感知到的利得与其在获取产品或服务中所付出的成本进行权衡后对产品或服务效用的整体评价。

在此后的顾客价值研究中，不同的学者从不同的角度对顾客价值进行了定义：

(1) 从单个情景的角度出发，Anderson、Jain、Chintagunta、Monroe 都认为，顾客价值是基于感知利得与感知利失的权衡或对产品效用的综合评价。

(2) 从关系角度出发，Ravald、Gronroos 重点强调关系对顾客价值的影响，将顾客价值定义为

$$整个过程的价值 = \frac{单个情景的利得 + 关系的利得}{单个情景的利失 + 关系的利失}$$

认为利得和利失之间的权衡不能仅局限在单个情景(episode)上，而应该扩展到对整个关系持续过程的价值(total episode value)衡量。此外，Butz、Good-stein 也强调顾客价值的产生来源于购买和使用产品后发现产品的额外价值，从而与供应商之间建立起感情纽带。

在众多的顾客价值定义中，大多数学者都比较认同 Woodruff 的定义，并在其定义基础上进行了很多相关研究。Woodruff 通过对顾客如何看待价值的实证研究，提出顾客价值是顾客对特定使用情景下有助于(有碍于)实现自己目标和目的的产品属性的实效以及使用的结果所感知的偏好与评价。该定义强调顾客价值来源于顾客通过学习得到的感知、偏好和评价，并将产品、使用情景和目标导向的顾客所经历的相关结果相联系。

同时，很多学者都从不同角度对顾客价值进行了分类。Sheth 等人把客户价值分为五类：功能性价值、社会性价值、情感性价值、认知价值和条件价值。Burns 结合客户评价过程，把客户价值分为产品价值、使用价值、占有价值和全部价值。Woodruff、Flint 则将其分为感受价值和期望价值。通过以上分析不难看出，虽然学者们对顾客价值的理解有很多，但都是从交换的角度来看待价值，并认同感知价值的核心是感知利得与感知利失之间的权衡。

从顾客价值的概念中，我们不难总结出顾客价值的几个基本特征：

(1) 顾客价值是顾客对产品或服务的一种感知，是与产品和服务相挂钩的，它基于顾客的个人主观判断。

(2) 顾客感知价值的核心是顾客所获得的感知利益与因获得和享用该产品或服务而付

出的感知代价之间的权衡(trade-off),即利得与利失之间的权衡。

(3) 顾客价值是从产品属性、属性效用到期望的结果,再到客户所期望的目标,具有层次性。

2.顾客价值与顾客满意的关系

顾客价值与顾客满意既相互联系,又相互区别。顾客价值反映的是顾客与企业及其产品或服务之间的关系的本质,即顾客消费企业的产品和服务是为了获得由此带来的价值以满足自身的需求。顾客满意反映了顾客对价值是否满足需求以及满足的程度的一种认知,以及由此引起的情感上的变化。

在顾客价值理论出现以前,人们对顾客满意概念中的"比较标准"的认识始终是模糊的。从单一的"期望标准"到包括"理想标准""竞争者标准"等多种比较标准,反映了这种认识的模糊性。但是,当顾客价值理论出现后,对顾客价值的研究揭示出,无论是"期望"还是"理想""经验"等标准,本质上都是一个东西,那就是"价值"——期望的价值、理想的价值、竞争者能够或可能提供的价值。顾客满意其实是顾客感知的企业实际提供的价值与顾客在消费之前就已在头脑中形成的对不同层次价值的期望之间的比较。

顾客价值与顾客满意的区别,如表 1-3 所示。

表 1-3 顾客价值与顾客满意

顾 客 价 值	顾 客 满 意
顾客希望从产品或服务中得到的	顾客对其所得的反映或感受,即产品的实际绩效与标准比较
表现出未来导向:与产品的使用或服务消费的时间无关	倾向于过去导向,是在产品或服务消费过程中或使用后形成的判断
不依赖于任何特定产品或服务的供应商而存在	是对特定产品或服务或供应商的评价
为企业指明方向:应该通过做哪些事来创造价值	向企业提供一份报告,即企业在价值创造过程中已经做得怎样

3.顾客让渡价值

顾客让渡价值是菲利普·科特勒在《营销管理》一书中提出来的,他认为,"顾客让渡价值"是指顾客总价值(Total Customer Value)与顾客总成本(Total Customer Cost)之间的差额。

顾客总价值是指顾客购买某一产品与服务所期望获得的一组利益,它包括产品价值、服务价值、人员价值和形象价值等。

(1) 产品价值:顾客购买产品或服务时,可得到的产品所具有的功能、可靠性、耐用性等。

(2) 服务价值:顾客可能得到的使用产品的培训、安装、维修等。

(3) 人员价值:顾客通过与公司中的训练有素的营销人员建立相互帮助的伙伴关系,或者能及时得到企业营销人员的帮助。

(4) 形象价值:顾客通过购买产品与服务,使自己成为一个特定企业的顾客,如果企业具有良好的形象与声誉的话,顾客可能受到他人赞誉,或者与这样的企业发生联系而体现出一定的社会地位。

顾客总成本是指顾客为购买某一产品所耗费的时间、精神、体力以及所支付的货币资金等，因此，顾客总成本包括货币成本、时间成本、体力成本和精神成本这四种成本。

(1) 货币成本：顾客购买一个产品或服务，首先就要支付货币，或者不能得到免费维修调试等支出的服务价格。

(2) 时间成本：顾客在选择产品的时候，学习使用、等待需要的服务等所需付出的成本或损失。

(3) 体力成本：顾客为了使用产品，在保养维修产品等方面付出的体力。

(4) 精力成本：顾客为了学会使用保养产品，为了联络营销企业的人员，或者为安全使用产品所付出的担心等。

由于顾客在购买产品时，总希望把有关成本包括货币、时间、精神和体力等降到最低限度，而同时又希望从中获得更多的实际利益，以使自己的需要得到最大限度的满足，因此，顾客在选购产品时，往往从价值与成本两个方面进行比较分析，从中选择出价值最高、成本最低，即"顾客让渡价值"最大的产品作为优先选购的对象。企业为在竞争中战胜对手，吸引更多的潜在顾客，就必须向顾客提供比竞争对手具有更多"顾客让渡价值"的产品，这样，才能使自己的产品为消费者所注意，进而购买本企业的产品。为此，企业可从两个方面改进自己的工作：一是通过改进产品、服务、人员与形象，提高产品的总价值；二是通过降低生产与销售成本，减少顾客购买产品的时间、精神与体力的耗费，从而降低货币与非货币成本。

顾客让渡价值的构成要素如图 1-4 所示。

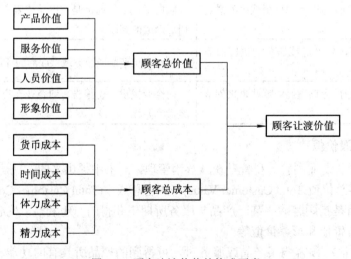

图 1-4　顾客让渡价值的构成要素

三、价值链与价值让渡系统

1. 价值链

价值链是由市场竞争研究专家迈克尔·波特(Michael E.Porter)提出的一个重要概念。1985 年，迈克尔·波特在其《竞争优势》一书中首次提出价值链的概念，并将价值链定义为"每一个企业都是在设计、生产、销售、发送和辅助其产品的过程中进行活动的集合体。所有这些活动可以用一个价值链来表明"。

价值链的概念说明的是，在营销者向市场提供产品或服务的时候，需要进行一系列的活动，这些活动无论是在组织内进行，还是在组织外进行，都是按分工要求划分开的。因此，不同的活动与参与机构具有不同的活动目标，但它们都是形成顾客价值的组成部分。这些活动的参与机构在形成顾客价值中被联系起来。比如，企业内部有产品设计、生产、销售、送货、顾客服务等一系列活动，它们是形成顾客价值链条上的一个个环节。价值链也被使用在对整个营销行为的总体分析上。波特指出，价值链将某个行业中创造价值和产生成本的诸活动分解为战略上相互关联的九项活动，这九项活动分为五项基础活动和四项支持活动，如图 1-5 所示。

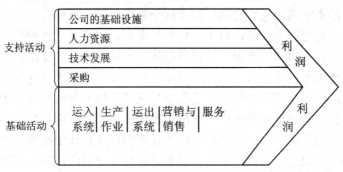

图 1-5 价值链相互关联的活动

价值链概念再次表明，企业的营销活动需要建立起高度协调的内、外部系统。因为提供给顾客的最终价值大小，不取决于某个局部的工作的质量和效率如何，而取决于价值链整体上能否形成最大的顾客价值。比如，生产环节如果仅考虑设计与生产功能最齐、质量最好的产品，而不顾及这样的产品需要高昂的制造成本，可能使产品的销售价格大大超出目标顾客购买的能力，它将使整个价值链提供的顾客价值降为零。所以，如果要提高顾客价值，整体的努力比单独某一部分追求最佳的努力更重要。

2. 价值让渡系统

企业仅靠自己的价值链还无法将为顾客生产和创造的价值传送出去。企业还需要将产品交给分销商，通过自己或依靠代理服务商提供顾客需要的服务，将这些不同机构的价值链组合起来，将为顾客创造的价值最终传送到顾客那里，这就是价值让渡系统(见图 1-6)。价值让渡系统就是由市场卖方机构的价值链组成的，用来与顾客的价值配合，向顾客传送价值的合成系统。

图 1-6 价值让渡系统

价值让渡系统概念的提出，表明在营销活动中，生产制造企业是不能单独为顾客提供价值的，需要外部机构的配合。不同的机构，将成为顾客价值让渡系统上相互影响又相互协作的环节。

有了顾客价值让渡系统的概念后，就可以知道，营销中价值链上所有的机构，因为都属于顾客价值让渡系统中的组成部分，因此，如果这些机构中的任何一个不能将为顾客创造的价值顺利转让出去的话，那么在这个让渡系统中的所有成员都有得不到收益的可能。

顾客价值让渡系统理论说明，营销不只是生产制造企业中营销或销售部门的事，也不只是生产制造企业的事，而是负责制定和管理一个卓有成效的价值让渡系统，以最小的耗费将顾客价值从卖方传送到顾客手中。就生产制造企业来说，也就不能再将自己的活动看成是营销中唯一的和主要的，应该力争建立一个效率极高的顾客价值让渡系统。为此，需要创造两个条件：一个是建立和发展一个能够充分协调配合的价值让渡系统，这要求企业不断改善价值链上的合作伙伴关系；另一个是采用各种可能的创新方法提高这个系统的效率，而不是提高其中一个环节或一个机构的效率。这要通过企业将营销观念和统一的营销目标贯穿到价值让渡系统中的每个环节上来实现。

顾客价值让渡系统的理论还说明，如果这个系统能够根据顾客的要求来安排产品与服务供应，即由顾客首先提出订货，再由销售商接受后，向代理或维修服务商发出技术支持要求，向生产制造商发出订货要求，使代理服务商开始为顾客建立维修记录档案，生产制造商开始在生产线上做生产安排，及时向零部件生产商发出零部件送货要求。这样，根据顾客的订货要求，是否生产和怎样生产的指令是从消费端向价值让渡系统传送的，而不是原来的根据事前估计的数量安排生产。任何生产出来的产品，都是按准确的市场信息提供的，都是已经"销售"的产品。这样就消除了任何因数量估计不准确而产生的浪费，也使营销风险降低到最低限度。这样的价值让渡系统被称为营销的快速反应系统。目前，计算机及其网络在营销和商务活动中的运用为这样的价值让渡系统的建立提供了前所未有的技术基础，使之成为可能。已有企业在这样做，取得了很大的效益。在这样的快速反应系统中，生产者大大减少了无谓的浪费，顾客得到"定制产品"，满意度大大提高。如世界著名的牛仔服制造商李维·斯特劳斯公司、美国的计算机制造商 Dell 公司、运动鞋和体育用品制造商 Nike 公司，现在都在这样做，并取得了很大的成功。

知识链接

第四节　市场营销学的产生与发展

一、市场营销学的产生

尽管商品交换古已有之，但真正意义上的市场营销活动却是商品经济发展到一定程度的产物。彼得·德鲁克认为，市场营销活动最早起源于 1650 年的日本。他指出，市场营销活动是由日本三井家族的一位成员首先应用的。作为商人，他于 1650 年在东京定居下来，开办了世界上第一家具有现代意义的百货商店，并为该店提出了一系列经营原则，主要内容包括：公司充当顾客的采购员；为顾客设计和生产适合需要的产品；把花色品种规格齐全、丰富多彩的商品供应给顾客；保证顾客满意否则原款奉还。250 年后的 1900 年，当时世界上最大的百货公司——西尔斯·罗巴克(Sears Roebuck)才提出了类似的原则。

彼得·德鲁克还指出，直到 19 世纪中叶，市场营销才在美国国际收割机公司(International Harvester Company)产生。第一个把市场营销当作企业独特的中心职能，并把满足顾客需求作为管理的特殊任务的是麦克密克(Cyrus H. McCormick)。在历史书籍中只提到他是收割机的发明者，然而他还创造了现代市场营销的基本工具：市场调查与市场分析、市场定位观念、定价政策、向顾客提供各种零部件和各种服务、实行分期付款等。

随着资本主义经济的发展，到了20世纪初，各主要资本主义国家经过了工业革命，生产迅速发展，生产能力的增长速度超过了市场增长速度。在这种情况下，少数有远见的企业开始设立市场营销研究部门，重视在企业的经营管理过程中研究如何推销商品和刺激需求，探索推销方法与广告方法。1911年，柯蒂斯出版公司(Curtis Publishing Company)率先设置了市场营销研究部门(当时称作"商品研究"的部门)。

二、市场营销学的发展阶段

市场营销进入美国的学术界，成为一个专门的理论研究领域始于20世纪初。从总体上来看，市场营销学理论的发展经历了以下四个阶段。

1．形成阶段

19世纪末到20世纪初，随着垄断资本主义的出现，以及"科学管理"的实施，企业的生产效率大大提高，生产能力大大增强，一些产品的销售遇到了困难。为了解决产品的销售问题，一些经济学家和企业就根据企业销售活动的需要，开始研究销售的技巧及各种推销方法。1905年，美国宾夕法尼亚大学开设了名为"产品的市场营销"的课程。1912年，第一本以分销和广告为主要内容的《市场营销学》教科书在美国哈佛大学问世，这是市场营销学从经济学中分离出来的起点。但这时的市场营销学主要研究有关推销术、分销及广告等方面的问题，而且仅限于某些大学的课堂中，并未引起社会的重视，也未应用于企业营销活动。

2．应用阶段

从20世纪30年代到第二次世界大战结束，是市场营销学逐步应用于社会实践的阶段。在1929年至1933年，资本主义国家爆发了严重的经济危机，生产过剩，产品大量积压，因而，产品如何转移到消费者手中就很自然地成了企业和市场学家们认真思考和研究的课题，市场营销学也因此从课堂走向了社会实践，并初步形成体系。这期间，美国相继成立了全国市场营销学和广告学教师协会(1926年)、美国市场营销学学会(1936年)。理论与实践的结合促进了企业营销活动的发展，同时，也促进了市场营销学的发展。但这一阶段的市场营销仍局限于产品的推销、广告宣传、推销策略等，仅处于流通领域。

3．变革阶段

这是从传统的市场营销学转变为现代市场营销学的阶段。20世纪50年代后，随着第三次科技革命的发展，劳动生产率空前提高，社会产品数量剧增，花色品种不断翻新，市场供过于求的矛盾进一步激化，原有的只研究产品生产出来后如何推销的市场营销学，显然不能适应新形势的需求。许多市场学者纷纷提出了生产者的产品或劳务要适合消费者的需求与欲望，营销活动的实质就是企业对于动态环境的创造性的适应等观点，并通过他们的著作予以论述，从而使市场营销学发生了一次变革，企业的经营观点从"以生产为中心"转为"以消费者为中心"，市场也就成了生产过程的起点而不仅是终点，而营销也就突破了流通领域，延伸到生产过程及售后过程；市场营销活动不仅是推销已经生产出来的产品，而是通过消费者的需要与欲望的调查、分析和判断，通过企业整体协调活动来满足消费者的需求。

4．发展阶段

进入 20 世纪 70 年代，市场营销学更紧密地结合经济学、哲学、心理学、社会学、数学及统计学学科，而成为一门综合性的边缘应用科学，并且出现了许多分支，例如，消费心理学、工业企业市场营销学、商业企业市场营销学等。现在，市场营销学无论在国外还是在国内都得到了广泛的应用。

三、市场营销学在中国的发展

市场营销学是一门以商品经济为前提的应用学科，早在二十世纪三四十年代，市场营销学在中国曾有一轮传播。现有资料表明，中国最早的市场营销学教材是丁馨伯于 1933 年译编并由复旦大学出版的《市场学》，当时国内一些大学也开设了市场学课程。但是在商品经济不发达的条件下，对市场营销学的研究和应用势必受到限制。中华人民共和国成立后的一段时期内，由于西方封锁和我国实行高度集中的计划经济体制，商品经济受到否定和抵制，市场营销学的引进与研究工作在我国(除台湾、香港、澳门等地以外)整整中断了 30 年，而这 30 年却是西方国家市场营销理论迅速发展与完善的时期。

党的十一届三中全会后，中国确定了以经济建设为中心，对内搞活、对外开放的方针，实现了伟大的历史性转折。在理论研究上，经济学界努力为商品生产恢复名誉，通过对社会再生产理论的研讨，流通和市场问题的重要性日益为人们所重视；在实际应用上，以市场为导向的改革的启动，国内市场上的商业竞争与对外贸易的迅速发展，迫切要求用现代市场营销理论来指导生产经营，从而为我国重新引进和研究市场营销学创造了良好的条件。

1．启蒙阶段

这一阶段的主要工作是引进市场营销学，聘请国外营销专家来华讲学，并引进市场营销学的书刊、杂志，在高等院校中开设市场营销学课程，组织有关教师编写市场营销学教材。同时，随着经济体制改革的启动，部分产品停止统购包销，有的行业逐渐放开，允许个体经营，尤其是四个经济特区的建立，中国有了商品经济的"试验田"，市场上有了竞争。不少企业开始了初级阶段的营销尝试，提出了"顾客就是上帝"的口号，并总结出经营取胜之道：优质取胜、创新取胜、服务取胜、快速取胜等。

2．广为传播阶段

经过启蒙阶段的引进与吸收以后，全国各地从事市场营销学研究、教学工作的人员更进一步意识到该学科对我国工商企业的重要性，为此大力推动市场营销学在我国的发展。

1983 年 6 月，江苏省在南京市成立了中国第一个市场营销组织——江苏省市场调查、市场预测和经营决策研究会；1984 年 1 月，全国高等院校市场学研究会在湖南长沙成立；1991 年 3 月，中国市场学会(China Marketing Association，CMA)在北京成立。这些学会的成立为市场营销学的学习、研究与应用揭开了新的篇章。

在教育方面，1992 年，市场营销专业开始在全国招生，除综合性大学、财经院校以外，很多理工、农林院校以及其他专业院校也都纷纷开设了市场营销专业；在企业应用方面，由于我国在商品流通领域取消了统购包销的政策，将商品经营、采购的自主权交给了企业，这样，企业不仅要注重商品的生产，还必须注重商品的适销对路和销售，企业对掌握和应用市场营销知识的愿望愈来愈迫切。不少企业积极参加市场营销学会的活动，主动邀请市场营销专家到企业去出谋划策，解决企业营销中存在的问题，并取得了显著的效果。可以说，在这一阶段，市场营销理论和方法的研究与应用，无论就广度或深度而言，十多年走过了西方国家数十年走过的路程。

3. 深入拓展阶段(1995 年以后)

经过十多年的研究和应用，我国已培养了大批市场营销人才，教育层次不断提高，2003年我国高校已开始招收市场营销管理专业博士研究生，以培养我国市场营销的最高层次人才。

在理论研究上，我国学者开始关注市场营销学发展的国际动向，与世界同步研究市场营销学发展中一些新的前沿性问题，出版了一大批市场营销学方面的学术专著。

在实际运用上，我国高层领导日益关注市场营销。1996 年，全国人大八届四次会议通过的《中华人民共和国国民经济和社会发展"九五"计划和 2010 年远景目标纲要》的文件中，首次以"市场营销"取代以往常用的"经营""销售"等术语，明确指出国有企业要按照市场需求组织生产，"搞好市场营销，提高经济效益"；文件还指出，要积极发展"代理制、连锁经营等新的营销方式"，"建立科研、开发、生产、营销紧密结合的机制"，这是市场营销首次见诸中央文件。1997 年国家经贸委发出了《关于加强国有企业市场营销工作的意见》，可以说是国家经济管理部门日益重视市场营销工作的一个标志。

与此同时，面对我国总体市场特征供过于求、国外资本又大举进攻中国市场的现状，彻底改变了中国市场竞争的格局，中国企业不得不重新审视以往的营销战略和营销策略，开始进入了理性化营销阶段。如以海尔为代表的家电产品商，继价格竞争、服务竞争之后，转向了以科学开发为重点的营销战略。可以说，我国的市场营销学的研究与应用正全面地向纵深发展。

知识链接

模块二　技　能　训　练

案例分析

拼多多：从营销手段到商业模式完成逆袭

拼多多成立于 2015 年 9 月，是一家专注于 C2B 拼团的第三方社交电商平台。用户通过发起和朋友、家人、邻居等的拼团，可以以更低的价格，拼团购买优质商品。其中，通过沟通分享形成的社交理念，形成了拼多多独特的新社交电商思维。上线一年时间，拼多多的单日成交额即突破 1000 万，付费用户数突破 1 亿，用不到 10 个月的时间就走完了老牌电商三四年走的路。

拼多多最初只是一种营销手段，随着它的逐步发展，渐渐成为一种商业模式。

拼多多解决了用户的什么问题？

有人说拼多多解决了用户参与的问题，其实参与只是行动而不是用户的需求，如果不是因为参与了之后可以便宜，谁愿意费那么多劲去参与呢？

拼多多的参与感，让廉价变得合理。人们普遍认为一分价钱一分货，如果价格便宜往往都没有好货。小米手机单款产品为了教育用户都下了很大的功夫，更不用说一个多品类的综合电商平台了。如果让用户觉得占了便宜，那就需要让廉价变得合理，比如买一赠一、秒杀、折扣、满减等都是在解决廉价合理的问题。

拼多多解决了商家电商流量与销量问题。目前淘宝、天猫、京东等平台的获客成本越来越高，订单开始逐步往头部集中，因而需要新的平台来满足新商家的电商获客需求。

拼多多的成功，更多的是因为解决了这个行业的问题，还有很多用户是淘宝没有渗透的，以及广大的四、五、六线地区以及农村地区用户。这也是拼多多快速扩张的基础。

(资料来源：搜狐·科技，秦时明月，2018-02-28)

思考

1. 拼多多成功的原因是什么？
2. 它的成功给我们怎样的启示？

实训练习 ✎

1. 内容：调查本地的一家企业，了解企业市场营销的基本情况，包括企业性质、经营产品、生产规模、经营理念、发展历史等。
2. 目的：树立正确的市场营销观念，认识市场营销。
3. 方式：以 5～7 人为一组，收集资料并进行分析。结合 PPT 演示，以课堂演讲的方式完成。

模块三　复习与思考

一、单项选择题

1. 从市场营销的角度看，市场就是(　　)。
   A. 买卖的场所　　　　　　　　B. 商品交换关系的总和
   C. 交换过程本身　　　　　　　D. 具有购买欲望和支付能力的消费者
2. 从营销理论的角度而言，企业市场营销的最终目标是(　　)。
   A. 满足消费者的需求和欲望　　B. 获取利润
   C. 求得生存和发展　　　　　　D. 把商品推销给消费者
3. (　　)指有支付能力和愿意购买某种物品的欲望。
   A. 欲望　　　　　　　　　　　B. 需要
   C. 需求　　　　　　　　　　　D. 愿望

4. 20 世纪 30 年代以前，市场营销的研究领域还主要局限于(　　)，真正的市场营销观念尚未形成。

    A．生产领域　　　　　　　　　　B．流通领域

    C．交换领域　　　　　　　　　　D．消费领域

5. 市场营销学的"革命"性标志提出了(　　)观念。

    A．以消费者为中心　　　　　　　B．以生产者为中心

    C．市场细分　　　　　　　　　　D．市场营销组合

6. 顾客总价值与顾客总成本之间的差额就是(　　)。

    A．企业让渡价值　　　　　　　　B．企业利润

    C．顾客让渡价值　　　　　　　　D．顾客利益

7. 顾客购买的总成本包括货币成本和(　　)。

    A．时间成本　　　　　　　　　　B．体力成本

    C．精神成本　　　　　　　　　　D．非货币成本

8. 从总体看，质量改进方案通常会增加企业的(　　)。

    A．成本　　　　　　　　　　　　B．盈利

    C．无形资产　　　　　　　　　　D．以上答案都不对

9. 服务价值是指伴随产品实体的出售，企业向顾客提供的(　　)。

    A．附加服务　　　　　　　　　　B．送货

    C．产品保证　　　　　　　　　　D．技术培训

10. 顾客选购产品的标准是(　　)最大。

    A．顾客总价值　　　　　　　　　B．产品价值

    C．产品效用　　　　　　　　　　D．顾客让渡价值

二、简答题

1. 市场的内涵是什么？

2. 如何理解菲利普·科特勒关于市场营销的定义？

3. 简述新旧市场营销观念的区别。

4. 市场营销学的发展经历了几个阶段？

5. 如何正确理解顾客让渡价值理论及其意义？

营销前沿

第二章　市场营销环境分析

知识点 ✍

1. 营销环境的内涵
2. 企业微观、宏观环境的构成因素
3. 企业面对环境机会、威胁应采取的策略

技能要求 📖

1. 市场营销宏观和微观环境具体应用分析
2. 企业面临各种市场营销环境的分析与对策

大润发创始人：我战胜了所有对手，却输给了时代！

历史的车轮滚滚向前，它不会因任何人的消极缓慢而停止。时代抛弃你时，连一声"再见"都不会说。

大润发创始人离职时说：我战胜了所有对手，却输给了时代！

确实是这样，大润发在零售行业是一个号称 19 年不关一家店的传奇商场。在商场这个领域里，没有任何人能打败它，包括沃尔玛、家乐福，但是很可惜他败给了这个时代，被阿里巴巴收购，高层集体走人。

2017 年，著名数码相机品牌——尼康，关闭了它在中国的工厂。给出的理由是：智能手机的崛起侵占了原本属于数码相机的市场。

按照传统的商业逻辑，尼康最多被索尼、佳能等同行打败，没想到打败它的居然是另一个行业——智能手机。

还是以数码相机行业为例，世界上曾经有一家世界 500 强企业——柯达，在 1991 年的时候，它的技术领先世界同行 10 年，但是 2012 年 1 月它破产了，被做数码的"干"掉了。

当"索尼"还沉浸在数码领先的喜悦中时，突然发现，原来全世界卖照相机卖得最好的不是它，而是做手机的"诺基亚"，因为每部手机都是一部照相机，于是"索尼"业绩大幅亏损。

再看一个例子：现在康师傅和统一方便面的销量急剧下滑，但它们的对手不是白象、今麦郎，而是美团、饿了么这些新兴的互联网送餐平台，是散布在城市里的各种美食作坊。方便面质量并未出任何问题，只是外卖服务太便捷了，于是大家就改吃外卖了，又可口又方便，人们为什么非得去啃方便面呢？

也就是说，无论遇到了什么样的新挑战、新环境，都能从容应对，这其中包括兼容性很强，可以随时跟外界发生关系；独立性很强，可以独当一面；个体特征很强，无论到哪都能很快找到自己的位置；等等。

（资料来源：搜狐·财经，水木然，2018-03-14）

模块一　理论知识

第一节　市场营销环境概述

一、市场营销环境的内涵

1. 营销环境的涵义

菲利普·科特勒的解释是：营销环境是影响企业的市场和营销活动的不可控制的参与者和影响力。具体地说就是：营销环境是影响企业的市场营销管理能力，使其卓有成效地发展和维持与其目标顾客交易及关系的外在参与者和影响力。因此，市场营销环境是指与企业营销活动有潜在关系的所有外部力量和相关因素的集合，它是影响企业生存和发展的各种外部条件。

一般来说，市场营销环境主要包括两方面的构成要素，一是微观环境要素，即指与企业紧密相连，直接影响其营销能力的各种参与者，这些参与者包括企业的供应商、营销中间商、顾客、竞争者以及社会公众和影响营销管理决策的企业内部各个部门；二是宏观环境要素，即影响企业微观环境的巨大社会力量，包括人口、经济、政治、法律、科学技术、社会文化及自然地理等多方面的因素。微观环境直接影响和制约企业的市场营销活动，而宏观环境主要以微观营销环境为媒介间接影响和制约企业的市场营销活动。市场营销环境如图 2-1 所示。

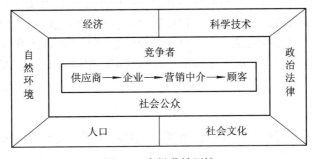

图 2-1　市场营销环境

2. 营销环境的特点

1) 客观性

企业总是在特定的社会经济和其他外界环境条件下生存、发展的。一般来说，企业无法摆脱和控制营销环境，特别是宏观环境，难以按企业自身的要求和意愿随意改变它。企业研究环境，目的就是为了适应不同的环境，从而求得生存和发展。对于所有影响企业营销活动的环境因素，企业不但要主动地去适应，还要不断创造和开拓出对自己有利的环境来。

2) 差异性

市场营销环境的差异性不仅表现在不同的企业受不同环境的影响，而且同样一种环境因素的变化对不同企业的影响也不相同。例如，不同的国家、民族、地区之间在人口、经济、社会文化、政治、法律、自然地理等各方面存在着广泛的差异性。这些差异性对企业营销活动的影响显然是很不相同的。由于外界环境因素的差异性，企业必须采取不同的营销策略才能应付和适应这种情况。

3) 相关性

市场营销环境是一个系统，在这个系统中，各个影响因素是相互依存、相互作用和相互制约的。这是由于社会经济现象的出现往往不是由某个单一的因素所能决定的，而是受到一系列相关因素影响的结果。例如，企业开发新产品时，不仅要受到经济因素的影响和制约，更要受到社会文化因素的影响和制约。

4) 动态性

营销环境是企业营销活动的基础和条件，这并不意味着营销环境是一成不变的、静止的。构成企业市场营销环境的因素是多方面的，而每个因素都会受到诸多其他因素的影响，都会随着社会经济的发展而不断变化。因此，市场营销环境是一个动态的系统。

5) 不可控性

影响市场营销环境的因素是多方面的，也是复杂的，并表现出企业的不可控性。例如，一个国家的政治法律制度、人口增长以及一些社会文化习俗等，企业不可能随意改变。

6) 可影响性

企业可以通过对内部环境要素的调整与控制，来对外部环境施加一定的影响，最终促使某些环境要素向预期的方向转化。现代营销学认为，企业经营成败的关键，就在于企业能否适应不断变化着的市场营销环境。"适者生存"既是自然界演化的法则，也是企业营销活动的法则，如果企业不能很好地适应外界环境的变化，则很可能在竞争中失败，从而被市场所淘汰。强调企业对所处环境的反应和适应，并不意味着企业对于环境是无能为力或束手无策的，只能消极地、被动地改变自己以适应环境，而是应从积极主动的角度出发，能动地去适应营销环境。或者说，运用自己的经营资源去影响和改变营销环境，为企业创造一个更有利的活动空间，然后再使营销活动与营销环境取得有效的适应。

二、宏观环境

宏观环境包括六大因素，即人口、经济、自然、技术、政治法律和社会文化因素。

1. 人口环境

人口是构成市场的第一位因素。市场是由那些想购买商品同时又具有购买力的人构成的，因此，人口的多少直接决定市场的潜在容量，人口越多，市场规模就越大。而人口的年龄结构、地理分布、婚姻状况、出生率、死亡率、人口密度、人口流动性及其文化教育等人口特性，它们会对市场格局产生深刻影响，并直接影响企业的市场营销活动和企业的经营管理。企业必须重视对人口环境的研究，密切注视人口特性及其发展动向，不失时机抓住市场机会，当出现威胁时，应及时、果断调整营销策略以适应人口环境的变化。

1) 人口数量与增长速度

人口数量是决定市场规模和潜力的一个基本要素，人口越多，如果收入水平不变，则对食物、衣着、日用品的需要量也越多，那么市场也就越大。因此，按人口数目可大略推算出市场规模。我国人口众多，无疑是一个巨大的市场。因为人口增加，其消费需求也会迅速增加，那么市场的潜力也就会很大。例如，随着我国人口增加，人均耕地减少，粮食供应不足，人们的食物消费模式将发生变化，这就可能对我国的食品加工业产生重要影响；随着人口增长，能源供需矛盾将进一步扩大，因此研制节能产品和技术是企业必须认真考虑的问题；而人口增长将使住宅供需矛盾日益加剧，这就给建筑业及建材业的发展带来机会。

但是，人口的迅速增长，也会给企业营销带来不利的影响。比如，人口增长可能导致人均收入下降，限制经济发展，从而使市场吸引力降低。又如，由于房屋紧张引起房价上涨，从而增大企业产品成本。另外，人口增长还会对交通运输产生压力，企业对此应予以关注。

2) 人口结构

人口结构主要包括人口的年龄结构、性别结构、家庭结构、社会结构以及民族结构。

(1) 年龄结构。不同年龄的消费者对商品的需求不一样。目前我国人口老龄化现象还不十分严重，但到下世纪初，同世界整体趋势相仿，我国将出现人口老龄化现象，而且人口老龄化速度将大大高于西方发达国家。这样，诸如保健用品、营养品、老年人生活必需品等市场将会兴旺。

(2) 性别结构。不同性别的顾客在消费需求、购买习惯和购买行为上会有所差异。一般来说，在一个国家或地区，男女人口总数相差不大；但在一个较小的地区，如矿区、林区、较大的工地，往往是男性占较大比重，而在某些女职工占极大比重的行业中，则女性人口又较多。由于女性多操持家务，大多数日用消费品由女性采购，因此，不仅妇女用品可设专业商店销售，很多家庭用品和儿童用品也都纳入妇女市场。

(3) 家庭结构。家庭是购买、消费的基本单位。家庭的数量直接影响某些商品的数量。家庭数量的剧增必然会引起对家具、家用电器和住房等需求的迅速增长。家庭规模越来越小，必然会带来较小的公寓、便宜和体积小的电器、家具、小包装食品等需求的差别。一个家庭处于生命周期的不同阶段，其规模不同，消费需求也有明显的差别。例如，新婚夫妇需要家具，有年幼孩子的家庭需要婴幼儿食品、玩具等，有较大孩子的家庭需要教育服务、书籍、文具、体育用品等。

(4) 社会结构。我国的人口绝大部分在农村，农村人口约占总人口的 80%。这一社会结构的客观因素决定了企业在国内市场中应当以农民为主要营销对象，市场开拓的重点也应放在农村。尤其是一些中小企业，更应注意开发价廉物美的商品以满足农民的需要。

(5) 民族结构。民族不同，其生活习性、文化传统也不相同。因此，企业营销者要注意民族市场的营销，重视开发适合各民族特性、受其欢迎的商品。

3) 人口的地理分布及流动

地理分布指人口在不同地区的密集程度。人口的这种地理分布表现在市场上就是人口的集中程度不同，则市场大小不同；消费习惯不同，则市场需求特性不同。我国东南沿海地区人口稠密，市场比较集中；西北地区人口稀疏，市场较为分散。

人口流动性会导致市场规模的迅速扩大。目前，除了国家之间、地区之间、城市之间的人口流动外，还有一个突出的现象就是城市人口向农村流动。在我国，人口的流动主要表现在农村人口向城市或工矿地区流动；内地人口向沿海经济开放地区流动。另外，经商、观光旅游、学习等使人口流动加速。对于人口流入较多的地方而言，一方面由于劳动力增多，就业问题突出，从而加剧行业竞争；另一方面，人口增多也使当地基本需求量增加，消费结构也发生一定的变化，继而给当地企业带来较多的市场份额和营销机会。

2．经济环境

经济环境指企业营销活动所面临的外部社会条件，其运行状况及发展趋势会直接或间接地对企业营销活动产生影响。

1) 直接影响营销活动的经济环境因素

(1) 消费者收入水平。消费者的购买力来自消费者的收入，但消费者并不是把全部收入都用来购买商品或劳务，购买力只是收入的一部分。消费者收入水平反映了市场的实际购买力，从而决定了市场容量和消费者的支出模式。因此，在研究消费收入时，要注意以下几点：

① 国民生产总值。它是衡量一个国家经济实力与购买力的重要指标。从国民生产总值的增长幅度，可以了解一个国家经济发展的状况和速度。一般来说，工业品的营销与这个指标有关，而消费品的营销则与此关系不大。国民生产总值增长越快，对工业品的需求和购买力就越大；反之，就越小。

② 人均国民收入。这是用国民收入总量除以总人口的比值。这个指标大体反映了一个国家人民生活水平的高低，也在一定程度上决定了商品需求的构成。一般来说，人均收入增长，对消费品的需求和购买力就大，反之就小。

③ 个人可支配收入。这是在个人收入中扣除税款和非税性负担后所得余额，它是个人收入中可以用于消费支出或储蓄的部分，它构成实际的购买力。

④ 个人可任意支配收入。这是在个人可支配收入中减去用于维持个人与家庭生存不可缺少的费用(如房租、水电、食物、燃料、衣着等项开支)后剩余的部分。这部分收入是消费需求变化中最活跃的因素，也是企业开展营销活动时所要考虑的主要对象。因为这部分收入主要用于满足人们基本生活需要之外的开支，一般用于购买高档耐用消费品、旅游、储蓄等，它是影响非生活必需品和劳务销售的主要因素。

⑤ 家庭收入。家庭收入的高低会影响很多产品的市场需求。一般来讲，家庭收入高，对消费品需求大，购买力也大；反之，需求小，购买力也小。

需要注意的是，企业营销人员在分析消费者收入时，还要区分"货币收入"和"实际收入"。只有"实际收入"才会影响"实际购买力"。因为实际收入和货币收入并不完全一致，由于通货膨胀、失业、税收等因素的影响，有时货币收入虽然增加，但实际收入却可能下降。实际收入即是扣除物价变动因素后实际购买力的反映。

(2) 消费者支出模式和消费结构。研究消费者支出方式的一个重要理论是由著名的德国统计学家恩斯特·恩格尔提出的恩格尔定律。恩格尔定律指出，随着家庭收入的增加，用于购买食物的支出占家庭收入的比重越来越小；用于住房及家庭日常支出的比重保持不变；而用于服装、娱乐、保健、教育、储蓄等方面的支出将会上升。其中，食物费用占总支出的比例称为恩格系数。恩格尔系数的计算公式为

$$恩格尔系数 = \frac{食物支出变动百分比}{收入变动百分比}$$

一般地，恩格尔系数越大，生活水平越低；反之，则生活水平越高。恩格尔系数是衡量一个国家、地区、城市、家庭生活水平高低的重要参数。

这种消费支出模式不仅与消费者收入有关，而且还受到下面两个因素的影响：① 家庭生命周期的阶段影响。据调查，没有孩子的年轻人家庭，往往把更多的收入用于购买冰箱、电视机、家具、陈设品等耐用消费品上；而有孩子的家庭，则在孩子的娱乐、教育等方面支出较多，用于购买家庭消费品的支出减少。当孩子长大独立生活后，家庭收支预算又会发生变化，用于保健、旅游、储蓄部分就会增加。② 受家庭所在地点的影响，如住在农村与住在城市的消费者相比，前者用于交通方面支出较少，用于住宅方面的支出较多；而后者用于衣食、交通、娱乐方面的支出较多。

消费结构指消费过程中人们所消耗的各种消费资料(包括劳务)的构成，即各种消费支出占总支出的比例关系。优化消费结构是优化的产业结构和产品结构的客观依据，也是企业开展营销活动的基本立足点。二战以来，西方发达国家的消费结构发生了很大变化：① 恩格尔系数显著下降，目前大都下降到20%以下；② 衣着消费比重降低，幅度在20%～30%之间；③ 住宅消费支出比重增大；④ 劳务消费支出比重上升；⑤ 消费开支占国民生产总值和国民收入的比重上升。而从我国的情况看，消费结构还不尽合理，随着我国社会主义市场经济的发展，以及国家在住房、医疗等制度方面改革的深入，人们的消费模式和消费结构都会发生明显的变化。企业要重视这些变化，尤其应掌握拟进入的目标市场中支出模式和消费结构的情况，输送适销对路的产品和劳务，以满足消费者不断变化的需求。

(3) 消费者储蓄和信贷情况的变化。消费者的购买力还要受储蓄和信贷的直接影响。在消费者个人收入中，总会有一部分转化为各种形式的储蓄，它是一种推迟、潜在的购买力。当收入一定时，储蓄越多，现实消费量就越小，但潜在消费量愈大；反之，储蓄越少，现实消费量就越大，但潜在消费量愈小。企业营销人员应当全面了解消费者的储蓄情况，尤其是要了解消费者储蓄目的的差异。储蓄目的不同，往往影响到潜在需求量、消费模式、消费内容、消费发展方向的不同，这就要求企业营销人员在调查、了解储蓄动机与目的的基础上，制订不同的营销策略，为消费者提供有效的产品和劳务。

近年来，我国居民储蓄额和储蓄增长率均较大。我国居民储蓄增加，显然会使企业目前产品价值的实现比较困难，企业若能调动消费者的潜在需求，就可开发新的目标市场。比如1979年，日本电视机厂商发现，尽管中国人可任意支配的收入不多，但中国人有储蓄习惯，且人口众多。于是，他们决定开发中国黑白电视机市场，不久便获得成功。当时，西欧某国电视机厂商虽然也来中国调查，却认为中国人均收入过低，市场潜力不大，结果贻误了时机。

所谓消费者信贷，就是消费者凭信用先取得商品使用权，然后按期归还贷款，以购买商品。这实际上就是消费者提前支取未来的收入，提前消费。西方国家盛行的消费者信贷主要有短期赊销、购买住宅分期付款、购买昂贵的消费品分期付款、信用卡信贷等几类。信贷消

费允许人们购买超过自己现实购买力的商品，从而创造了更多的就业机会、更多的收入以及更多的需求；同时，消费者信贷还是一种经济杠杆，它可以调节积累与消费、供给与需求的矛盾。当市场供大于求时，可以发放消费信贷，刺激需求；当市场供不应求时，必须收缩信贷，适当抑制、减少需求。消费信贷把资金投向需要发展的产业，刺激这些产业的生产，带动相关产业和产品的发展。我国现阶段的信贷消费呈现多元化、高增长发展趋势。个人住房消费、信贷、汽车消费信贷、助学贷款、旅游贷款等多种消费信贷业务发展迅猛。

2) 间接影响营销活动的经济环境因素

(1) 经济发展水平。企业的市场营销活动受一个国家或地区的整个经济发展水平的制约。经济发展阶段不同，居民的收入不同，顾客对产品的需求也不一样，从而会在一定程度上影响企业的营销。

美国学者罗斯顿(W.W.Rostow)根据他的"经济成长阶段"理论，将世界各国的经济发展归纳为五种类型：传统经济社会；经济起飞前的准备阶段；经济起飞阶段；迈向经济成熟阶段；大量消费阶段。凡属前三个阶段的国家称为发展中国家，而处于后两个阶段的国家则称为发达国家。不同发展阶段的国家在营销策略上也有所不同。以分销渠道为例，国外学者认为：① 经济发展阶段越高的国家，其分销途径越复杂而且广泛；② 进口代理商的地位随经济发展而下降；③ 制造商、批发商与零售商的职能逐渐独立，不再由某一分销路线的成员单独承担；④ 批发商的其他职能增加，只有财务职能下降；⑤ 小型商店的数目下降，商店的平均规模在增加；⑥ 零售商的加成上升。

(2) 经济体制。世界上存在着多种经济体制、计划经济体制、市场经济体制，计划—市场经济体制，也有市场—计划经济体制等。不同的经济体制对企业营销活动的制约和影响不同。在不同的经济体制下，政府的经济政策是很重要的外在经济因素，一国政府采取保护政策还是自由开放政策，对一个企业的营销决策至关重要。

(3) 城市化程度。城市化程度是指城市人口占全国总人口的百分比，它是一个国家或地区经济活动的重要特征之一。城市化是影响营销的环境因素之一。目前我国大多数农村居民消费的自给自足程度仍然较高，而城市居民则主要通过货币交换来满足需求。此外，城市居民一般受教育较多，思想较开放，容易接受新生事物；而农村相对闭塞，农民的消费观念较为保守，故而一些新产品、新技术往往首先被城市所接受。企业在开展营销活动时，要充分注意到这些消费行为方面的城乡差别，相应地调整营销策略。

3. 自然环境

自然环境是指作为生产投入或受营销活动影响的自然资源。

在生态环境遭到破坏、自然资源日益枯竭、环境污染问题日趋严重的今天，自然环境已成为各个国家、各个领域的重大问题，有关环保的呼声越来越高。从营销学角度看，自然资源的发展变化给企业带来了一定的威胁，同时也给企业创造了机会。

目前来看，自然资源有以下四个方面的发展趋势：

1) 日益逼近的某些原料短缺

各种资源，特别是不可再生类资源已经出现供不应求的状况(石油、矿藏等)，对许多企业形成了较大的威胁；但对致力于开发和勘探新资源、研究新材料及如何节约资源的企业带来了巨大的机会。

2) 能源成本的增加

能源的短缺给汽车及其他许多行业的发展造成了巨大困难，但无疑为开发研究如何利用风能、太阳能、原子能等新能源及研究如何节能的企业提供了有利的营销机会。石油这一不可再生的有限资源，已经成为未来经济增长所遇到的最严重的问题。世界上的主要工业国都对石油有极大的依赖，在其他替代能源问世之前，石油将继续是左右世界政治与经济前景的一种力量。油价的高昂激起对替代能源发疯似地研究。煤又重新被普遍使用，企业还在探求太阳能、原子能、风能及其他形式能源的实用性手段。

3) 污染的增加

有些工业生产活动将不可避免地破坏自然环境。随着公众对环境问题日益关心，会给污染控制技术及产品，如清洗器、回流装置等创造一个极大的市场，从而促使企业探索不破坏环境的方法去制造和包装产品。

4) 政府对自然资源管理方面有力的干预

各国政府从长远利益及整体利益出发，对自然资源的管理逐步加强。许多限制性法律法规的出台，对企业造成了巨大的压力，但同时也给企业创造了发展良机。

4. 技术环境

科学技术是社会生产力新的和最活跃的因素，作为营销环境的一部分，科技环境不仅直接影响企业内部的生产和经营，还同时与其他环境因素互相依赖、相互作用，特别与经济环境、文化环境的关系更紧密，尤其是新技术革命，给企业市场营销既造就了机会，又带来了挑战。企业的机会在于寻找或利用新的技术，满足新的需求，而它面临的挑战则可能有两个方面：一是新技术的突然出现，使企业现有产品变得陈旧；二是新技术改革了企业人员原有的价值观。

1) 新技术引起的企业市场营销策略的变化

新技术给企业带来巨大的压力，也改变了企业生产经营的内部因素和外部环境，同时也引起企业市场营销策略的变化。

(1) 产品策略。由于科学技术的迅速发展，新技术应用于新产品开发的周期大大缩短，产品更新换代加快。在世界市场的形成和竞争日趋激烈的今天，开发新产品成了企业开拓新市场和赖以生存发展的根本条件。因此，要求企业营销人员不断寻找新市场，预测新技术，时刻注意新技术在产品开发中的应用，从而开发出给消费者带来更多便利的新产品。

(2) 分销策略。由于新技术的不断应用，技术环境的不断变化，使人们的工作及生活方式发生了重大变化。广大消费者的兴趣、思想等差异性扩大，自我意识的观念增强，从而引起分销机构的不断变化，大量的特色商店和自我服务的商店不断出现。例如，20 世纪30 年代出现的超级市场，40 年代出现的廉价商店，60、70 年代出现的快餐服务、自助餐厅、特级商店、左撇子商店等。同时也引起分销实体的变化，运输实体的多样化，提高了运输速度，增加了运输容量及货物储存量，使现代企业的实体分配出发点由工厂变成了市场。

(3) 价格策略。科学技术的发展及应用，一方面降低了产品成本使价格下降，另一方面使企业能够通过信息技术，加强信息反馈，正确应用价值规律、供求规律、竞争规律来制订和修改价格策略。

(4) 促销策略。科学技术的应用引起促销手段的多样化，尤其是广告媒体的多样化，广告宣传方式的复杂化。如人造卫星成为全球范围内的信息沟通手段。信息沟通的效率、促销组合的效果、促销成本的降低、新的广告手段及方式将成为今后促销研究的主要内容。

2) 新技术引起的企业经营管理的变化

技术革命是管理改革或管理革命的动力，它向管理提出了新课题、新要求，又为企业改善经营管理、提高管理效率提供了物质基础。目前发达国家许多企业在经营管理中都使用电脑、传真机等设备，这对于改善企业经营管理、提高企业经营效益起了很大作用。日本神户制钢所和竹中公务店等公司于 1984 年 2 月开始租用日本电信电话公司研制成功的"电视会议系统"。现在，凡是大众化的商品，在商品包装上都印有条纹码，使得结账作业速度迅速提高，大大提高了零售商店收款工作效率，缩短了顾客等候收款时间，提高了服务质量。

3) 新技术对生活方式和消费模式的影响

科学技术是一种"创造性的毁灭力量"。它本身创造出新的东西，同时又淘汰旧的东西。一种新技术的应用，必然导致新的部门和新市场的出现，使消费对象的品种不断增加，范围不断扩大，消费结构发生变化。例如，在美国由于汽车工业的迅速发展，使美国成为一个"装在轮子上的国家"，现代美国人的生活方式，无时无刻不依赖于汽车。这些生活方式的变革，如果能被企业深刻认识到，主动采取与之相适应的营销策略，就能获得成功。自动售货机的出现，使销售形式得到改变，这种方式对卖方来说，不需要营业人员，只需少量的工作人员补充商品、回收现金、保养和修理机械；对买方来说，购货不受时间限制，在任何时间都可以买到商品和提供的服务。所以，企业在进行市场营销时，必须深刻认识和把握由于科学技术发展而引起的社会生活和消费方式的变化，看准营销机会，积极采取行动，并且要尽量避免科技发展给企业造成的威胁。

5. 政治与法律环境

政治与法律是影响企业营销的重要的宏观环境因素。政治因素像一只有形之手，调节着企业营销活动的方向；法律则为企业规定商贸活动行为准则。政治与法律相互联系，共同对企业的市场营销活动发挥影响和作用。

1) 政治环境

政治环境指企业市场营销活动的外部政治形势和状况以及国家方针政策的变化对市场营销活动带来的或可能带来的影响。

(1) 政治局势。政治局势指企业营销所处的国家或地区的政治稳定状况。一个国家的政局稳定与否会给企业营销活动带来重大的影响。如果政局稳定，生产发展，人民安居乐业，就会给企业营造良好的营销环境；相反，政局不稳，社会矛盾尖锐，秩序混乱，这不仅会影响经济发展和人民的购买力，而且对企业的营销心理也有重大影响。战争、暴乱、罢工、政权更替等政治事件都可能对企业营销活动产生不利影响，能迅速改变企业环境。因此，社会是否安定对企业的市场营销关系极大，特别是在对外营销活动中，一定要考虑东道国政局变动和社会稳定情况可能造成的影响。

(2) 方针政策。市场营销活动必须在国家政策范围之内开展。在国家政策调整时，企业应当对政策变动对于营销的影响力度做出客观分析，并随之调整其营销活动的目标与策略。经济政策分析是制订营销策略的基础，是企业管理者必须进行的工作。

对于国家政策的分析，具体包括三个方面的内容：

① 政策构成分析。与营销有关的政策主要包括产业政策、财政政策、税收政策、金融政策、外汇政策、投资政策、价格政策、国有化政策、对外经济贸易政策等。

② 政策倾向分析，具体分为鼓励倾向和限制倾向。鼓励倾向性政策是企业的一种机遇，如取消关税壁垒、低关税、税收减免、低含量规定、放宽外资投向和持股比例等；而限制倾向性政策则是企业的一种风险，如进口限制(高关税、非关税壁垒)、市场控制、价格控制、税收管制、外汇管制、资本管制、引进技术要求、外资投向限制、持股比例限制、投资期限规定、高含量规定、利润汇出限制、没收、征用、国有化等。

③ 政策持续性分析，主要研究政策的稳定性和政策的一致性两项指标。企业管理人员要对这两项指标作合理预期，以便在国家政策许可的范围内开展营销活动。

2) 法律环境因素

对企业来说，法律是评判企业营销活动的准则，只有依法进行的各种营销活动，才能受到国家法律的有效保护。因此，企业开展市场营销活动，必须了解并遵守国家或政府颁布的有关经营、贸易、投资等方面的法律、法规。从当前企业营销活动法制环境的情况来看，有两个明显的特点：

(1) 管制企业的立法增多，法律体系越来越完善。近几年来，我国在发展社会主义市场经济的同时，也加强了市场法制方面的建设，陆续制定、颁布了一系列相关的重要法律法规，如《公司法》《广告法》《商标法》《经济合同法》《反不正当竞争法》《消费者权益保护法》《产品质量法》《外商投资企业法》等，这对规范企业的营销活动起到了重要作用。

(2) 政府机构执法更严。我国的市场管理机构比较多，主要有工商行政管理局、技术监督局、物价局、医药管理局、环境保护局、卫生防疫部门等，分别从各个方面对企业的营销活动进行监督和控制，在保护合法经营、取缔非法经营、保护正当交易和公平竞争、维护消费者利益、促进市场有序运行和经济健康发展方面，发挥了重要作用。因此，企业必须知法守法，自觉用法律来规范自己的营销行为并自觉接受执法部门的管理和监督，同时，还要善于运用法律武器维护自己的合法权益。

6．社会与文化环境

每个人都生长在一定的社会文化环境中，并在一定的社会文化环境中生活和工作，他的思想和行为必定要受到这种社会文化的影响和制约。市场营销学中所说的社会文化因素，一般指在一种社会形态下已经形成的信息、价值、观念、宗教信仰、道德规范、审美观念以及世代相传的风俗习惯等被社会所公认的各种行为规范。这些社会文化力量影响着人们的生活方式和行为方式，进而影响着人们的购买动机和行为。企业的市场营销人员应分析、研究和了解社会文化环境，以针对不同的文化环境制订不同的营销策略。

1) 教育状况

教育是按照一定目的要求对受教育者施以影响的一种有计划的活动，是传授生产经验和生活经验的必要手段，反映并影响着一定的社会生产力、生产关系和经济状况，是影响企业市场营销的重要因素。教育状况对营销活动的影响，可以从以下几个方面考虑：

(1) 对企业选择目标市场的影响。处于不同教育水平的国家或地区，对商品的需求不同。

(2) 对企业营销商品的影响。文化不同的国家和地区的消费者，对商品的包装、装潢、附加功能和服务的要求有差异。通常文化素质高的地区或消费者要求商品包装典雅华贵，对附加功能也有一定要求。

(3) 对营销调研的影响。在受教育程度高的国家和地区，企业可在当地雇佣调研人员或委托当地的调研公司、机构完成具体项目；而在受教育程度低的国家和地区，企业开展调研要有充分的人员准备和适当的方法。

(4) 对经销方式的影响。企业的产品目录、产品说明书的设计要考虑目标市场的受教育状况。如果经营商品的目标市场在文盲率很高的地区，就不仅需要文字说明，更重要的要配以简明图形，并派人进行使用、保养的现场演示，以避免消费者和企业的不必要损失。

2) 宗教信仰

纵观历史上各民族消费习惯的产生和发展，可以发现宗教是影响人们消费行为的重要因素之一。某些国家和地区的宗教组织在教徒购买决策中也有重大影响。一种新产品出现，宗教组织有时会提出限制、禁止使用，认为该商品与宗教信仰相冲突，所以企业可以把影响大的宗教组织作为自己的重要公共关系对象，在经销活动中也要针对宗教组织设计适当方案，以避免由于矛盾和冲突给企业营销活动带来的损失。

3) 价值观念

价值观念就是人们对社会生活中各种事物的态度和看法，不同的文化背景下，人们的价值观念相差很大，消费者对商品的需求和购买行为深受价值观念的影响。对于不同的价值观念，企业的市场营销人员应该采取不同的策略。一种新产品的消费，会引起社会观念的变革；而对于一些注重传统、喜欢沿袭传统消费方式的消费者，企业在制订促销策略时应把产品与目标市场的文化传统联系起来。

4) 消费习俗

消费习俗是人类各种习俗中的重要习俗之一，是人们历代传递下来的一种消费方式，也可以说是人们在长期经济与社会活动中所形成的一种消费风俗习惯。不同的消费习俗，具有不同的商品需要，研究消费习俗，不但有利于组织好消费用品的生产与销售，而且有利于正确、主动地引导健康消费。了解目标市场消费者的禁忌、习俗、避讳、信仰、伦理等是企业进行市场营销的重要前提。

5) 审美观念

人们在市场上挑选、购买商品的过程，实际上也是一次审美活动。近年来，我国人民的审美观念随着物质水平的提高，发生了明显的变化。

(1) 追求健康的美，如体育用品和运动服装的需求量呈上升趋势。

(2) 追求形式的美，如服装市场的异军突起，不仅美化了人们的生活，更重要的是迎合了消费者的求美心愿。在服装样式上，青年人一扫过去那种多层次、多线条、重叠反复的造型艺术，追求强烈的时代感和不断更新的美感，由对称转为不对称，由灰暗色调转为鲜艳、明快、富有活力的色调。

(3) 追求环境美。消费者对环境的美感体验，在购买活动中表现得最为明显。

因此，企业营销人员应注意以上三方面审美观的变化，把消费者对商品的评价作为重要的反馈信息，使商品的艺术功能与经营场所的美化效果融合为一体，以便更好地满足消费者的审美要求。

在研究社会文化环境时，还要重视亚文化群对消费需求的影响。每一种社会文化的内部都包含若干亚文化群。因此，企业市场营销人员在进行社会和文化环境分析时，可以把每一个亚文化群视为一个细分市场，生产经营适销对路的产品，满足顾客需求。

三、微观环境

通常把市场营销环境分为不可控因素和可控因素。不可控因素是指政治、法律、人口、经济、科学技术、社会文化等宏观因素；可控因素是指影响企业营销的全部内部因素，其主要内容是产品、定价、渠道、促销。其实，介于这二者之间还有一些诸如企业内部、竞争者等方面的环境因素。

企业的微观营销环境主要由企业的内部环境、企业的市场营销渠道、企业竞争者、顾客和各种公众等因素构成。

虽然微观环境与宏观环境都是影响企业外部因素的集合，但两者也是有区别的：第一，微观环境对企业市场营销活动的影响比宏观环境更为直接；第二，微观环境中的一些因素在企业的努力下可以不同程度地得到控制。把市场营销环境分为宏观环境与微观环境，有利于区分和掌握两类不同环境对市场营销活动的作用程度。

企业要进行有效的市场营销活动、实现既定目标，不仅要考虑企业所处的宏观环境因素，同时还要对企业所处的微观环境进行分析。从其种意义上来说，企业的微观环境对企业产生的影响更为直接。

1. 企业内部

任何一个企业的营销活动都是整个企业的协同作业，而非各个部门的独立行动，是企业整体实力的体现。因为企业的市场营销活动实际上是企业研发能力、制造能力、销售能力、融资能力及管理能力等诸多能力的综合发挥，是所有员工共同努力、密切合作的结果。企业的内部状态如何将对其营销活动产生重大影响，其他的宏观环境都通过这一因素而起作用。

公司的市场营销是由营销和销售部管理的，它由品牌经理、营销研究人员、广告及促销专家、销售经理及销售代表等组成。市场营销部负责制订现有各个产品、各个品牌及新产品、新品牌的研究开发的营销计划。

营销管理当局在制订营销计划时，必须考虑到与公司其他部门的协调，如与最高管理层、财务部门、研究开发部门、采购部门、生产部门和会计部门等部门的协调，因为正是这些部门构成了营销计划制订者的公司内部微观环境。

2. 营销中介

1) 供应商

供应商是影响企业营销的微观环境的重要因素之一。供应商是指向企业及其竞争者提供生产产品和服务所需资源的企业或个人。供应商所提供的资源主要包括原材料、设备、能源、劳务、资金等。

供应商对企业营销活动的影响主要表现在以下几个方面：

(1) 供货的稳定性与及时性。原材料、零部件、能源及机器设备等货源的保证，是企业营销活动顺利进行的前提。如粮食加工厂需要谷物来进行粮食加工，还需要具备人力、设备、能源等其他生产要素，才能使企业的生产活动正常开展。供应量不足、供应短缺，都可影响企业按期完成交货任务。

(2) 供货的价格变动。毫无疑问，供货的价格直接影响企业的成本。如果供应商提高原材料价格，生产企业亦将被迫提高其产品价格，由此可能影响到企业的销售量和利润。

(3) 供货的质量水平。供应货物的质量直接影响到企业产品的质量。

针对上述影响，企业在寻找和选择供应商时，应特别注意两点：第一，企业必须充分考虑供应商的资信状况。要选择那些能够提供品质优良、价格合理的资源，交货及时、有良好信用、在质量和效率方面都信得过的供应商，并且要与主要供应商建立长期稳定的合作关系，保证企业生产资源供应的稳定性。第二，企业必须使自己的供应商多样化。企业过分依赖一家或少数几家供货人，受到供应变化的影响和打击的可能性就大。为了减少对企业的影响和制约，企业就要尽可能多地联系供货人，向多个供应商采购，尽量避免过于依靠单一的供应商，以免当与供应商的关系发生变化时，使企业陷入困境。

2) 中间商

中间商是协助公司寻找顾客或直接与顾客进行交易的商业企业。中间商分两类：代理中间商和经销中间商。中间商对企业产品从生产领域流向消费领域具有极其重要的影响。在与中间商建立合作关系后，要随时了解和掌握其经营活动，并可采取一些激励性合作措施，推动其业务活动的开展，而一旦中间商不能履行其职责或市场环境变化时，企业应及时解除与中间商的关系。

3) **实体分配公司**

实体分配公司是协助公司储存产品和把产品从原产地运往销售目的地的机构。仓储公司是在货物运往下一个目的地前专门储存和保管商品的机构。每个公司都需确定应该有多少仓位自己建造，多少仓位向存储公司租用。运输公司包括从事铁路运输、汽车运输、航空运输、船舶运输以及其他搬运货物的公司，它们负责把货物从一地运往另一地。每个公司都需从成本、运送速度、安全性和交货方便性等因素进行综合考虑，确定选用那种成本最低而效益更高的运输方式。

4) **市场营销服务机构**

市场营销服务机构指市场调研公司、广告公司、各种广告媒介及市场营销咨询公司，他们协助企业选择最恰当的市场，并帮助企业向选定的市场推销产品。有些大公司，如杜邦公司和老人牌麦片公司，他们都有自己的广告代理人和市场调研部门。但是，大多数公司都与专业公司以合同方式委托办理这些事务。但凡一个企业决定委托专业公司办理这些事务时，它就需谨慎地选择哪一家，因为各个公司都各有自己的特色，所提供的服务内容不同，服务质量不同，要价也不同。企业还得定期检查他们的工作，倘若发现某个专业公司不能胜任，则须另找其他专业公司来代替。

5) 金融机构

金融机构包括银行、信贷公司、保险公司以及其他对货物购销提供融资或保险的各种公司。公司的营销活动会因贷款成本的上升或信贷来源的限制而受到严重的影响。

3．顾客

顾客是企业服务的对象，是企业市场营销活动的出发点和归宿。因此，企业必须认真研究其顾客群的类别、需求特点、购买动机、购买习惯和规律，以及从事购买的人员和组织、购买方等，以使企业的营销活动更具针对性，符合顾客的愿望。

4．竞争者

企业竞争者是指在同一目标市场争夺同一顾客群的其他企业或类似企业组织。竞争是市场经济的普遍规律，现代企业都处于不同的竞争环境中。因此，企业应当加强对竞争者的研究，寻求增大企业产品吸引力，在竞争中立于不败之地的策略。

5．公众

公众是指对一个组织完成其目标的能力有着实际或潜在兴趣、影响的群体。

公众可能有助于增强一个企业实现自己目标的能力，也可能妨碍这种能力。鉴于公众会对企业的命运产生巨大的影响，精明的企业就会采取具体的措施去成功地处理与主要公众的关系，而不是不采取行动或等待。大多数企业都建立了公共关系部门，专门筹划与各类公众的建设性关系。公共关系部门负责收集与企业有关的公众意见和态度，发布消息、沟通信息，以建立信誉。如果出现不利于公司的反面宣传，公共关系部门就会成为排解纠纷者。

每个企业的周围都有七类公众：

(1) 金融公众。金融界对企业的融资能力有重要的影响。金融界主要包括银行、投资公司、证券经纪行、股东。

(2) 媒介公众。媒介公众指那些刊载、播送新闻、特写和社论的机构，特别是报纸、杂志、电台、电视台等。

(3) 政府机构。企业管理当局在制订营销计划时，必须认真研究和考虑政府政策与措施的发展变化。

(4) 公民行动团体。一个企业营销活动可能会受到消费者组织、环境保护组织、少数民族团体等的质询。

(5) 地方公众。每个企业都同当地的公众团体，如邻里居民和社区组织保持联系。

(6) 一般公众。企业需要关注一般公众对企业产品及经营活动的态度。虽然一般公众并不是有组织地对企业采取行动，但是一般公众对企业的印象却影响着消费者对该企业及其产品的看法。

(7) 内部公众。企业内部的公众包括蓝领工人、白领工人、经理和董事会。大公司还发行业务通讯和采用其他信息沟通方法，向企业内部公众通报信息并激励他们的积极性。当企业雇员对自己的企业感到满意的时候，他们的态度也就会感染企业以外的公众。

知识链接

第二节　市场营销环境分析

一个企业所面临的市场营销环境是不断变化的。不同的市场营销环境可能给企业带来不同的市场环境机会，也可能给企业带来市场环境威胁。企业研究市场环境的目的是为了分析和识别环境给企业带来的机会和威胁，便于及时地制定出相应的措施，抓住机遇，消除或避开威胁。

按系统论和生态学的观点，企业与外部环境共同形成一个大系统。企业内部与外部环境是这一大系统中的两个系统，两者必须相互配合，才能产生系统效应。但从企业角度来看，外部环境这一子系统是企业不能控制的客观条件，时刻处于变动之中。因此，企业必须经常对自身系统进行调整，才能适应外部环境的变化，这正像生态学中生物体与外界环境关系一样，也遵循"适者生存，优胜劣汰"的原则。

外部环境变化对任何一个企业产生的影响都可以从三个方面进行分析：一是对企业市场营销有利的因素，即它对企业市场营销来说是环境机会；二是对企业市场营销不利的因素，它是对企业市场营销的环境威胁；三是对该企业市场营销无影响的因素，企业可以把它视为中性因素。对机会和威胁，企业必须采取适当的对应措施，才能在环境变化中生存下来。

一、环境机会分析

环境机会是指对公司营销行为富有吸引力的领域，在这一领域里，该公司将拥有竞争优势。市场营销环境是动态性的，任何企业都面临着许多市场机会。企业应结合自身的资源和能力，对新机会进行分析和评估，抓住主要的市场机会。企业可以采用环境机会矩阵图来进行分析，如图 2-2 所示。

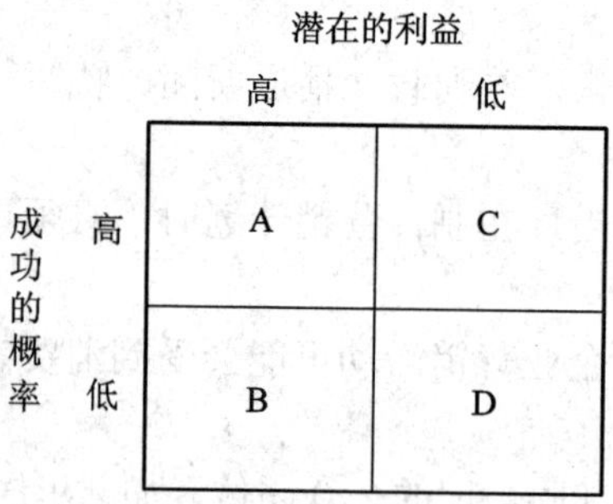

图 2-2　环境机会矩阵图

环境机会矩阵图纵向表示"成功的概率"，横向表示"潜在的利益"。图 2-2 中 4 个方框分别表示不同的成功机会和潜在的盈利能力。机会方格 A 是企业必须重视也是最佳的市场营销机会环境，因为它的成功概率与潜在盈利能力很强。机会方格 B 表示成功的可能性较小，而一旦成功则潜在的盈利能力较强。机会方格 C 表明虽然潜在的盈利能力小，但成功的可能性较大。机会方格 D 区域则表明成功的概率与潜在的获利能力较低，企业应当回避这种环境，观察其发展变化。

二、环境威胁分析

　　环境威胁是指环境中一种不利的发展趋势所形成的挑战，如果不采取果断的营销行动，这种不利趋势将导致公司市场地位被侵蚀。企业所面临的环境威胁对企业的影响程度大小不一，各种威胁出现的可能性也不一样，这就要求营销者善于识别并能正确评估现实的或潜在的环境威胁，采取相应的对策。企业可以采用威胁矩阵图来进行分析，如图 2-3 所示。

　　环境威胁矩阵图的纵向表示"出现威胁的概率"，横向表示"潜在的影响程度"。图 2-3 中 4 个方框分别表示

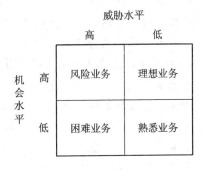

图 2-3　环境威胁矩阵图

不同的威胁出现概率和对企业危害程度的高低。机会方格 A 是企业必须严密监视的环境状况，因为它的危害程度高，出现概率大。机会方格 B 表示虽然出现的可能性较小，但潜在的危害大，一旦出现将会给企业带来较大的损失，企业也应该给予足够的重视。机会方格 C 尽管出现的概率大，但给企业造成的损失较小，企业可作一般性的注意。机会方格 D 则表明出现威胁的可能性与造成损失的严重性都较低，企业要留意是否有向其他区域发展的可能性。

　　企业一般对环境采取三种不同的策略：① 反抗策略，即企业利用各种不同手段，限制不利环境对企业的威胁，或者促使不利环境向有利方向转化；② 减轻策略，即企业调整市场策略来适应或改善环境，以减轻环境威胁的影响程度；③ 转移策略，即对于长远的、无法反抗和减轻的威胁，采取转移到其他的可以占领并且效益较高的经营领域，或者采取停止经营的方式。

三、企业对环境变动的评价与对策

　　在环境分析与评价的基础上，企业对水平不等的威胁与机会和各种营销业务，应分别采取不同的对策，如图 2-4 所示。

　　对理想业务，应看到机会难得，甚至转瞬即逝，必须抓住机遇，迅速行动；否则，贻失战机，将后悔不及。

　　对风险业务，面对其高利润与高风险，既不宜盲目冒进，也不应迟疑不决，坐失良机；应全面分析自身的优势与劣势，扬长避短，创造条件，争取突破性的发展。

图 2-4　环境分析综合评价图

　　对成熟业务，机会与威胁处于较低水平，可作为企业的常规业务，用以维持企业的正常运转，并为开展理想业务和风险业务准备必要的条件。

　　对困难业务，要么是努力改变环境，走出困难或减轻威胁；要么是立即转移，摆脱无法扭转的困境。

知识链接

模块二　技 能 训 练

案例分析

青春小酒"江小白"

"我是江小白"，以青春的名义创新，以青春的名义创意，以青春的名义颠覆，认定中国酒业时尚化、低度化的长远发展趋势，本着"好品质、好创意、好体验"的经营"三好原则"，着力于传统酒业的品质创新和品牌创新，致力于引领和践行中国酒业的年轻化、时尚化、国际化。江小白是中国酒业社会化营销的先行者，将社区论坛、微博等社会化营销工具运用得比较娴熟。在包装上，江小白也完全抛弃了传统的酒类产品风格，采用磨砂瓶身，主打蓝白色调的简单包装，开创使用个性化包装风格——江小白语录。

江小白品牌定位为时尚白酒，正着手解决白酒行业的现在与未来：如何让年轻人喜欢上白酒。这恰恰是那些挖历史的品牌没能解决的问题。起步之始，江小白采用的是"品牌授权+生产外包"的经营模式，江小白自身全权负责品牌创意、产品设计、营销渠道的建立和品牌推广，生产环节则委托给重庆某酒厂。后期，江小白已通过并购重组拥有了自己的工厂，这样质量控制、生产计划等环节能进一步提升，为品牌营销提供坚实的品质基础。在 2013 年下半年实现盈利，2013 年全年达到综合收支平衡，销售额为 5000 万元。从成立公司到在业内打响"我是江小白"这个品牌仅用了一年的时间。

根据 CTR 中国城市居民调查现实，2015 年中国白酒消费呈现出三大特点：消费者选择向少数名优品牌集中；做品质、做口碑比做促销将更有效；白酒企业增收，"拉动消费升级"变得至关重要。最近五年中，白酒消费者规模一直保持在相对稳定的水平上。2011 年白酒消费者比例在 23% 上下，2013 年出现小幅减少，波动幅度不到 3 个百分点，这一状态在之后两年有所回升，2014 和 2015 年白酒消费者规模又恢复到 2011 年的水平，甚至还有略微的高出。在整个中国酒的行业背景中，"大"字描述比较准确，整个行业的年产值有4200 多亿，是个大行业，年销售超过 100 个亿、200 个亿的大企业很多。行业运作的思路也基本都是大投入宣传费用、大品牌传播，大的整合营销，高端大气上档次，传统酒业中99% 的企业都是这样的。酒业的总体趋势，同质化的产品，特别是作为白酒行业第一大香型的浓香型产品中的同质化产品，在品质和品牌两方面没有核心竞争力的产品势必会大幅度萎缩，是市场总体的萎缩。而清香型白酒由于自身具备的一些特点，反而更符合趋势。白酒总体三大趋势应该是低度化、利口化、国际化。2015 年 10 月，党的十八届五中全会决定，全面放开二胎政策。新生人口带动了白酒行业增长。国家卫计委计划生育基层指导司司长杨文庄表示，未来几年，出生人口会有一定程度的增长，最高年份预计会超过 2000万人。新生人口的增加促进了用酒的增长。随着二胎政策的放开，会有越来越多的新生儿诞生，这将进一步刺激各种满月酒、生日宴、升学宴以及婚宴市场，为酒水的市场提供了更多的发展空间。中老年人依然是白酒行业重要消费群体。我国如今正逐渐步入老龄化阶段，2014 年起，中国每年将有逾 1700 万人进入退休年龄。迎合老年人对于健康、营养和保健的需求，适合老年人强身健体、针对不同功能饮用的保健酒，也将可能成为未来白酒发展的趋势之一。由于老年人口收入的降低，价格亲民的中低端白酒或许更受老年消费者的青睐，未来的白酒企业要考虑到老年人的实际购买能力。白酒的目标消费群体多在 40 岁以上，40 岁以下的年轻消费者尤其是八零后、九零后，更习惯喝洋酒、红酒和啤酒，这就注定了白酒的消费有断层，给主打年轻人市场的酒类公司提供了发展的机会。产品升级、与年轻消费市场更贴近，显然是白酒企业必须做出的选择。当前中国经济正逐步转向依靠消费驱动经济增长，这对于白酒产业来说意味着潜在的增长力。此外，当前中国中产阶级人口已达 1.09 亿，并且随着八零、九零甚至是零零后逐步成为主流消费群体，白酒并不缺乏潜在消费者，缺的只是怎么让他们真正爱上白酒。在消费者规模相对稳定、消费频率缓慢下降、消费价位难以提高的现有消费背景下，白酒品牌想要增收，只能通过拉动"新一轮消费升级"来拓宽发展之道。

目前国内有 18000 多家酒企，有执照的大约 7000 多家，但是前 100 家酒企的规模占整个酒行业的 90%，也就是说市场上存在 17000 多家酒企均是小酒企。白酒行业显然也要效仿啤酒行业走并购整合之路。茅台、五粮液虽然单价高，但是消费人群有限，而位于底端的白酒拥有大量的消费人群。售价在 10~20 元的低端白酒没有受到影响，得益于市场差异化。红星二锅头旗下开发出产品"红小二"，泸州老窖的"泸小二"等在 2007 年始就出现了。酒的市场售价为中等价位，非常符合年轻消费者的轻奢消费观。江小白的成功，引来了白酒业界大佬的效仿，河南宝丰酒业推出的白酒品牌"小宝 X-boy"、河南宋河酒业推出"嗨 80"酒、河北献王酒业推出"漂流瓶"酒等。

思考

1. 分析江小白的宏观、微观环境？
2. 利用环境分析工具，评价江小白的营销策略。

实训练习 ✍

1. 内容：对当地的中小企业进行调研，收集资料，并根据现在所处的宏观环境、微观环境对企业状况进行分析。
2. 要求：将学生分为 5~7 人一组，共同探讨分析，并以小组为单位整理环境分析报告。

模块三　复习与思考

1. 市场营销微观环境与宏观环境分别包括什么内容？
2. 人口变化对市场营销有什么影响？
3. 政治、法律环境对市场营销活动有哪些制约？
4. 科技环境对市场营销的影响？
5. 简述市场营销微观环境中公众的类别。

营销前沿

第三章 市场分析

知识点 ✍

1. 消费者市场的含义和特点
2. 消费者购买行为模式与影响因素
3. 产业市场的含义与特点
4. 影响产业市场购买决策的主要因素
5. 中间商市场的购买类型
6. 政府市场的购买方式

技能要求 📖

1. 识别消费者购买行为和主要类型，并根据其行为特点提出企业的营销对策
2. 阐述消费者购买决策过程的主要阶段，分析企业相应的营销对策

 案例导入

"她经济"时代来临，女性营销究竟该怎么做

长久以来，男性一直被视为理财和消费的主力军，但随着女性社会和经济地位的提升，女性在消费群体中的主导地位日渐明显。2007 年，中国女经济学家史清琪提出了"女性经济"（"她经济"）的概念，如今已经成了各行各业都绕不开的营销焦点。

尤其是专属女性的三八妇女节，在"她经济"的影响下也成了品牌们角力的重要战场。节日期间，品牌们纷纷推出更丰富多彩的活动，用不同的招数争夺的女性消费者。

• 这个时代，不容小觑的女性消费力

作为一个持续扩张的消费市场，"她经济"的背后是女性精神诉求的提升和消费意识的觉醒。无数杰出的女性用她们的才华和努力将传统思想中的"女子无才便是德"变成了如今的"女性能顶半边天"。

除了经济独立以外，女性的消费偏好还取决于对家庭的责任以及对家人的关心。她们在生活中扮演着不同的角色——女儿、妻子、妈妈和职场人士，除了箱包服饰以外，在生活用品、母婴用品、社交娱乐、教育保健等诸多行业的主力消费人群中，都有女性的身影。之前就有报告称，75%的中国家庭总消费是由女性来决策，50%的男性定位产品由女性来购买，她们想用消费为家人换来更有品质的生活。

不过，女性的钱可没有想象中的那么好赚。

三八节期间铺天盖地的营销活动中，不少品牌明里暗里的激励着天生具有购买欲的女性"对自己好一点"，同时鼓舞男性用包包、口红、化妆品来表达自己对另一半的爱。这种强行将"消费"和"感情"捆绑在一起的营销活动，不但让人感觉用力过猛，也很难真正影响受众。

如果不慎碰到女性消费者的"雷区"，像是不接地气、不了解实情、缺乏同理心时，还会被网友们"喷"个半死，让用户对品牌"粉转黑"。

- 掘金"她经济"，要先读懂"她的心"

女性的消费能力虽然不容小觑，但想让她们心甘情愿地掏腰包也不能急于求成。毕竟，对于女性的关怀和重视绝不仅是节日借势那么简单，它反映的是一个品牌对于一个消费群体的理解与认知。在"她经济"盛行之下，品牌应当把握女性心理与消费特征，实现精准营销破局。

(资料来源：中闻网，2019-03-11，有修改)

模块一 理 论 知 识

第一节 消费者购买行为分析

一、消费者市场与消费者购买行为模式

1. 消费者市场的含义与特点

消费者市场又称消费品市场，是指个人或家庭为满足生活需求而购买产品或服务的由个人与家庭所构成的市场。它是市场体系的基础，是起决定作用的市场。消费者市场是现代市场营销理论研究的主要对象。

消费者市场具有以下特征：

(1) 从交易的商品看，由于它是供人们最终消费的产品，而购买者是个人或家庭，因而它更多地受到消费者个人人为因素，诸如文化修养、欣赏习惯、收入水平等方面的影响；产品的花色多样、品种复杂，产品的生命周期短；商品的专业技术性不强，替代品较多，因而商品的价格需求弹性较大，即价格变动对需求量的影响较大。

(2) 从交易的规模和方式看，消费品市场购买者众多，市场分散，成交次数频繁，但交易数量零星，因此绝大部分商品都是通过中间商销售产品，以方便消费者购买。

(3) 从购买行为看，消费者的购买行为具有很大程度的可诱导性。消费者在决定采取购买行为时，具有自发性、感情冲动性；消费品市场的购买者大多缺乏相应的商品知识和市场知识，其购买行为属非专业性购买，他们对产品的选择受广告、宣传的影响较大。

(4) 从市场动态看，由于消费者的需求复杂，供求矛盾频繁，加之随着城乡交往、地区间的往来日益频繁，旅游事业的发展，国际交往的增多，人口的流动性越来越大，购买

力的流动性也随之加强。因此，企业要密切注视市场动态，提供适销对路的产品，同时要注意增设购物网点和在交通枢纽地区创设规模较大的购物中心，以适应流动购买力的需求。

2. 消费者市场的购买对象

消费者进入市场，其购买对象是多种多样的，但如果以一定的标准进行分类，消费者的购买对象则可以分为不同的类型。

(1) 如果按消费者的购买习惯为标准，消费者的购买对象一般分为三类，即便利品、选购品、特殊品。

① 便利品，又称日用品，是指消费者日常生活所需、需重复购买的商品，诸如粮食、饮料、肥皂、洗衣粉等。消费者在购买这类商品时，一般不愿花很多时间比较价格和质量，而更愿意接受其他代用品。

② 选购品，指价格比便利品要贵，消费者购买时愿花较多时间对许多家商品进行比较之后才决定购买的商品，如服装、家电等。消费者在购买前，对这类商品了解不多，因而在决定购买前总是要对同一类型的产品从价格、款式、质量等方面进行比较。

③ 特殊品，指消费者对其有特殊偏好并愿意花较多时间去购买的商品，如电视机、电冰箱、化妆品等。消费者在购买前对这些商品有了一定的认识，偏爱特定的厂牌和商标，不愿接受代用品。

(2) 如按商品的耐用程度和使用频率分类，消费者购买的对象可分为耐用品和非耐用品。

① 耐用品，指能多次使用、寿命较长的商品，如电视机、电冰箱、音响、电脑等。消费者购买这类商品时，决策较为慎重。生产这类商品的企业，要注重技术创新，提高产品质量，同时要做好售后服务，满足消费者的购后需求。

② 非耐用品，指使用次数较少、消费者需经常购买的商品，如食品、文化娱乐品等。生产这类产品的企业，除应保证产品质量外，要特别注意销售点的设置，以方便消费者购买。

3. 消费者购买行为模式

(1) 消费者行为简单模式。消费者行为模式实质上是一种刺激—反应模式，即消费者在一定的外界刺激下，会产生一定的反应。该模式的主要内容：首先，消费者总是处在一定的外界刺激之下，这些外界刺激可分为两类，一类是企业营销刺激，即企业所提供的产品、价格、分销和促销；一类是其他环境刺激，即消费者所处的经济、技术、政治、文化等外部环境。其次，上述两方面刺激必然会对消费者产生一定的影响，导致消费者作出某种最终反应，这些最终反应体现为消费者对产品、品牌、经销商、购买时机及购买数量的选择方面，通过这一系列选择，消费者最终实现其购买行为。

(2) "购买者黑箱"与消费者行为模式。营销刺激和其他刺激是可见的，消费者的最终反应也是可见的，市场营销人员关注和探究的核心问题是隐藏在可见的刺激和反应背后的深层东西。

广泛运用的"认识—刺激—反应"心理模式揭示了消费者购买活动的基本特征。该模式认为，消费者的购买行为是经济变量、心理变量和社会变量交互作用的产物。在各种不同营销因素和环境因素的刺激下，消费者的外显行为发生相应变化，这种变化是消费者对不同刺激因素所产生的效用进行内在的衡量和取舍，然后作出的相应反应，通过这种反应，企业就可以寻找消费者行为的规律和变动原因。消费者的营销刺激—消费反应模式如图 3-1 所示。

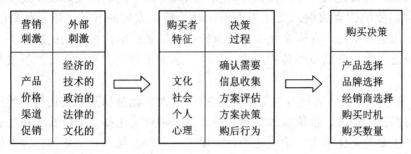

图 3-1 消费者的营销刺激—消费者反应模式

营销刺激包括营销组合的四种因素，即产品、价格、渠道和促销；外部刺激包括营销的宏观环境因素，即经济、技术、政治、法律、文化等。虽然无法观察到消费者在经过不同的刺激后是如何进行判断和决策的，但消费者的选择结果是可以考察的。消费者行为分析就是要设法了解消费者购买决策过程以及影响决策过程的各种因素，从而帮助企业得到消费者对不同刺激的稳定反应，即产品、品牌、经销商、购买时机、购买数量等决策规律。

二、影响消费者购买行为的主要因素

影响消费者行为的因素有很多，主要包括文化因素、社会因素、个人因素、心理因素和情景因素，如图 3-2 所示。

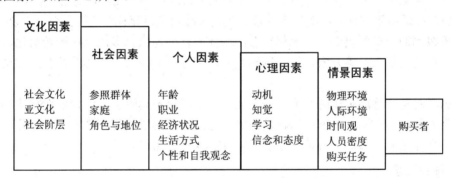

图 3-2 影响消费者购买行为的因素

1. 文化因素

同其他因素相比，文化因素对消费者行为的影响最为广泛和深刻。具体说，文化对消费者行为的影响可以从社会文化、亚文化和社会阶层方面进行分析。

(1) 社会文化。广义的文化是指人类创造的一切物质财富和精神财富的总和；狭义的文化是指人类精神活动所创造的成果，如哲学、宗教、科学、艺术、道德等。在消费者行为研究中，由于研究者主要关心狭义文化对消费者行为的影响，所以将文化定义为一定社会经过学习获得的、用以指导消费者行为的信念、价值观和习惯的总和。文化是影响消费者欲望和行为的最深层次的因素，是人类欲望和行为最基本的决定因素。文化对消费者具有潜移默化的影响，它造就、影响和支配着消费者的生活方式，从而影响消费者对产品和服务的认同。文化为满足人们的心理需要、解决人们的社会问题，确定了顺序和方向。文化规定了人们的衣食住行、待人接物等习惯，从而导致不同的消费心理和购买行为。以满足人类生存需要的饮食为例，文化为人们何时就餐、就餐的食品，以及就餐的形式提供了一系列的规范和准则。在跨文化的市场营销中，能否正确认识不同民族、不同国别的文化差异，决定了特定产品或服务的成败。当然，这并不否认在异国文化被吸收和借鉴的可能性。

(2) 亚文化。亚文化又称为"文化中的文化"，亚文化是指某一文化群体所属的次级群体成员共有的独特信念、价值观和生活习惯。每一种亚文化都会坚持其所在的更大社会群体中大多数主要的文化信念、价值观和行为模式。同时，每一种文化都包含着能为其成员提供更为具体的认同感和社会化的较小的亚文化。就消费者的购买行为而言，亚文化的影响更为直接、更为重要，这种影响甚至是根深蒂固的。对企业来说，亚文化群体构成了重要的细分市场。

目前，国内外营销学者普遍接受的是按民族、宗教、种族、地理划分亚文化的分类方法。

(3) 社会阶层。所谓社会阶层是指一个社会中具有相对同质性和持久性的群体。每一社会阶层的成员具有类似的价值观、兴趣爱好和行为方式，存在相同的消费需要和购买行为。一般而言，社会阶层可分为上、中、下三层，处于不同社会阶层的人，在需求和购买行为方面存在着较大的差异。社会阶层对企业市场营销策略有着特殊的约定性。

社会分层表现为人们在社会地位上存在差异。社会地位是人们在社会关系中的位置以及围绕这一位置所形成的权利义务关系。社会成员通过各种途径，如出生、继承、社会化、就业、创造性活动等占据不同的社会地位。在奴隶社会和封建社会，社会地位主要靠世袭、继承和等级制的安排所决定。在现代社会，个体的社会地位更多地取决于社会化、职业、个人对社会的贡献大小等方面，但家庭和社会制度方面的因素对个体的社会地位也具有重要影响。

营销者对社会阶层关注的原因，一方面是为了了解不同阶层的消费者在购买、消费、沟通、个人偏好等方面具有哪些独特性；另一方面是了解哪些行为基本上被排除在某一特定阶层的行为领域，哪些行为是各社会阶层成员所共同拥有的。

2. 社会因素

消费者的购买行为也经常受到一系列社会因素的影响。影响消费者行为的社会因素主要有参照群体、家庭、角色与地位。

(1) 参照群体。所谓社会群体，是对个人的态度和行为具有直接或间接影响的所有群体。参照群体分为直接参照群体和间接参照群体。直接参照群体分为首要群体(家庭成员、亲戚朋友、同事、邻居等)和次要群体(宗教组织、行业协会、学会等)；间接参照群体是指某人的非成员群体，即此人虽不属于这个群体，但又受其影响的一群人。间接群体又分为向往群体和厌恶群体。

社会成员构成一个群体，通常具有以下基本特征：① 群体成员需以一定纽带联系起来，如以血缘为纽带组成了氏族和家庭，以地缘为纽带组成了邻里群体，以业缘为纽带组成了职业群体。② 成员之间有共同目标和持续的相互交往。公共汽车里的乘客、电影院里的观众不能称为群体，因为他们是偶然和临时性地聚集在一起，缺乏持续的相互交往。③ 群体成员有共同的群体意识和规范。

参照群体对消费者购买行为的影响主要表现在四个方面：为消费者提供可供选择的消费行为或生活方式；影响消费者的个人态度和自我观念，导致产生新的购买行为；引起消费者的仿效欲望，产生仿效行为；促进人们的行为趋于某种"一致化"。企业在开展营销活动时，首先应善于运用相关群体对消费者施加影响，促进产品的销售。其次，要注意不同的商品相关群体影响和程度是不一样的。一般地，能见度越高的商品，受相关群体的影响越大，产品越特殊，购买频率越低，消费者对其越缺乏知识，越易受到相关群体的影响。

(2) 家庭。家庭是消费者的首要参照群体之一，对消费者购买行为有着重要影响。家庭是社会的重要消费单位，它既有家庭成员共同参与的集体消费，也有不同成员的个人消费，因此，研究家庭是帮助营销人员从微观角度掌握消费规律的一个重要方法。

人的一生，大部分时间在家庭里度过。家庭成员之间的频繁互动使其对个体行为的影响广泛而深远。个体的价值观、信念、态度和言谈举止无不有着家庭影响的烙印。不仅如此，家庭还是一个购买决策单位，家庭购买决策既制约和影响家庭成员的购买行为，反过来家庭成员又对家庭购买决策施加影响。在购买决策中，每个家庭成员可能扮演五种不同的角色，即发起者、影响者、决策者、购买者和使用者。

除此之外，家庭的生命周期也会对消费者的购买行为产生影响。家庭的生命周期主要包括以下阶段：未婚阶段、新婚阶段、满巢Ⅰ期、满巢Ⅱ期、满巢Ⅲ期、空巢期、单身。

(3) 角色和地位。每一个人都在社会或群体中占据一定的位置，围绕这一位置，社会对个体会有一定的要求或期待。当个体依照社会的期待去履行义务、行使权利时，他就是在扮演一定的角色。在现实生活中，人们需要扮演各种各样的角色。每个角色都传递一种地位，反映出社会给予此人的尊重程度，人们总是选择那些能够代表他们社会地位的产品。

角色关联产品规定了哪些产品适合某一角色，哪些产品不适合某一角色。营销者的主要任务，就是确保其产品能满足目标角色的使用或象征性需要，从而使人们认为其产品适用于该角色。计算机制造商强调笔记本电脑为商人所必需，保险公司则强调人寿保险对于扮演父母角色的重要性，这些公司实际上都是力图使自己的产品进入某类角色关联产品集。

在人的一生中，个人所承担的角色并不是固定不变的。随着生活的变迁和环境的变化，个体会放弃原有的一些角色、获得新的角色和学会从一种角色转换成另外的角色。在此过程中，个体的角色相应地发生了改变，由此也会引起他对与角色相关的行为和产品需求的变化。

3. 个人因素

(1) 年龄。人的年龄不同，价值观、生活态度、行为方式、追求目标及身体状况都不一样，在消费上也有不同的偏好和需要，他们对企业广告信息的反应和消费商品的种类、方式也有差异。比如，儿童是糖果和玩具的主要消费者；青少年是文体用品和网络游戏的主要消费者；老年人则是保健用品的主要购买者和消费者。不同年龄的消费者的购买方式也各有不同。青年人缺乏经验，容易在各种信息影响下进行冲动性购买；老年人经验较为丰富，常根据习惯和经验购买，一般不太重视广告等商业信息。

(2) 职业。不同的职业，因教育水平、职业观念、工作环境、工作性质及收入不同，其消费需求和偏好也有较大的差异。经理、商人们重派头、讲排场，购买名车、名牌服装，出入高档宾馆、酒楼，并特别重视产品的象征性价值，力求符合自己的身份和地位；教师、科研人员较为朴实，不求奢华，注重文化品位，购买服装讲究得体与端庄，购买食品重视营养，对图书报刊的需求量大。

(3) 经济状况。经济因素是决定消费者购买行为的首要因素。一个人的经济状况，取决于他可支配收入的水平、储蓄和资产、借贷能力以及他对消费与储蓄的态度，由此决定个人的购买能力，在很大程度上制约着个人的购买行为。例如，低收入家庭只能购买基本生活必需品以维持温饱，购买商品时注重价廉物美；而收入水平高的消费则对商品的价格不太敏感，高档名牌商品往往成为其光顾的对象。

消费者一般都在可支配收入的范围内考虑以最合理的方式安排支出，更有效地满足自己的需要。收入低的消费者往往比收入高的消费者更关心商品的价格。企业要想经营与居民购买力密切相关的产品，就应该特别注意居民个人收入、储蓄率的变化以及消费者对未来经济形势、收入和商品价格变化的预期效果。

(4) 生活方式。所谓生活方式，是指人们的生活格局和格调，集中表现在他们的活动、兴趣和思想见解上。对产品和服务的选择实质上是在声明他是谁、他想拥有哪类人的身份。消费者经常选择这样而不是那样的一些商品、服务和活动，是由于他们把自己与一种特定的生活方式联系在一起。由于生活方式不同，消费者的实际需求和购买行为会有较大的差异，因此，营销了解消费者的生活方式是非常必要的，因为，企业通过市场营销向消费者提供了实现其不同生活方式的产品或服务，使消费者有可能按照个人的偏好选择最适当的生活方式。

(5) 个性与自我观念。个性是指个人独特的心理特征，例如，有的人自信或自卑、冒险或谨慎、倔强或顺从、独立或依赖、合群或孤立、主动或被动、急躁或冷静、勇敢或怯懦等。个性属于心理学的范畴，研究个性的理论较多，气质学派从遗传角度将个性分为四类：兴奋型、活泼型、安静型、抑制型。

自我观念是与个性紧密相关的一个概念，即人们怎么看待自己。自我观念对消费行为产生影响的一个重要表现是消费者往往会选择与他们的个性及自我定位相吻合的产品。另外，自我观念会在一定程度上影响人们对未来(如收入)的预期，从而影响其现在的购买决策。

在企业的营销活动中，应注意赋予产品和企业一定的个性化特征，根据个性特征和自我观念的不同把消费者划分为不同的细分市场，制订相应的营销策略。

4. 心理因素

消费者心理是消费者在满足需要活动的思想意识，它支配着消费者的购买行为。影响消费者购买的心理因素主要有动机、知觉、学习、信念与态度。

(1) 动机。动机是人们基于某种愿望而引起的一种心理冲动，是直接驱使人们进行某种活动的内在动力。人们从事任何活动都由一定动机所引起。引起动机有内外两类条件，内在条件是需要，外在条件是诱因。需要经唤醒会产生驱动力，驱动有机体去追求需要的满足。例如，血液中水分的缺乏会使人(或动物)产生对水的需要，从而引起唤醒或紧张的驱动力状态，促使有机体从事喝水这一行为满足。由此可见，需要可以直接引起动机，从而导致人朝特定目标行动。

动机导致行为，而动机又是由需要决定的，是一种升华到足够强度的需要。因此，研究动机要与需要结合起来。心理学家已提出多种人类动机的理论，最著名的有三种，即美国著名心理学家亚伯拉罕·马斯洛的需求层次理论、西格蒙德·弗洛伊德的精神分析论和弗雷德里克·赫茨伯格的双因素理论。

① 美国著名心理学家亚伯拉罕·马斯洛认为人的需要可分为五个层次，即生理需要、安全需要、社会需要、尊重需要、自我实现的需要。上述五种需要按从低级到高级的层次组织起来，只有当较低层次的需要得到了满足，较高层次的需要才会出现并要求得到满足。一个人生理上的迫切需要得到满足后，才会去寻求保障其安全；也只有在基本的安全需要获得满足之后，社会需要才会出现，并要求得到满足，依次类推。需要层次理论如果能被企业营销人员理解、接受并运用到为消费者服务的过程中，把消费者不同的需要和企业经营的商品、服务及促销推广活动联系起来，将会产生很好的营销效果。

② 弗洛伊德的精神分析理论认为，人的精神由三部分构成：意识、前意识和潜意识。意识是与直接感知有关的心理部分，即出现在我们的意识中，为我们所感知的要素或成分。潜意识是指个人的原始冲动和各种本能以及由这种本能所产生的欲望，它们为传统习俗所不容，被压抑到意识阈限之下，是人的意识无法知觉的心理部分。前意识是介于意识与潜意识之间，能从潜意识中召回的心理部分，是人们能够回忆起来的经验，它是意识与潜意识之间的中介环节与过渡领域。弗洛伊德认为，人格结构由三大系统组成，即本我、自我和超我。三大系统作为一个整体，只有相互协调，才能使人有效地与外界环境交往，使人的基本需要与欲望得到满足。反之，会使人处于失常状态，降低活动效率，甚至危及人的生存与发展。

精神分析说认为，人的行为与动机主要由潜意识所支配，因此，研究人的动机，必须深入到人类的内心深处。虽然不能确切地知道消费者行为是否像弗洛伊德所描绘的那样主要受无意识的支配，但可以肯定的是，消费者确实有冲动和不理智的时候，消费者的有些行为用完全理性的模式是无法解释的。如果消费者的某些行为确实是受无意识驱动的，那么消费者对自己购买某种商品的真实动机就不一定能清楚地意识到，因而仅通过观察消费者行为和询问消费者都不可能获得消费者的真实购买意图。

③ 美国心理学家弗雷德里克·赫茨伯格于 1959 年提出双因素理论。双因素是指激励因素的保健因素。赫茨伯格将导致对工作不满的因素称为保健因素，将引起工作满意感的一类因素称为激励因素。保健因素，诸如规章制度、工资水平、福利待遇、工作条件等，对人的行为不起激励作用，但这些因素如果得不到保证，就会引起人们的不满，从而降低工作效率。激励因素，诸如提升、工作上的成就感、个人潜力的发挥等，则能唤起人们的进取心，对人的行为起激励作用。要使人的工效效率提高，仅提供保健因素是不够的，还需要提供激励因素。一个单位固然要为员工提供具有吸引力的工资福利待遇和生产、生活条件，但如果这些待遇和条件采用平均分配的办法，不与个人的责任大小、工作业绩或成就挂钩，就只能起一种"保健"作用，无法激励员工不断进取和努力做出新的成绩。

双因素论运用于消费者动机分析，亦具有多重价值与意义。商品的基本功能或为消费者提供的基本利益与价值，实际上可视为保健因素。这类基本的利益和价值如果不具备，就会使消费者不满，比如保温杯不能很好地保温、收音机杂音较大，都会使消费者产生强烈的不满情绪，甚至导致对企业的不利宣传，出现要求退货、赔偿损失、提起法律诉讼等对抗行动。然而，商品具备了某些基本利益和价值，也不一定能保证消费者对其产生满意感。要使消费者对企业产品、服务形成忠诚感，还需在基本利益或基本价值之外，提供附加价值，比如使产品或商标具有独特的形象，产品的外观、包装具有与众不同的特点等。因为后一类因素才属激励因素，对满足消费者社会层次的需要具有直接意义。

（2）知觉。消费者购买如何产生，还要看他们对外界刺激物或情境的反映，这就是感受对消费者购买行为的影响。感受指的是人们的感觉和知觉。

感觉是人脑对直接作用于感觉器官的客观事物个别属性的反应。个体通过眼、鼻、耳、舌等感觉器官对事物的外形、色彩、气味、粗糙程度等个别属性作出反应。人在感觉的基础上，形成知觉。所谓知觉，是人脑对刺激物各种属性和各个部分的整体反映，它是对感觉信息加工和解释的过程。

人对有些刺激能够感受到，对另一些刺激则感受不到。过弱的刺激，如落在皮肤上的尘埃，我们通常是感觉不到的。同样，过强的刺激，如频率高于2000赫兹的声音，我们也感受不到。刚刚能够引起感觉的最小刺激量被称为绝对阈限。感觉的绝对阈限不仅因感觉类型的不同而不同，而且也会因人而异。比如，有的人对不同品牌的葡萄酒在口感、甜度等方面一尝即知，而另一些人则很难感受出其中的差别。

不同消费者对同种刺激物或情境的知觉很可能是不同的，这就是知觉选择性的三个过程，即选择性注意、选择性理解、选择性记忆。

第一，选择性注意。人们在日常生活中面对众多刺激物，但绝大多数没有留下印象。一般来说，人们倾向于注意那些与其当时需要有关的、与众不同的或反复出现的刺激物。

第二，选择性理解。人们接受了外界的刺激，但却并不一定会像信息发布者预期的那样去理解或客观地解释这些信息，而是按照自己的想法、偏见或先入之见来理解这些信息。

第三，选择性记忆。消费者常常记不住所获悉的所有信息，仅记住某些信息，特别是能够证实他态度和信念的信息。

（3）学习。人类行为大都来源于学习。学习是指人们在生活过程中，因经验而产生的行为或行为潜能的比较持久的变化。一个人的学习是驱动力、刺激物、诱因、反应及强化等相互作用的结果。

驱动力是指存在于人体内部驱使人们产生行动的内在刺激力，即内在需要。驱动力可分为原始驱动力和衍生驱动力。原始驱动力是源于生理需要，如饥饿、口渴等，而衍生驱动力是从学习中产生的。

刺激物是具有某种能够满足自己内在驱动力的物品。比如，人们感到饥饿时，饮料和食物就是刺激物。当驱动力发生作用并找到刺激物时，就变成了动机。

诱因是指刺激物所具有的能驱使人们产生一定行为的外在刺激，可分为正诱因和负诱因。正诱因是指吸引消费者购买的因素，负诱因是指引起消费者反感或回避的因素。

反应是指驱使力对具有一定诱因的刺激物所发生的反射行为，比如是否决定购买及如何购买。

强化力是对具有一定诱因的刺激物发生反应后会产生某种效果。如果效果良好，则反应被增强，以后遇到同样的刺激物就容易发生相同的反应；若效果不尽如人意，则反应会被削弱，以后即使遇到同样诱因的刺激物也不会发生反应。

(4) 信念与态度。通过实践和学习，人们获得了自己的信念和态度，又转化成影响人们的购买行为。态度是指个人对某一对象所持的评价与行为倾向。信念是指在态度得到不断强化的基础上所产生的对客观事物的稳定认识和倾向性评价。

不同消费者对同一事物可能拥有不同的信念，而这种信念又会影响消费者的态度。一些消费者可能认为名牌产品的质量比一般产品好很多，能够提供很大的附加利益；另一些消费者坚持认为，随着产品的不断成熟，不同企业生产的产品在品质上并不存在太大的差异，名牌产品提供的附加利益并不像人们想象的那么大。很显然，上述不同的信念会导致消费者对名牌产品持不同的态度。

5. 情境因素

情境因素指独立于单个消费者和单个刺激客体之外，在特定场景和特定时间影响消费者购买行为的微观因素的总和，例如，消费者在一次购买活动中的天气情况、商场的灯光与音乐、营业员的态度、购物伙伴等。按照对消费者产生影响的微观因素类型，可将情境分为物质环境、社会环境、时间、购买任务及心境。

(1) 物质环境。物质环境指由物质因素构成的影响消费者行为的情境，包括商店位置、门面装饰、商品陈列、色彩、音乐、气味、灯光、拥挤状态、气候以及消费者心理和行为产生影响的已知和未知、有形和无形的各类物质。例如商店的气氛，一些星级酒店会试图营造一种愉快舒适而且所提供的服务相协调的内部环境；当店内有太多人、太多的商品或者排很长的队时，人们就会感到拥挤；某一临时的低价促销可能改变他们先前的购买计划；一个新颖的包装会更加吸引人的关注等。

(2) 社会环境。社会环境指消费者在特定的情境下受到来自他人的影响。在购买情境中，同伴、导购人员或其他人都会形成一种心理压力，使消费者采取与单独购物时不同的行为。

(3) 时间。时间在很大程度上影响消费者的行为，这里所指的时间主要包括两个方面：一方面指自然界客观的时间观念，如一天中的某个时间段，一周的星期几，一年中的哪个月份等；另一方面指人们的时间感对购物行为的影响，比如在时间紧迫的情况下，消费者就不愿花费更多的时间去收集信息和选购商品，这时购后的不满意之感就较多。

(4) 购买任务。购买任务是指消费者当时特定的购买目标和目的，即购买商品是自己使用，还是与家人使用，还是送与他人等。出于不同的目的而购买的商品的种类、档次和品牌会有很大的差异。

(5) 心境。心境是消费者带到购物现场的暂时的情绪状态。它既影响消费过程，又受消费过程影响。比如，人们在情绪状态好的情况下，会表现得慷慨大方，超出原计划进行冲动性购买；当人们处于消极情绪状态下时，消费者就会感到沮丧、不开心，他们希望借助购物来转移注意力，并将其作为一种宣泄方式。

三、消费者购买决策过程

企业管理者和营销人员除需了解影响消费者的各种因素、消费者购买模式之外，还必须弄清楚消费者购买决策、购买决策的类型等，以便采取相应的措施，实现企业的营销目标。

1. 购买决策的参与者

消费者消费虽然是以一个家庭为单位，但参与购买决策的通常并非一个家庭的全体成员，许多时候是一个家庭的某个成员或某几个成员，而且由几个家庭成员组成的购买决策层，其各自扮演的角色亦是有区别的。人们在一项购买决策过程中可能充当以下角色：

(1) 发起者：首先想到或提议购买某种产品或服务的人。

(2) 影响者：其看法或意见对最终决策具有直接或间接影响的人。

(3) 决定者：能够对买不买、买什么、买多少、何时买、何处买等问题作出全部或部分的最后决定的人。

(4) 购买者：实际采购的人。

(5) 使用者：直接消费或使用所购商品或劳务的人。

了解每一位购买者在购买决策中扮演的角色，并针对其角色地位与特性，采取有针对性的营销策略，就能较好地实现营销目标。个人购物是为了个人消费而购买产品，而家庭购物则是为了家庭成员共同使用购买产品。当消费者进行个人购物时，可能同时扮演上述五种角色，而在进行家庭购物时，往往是由家庭成员承担不同的决策参考角色，而且随着购买环境和产品的不同，家庭成员在购买过程中的角色往往也会发生变化。比如购买一台空调，提出这一要求的是孩子，是否购买由夫妻共同决定，而丈夫对空调的品牌作出决定，这样空调公司就可以对丈夫做更多有关品牌方面的宣传，以引起丈夫对本企业生产的空调的注意和兴趣；而妻子在空调的造型、色调方面有较大的决定权，公司则可设计一些在造型、色调等方面受妻子喜爱的产品……只有了解了购买决策过程中参与者的作用及其特点，公司才能够制订出有效的生产计划和营销计划。

2．购买行为的类型

消费者购买决策随着其购买行为类型的不同而变化。较为复杂和花钱多的决策往往凝结着购买者的反复权衡和众多人的参与决策。根据购买参与程度和品牌差异程度，可将消费者购买行为分为四种类型。

(1) 复杂型的购买行为。当消费者初次选购价格昂贵、购买次数较少、冒风险和高度自我表现的商品时，则属于高度介入购买。由于对这些产品的性能缺乏了解，为慎重起见，他们往往需要广泛地收集有关信息，并经过认真地学习，产生对这一产品的信念，形成对品牌的态度，并慎重地作出购买决策。

对这种类型的购买行为，企业应设法帮助消费者了解与该产品有关的知识，并设法让他们知道和确信本产品在比较重要的性能方面的特征及优势，使他们树立对本产品的信任感。这期间，企业要特别注意针对购买决定者做介绍本产品特性的多种形式的广告。

(2) 协调型的购买行为。当消费者高度介入某项产品的购买，但又看不出各品牌的差异时，对所购产品往往产生失调感。由于品牌的区别不明显，消费者主要关心价格是否优惠和购买时间与地点是否便利。产品购买后消费者容易出现因发现产品的缺陷或其他品牌更优惠而导致的心理不平衡的现象。为追求心理平衡，消费者这时才注意寻找有关自己购买品牌的有利信息，争取他人支持，设法获得新的信心，以证明自己的购买选择是正确的。

在这种情况下，营销沟通的主要作用在于增强信念，使购买者对自己选择的品牌在购买之后产生一种满意的感觉。

(3) 选择型的购买行为。如果一个消费者购买的商品品牌间差异虽大，但可供选择的品牌很多时，他们并不花太多的时间选择品牌，而且也不专注于某一产品，而是经常变换品种。比如购买饼干，他们上次买的是巧克力夹心，而这次想购买奶油夹心，这种品种的更换并非对上次购买饼干的不满意，而是想换换口味。

面对这种广泛选择的购买行为，当企业处于市场优势地位时，应注意以充足的货源占据货架的有利位置，并通过提醒性的广告促成消费者建立习惯性购买行为；而当企业处于非市场优势地位时，则应以降低产品价格、免费试用、介绍新产品的独特优势等方式，鼓励消费者进行多品种的选择和新产品的试用。

(4) 习惯型的购买行为。消费者有时购买某一商品，并不是因为特别偏爱某一品牌，而是出于习惯。比如醋，这是一种价格低廉、品牌间差异不大的商品，消费者购买它时，大多不会关心品牌，而是靠多次购买和多次使用而形成的习惯去选定某一品牌。

针对这种购买行为，企业要特别注意给消费者留下深刻印象，企业的广告要强调本产品的主要特点，要以鲜明的视觉标志、巧妙的形象构思赢得消费者对本企业产品的青睐。为此，企业的广告要加强重复性、反复性，以加深消费者对产品的熟悉程度。

3. 购买决策过程

在复杂的购买行为中，消费者购买决策过程由确认需要、收集信息、评价方案、决定购买、购后满意和购后行为五个阶段构成。

(1) 确认需要。购买过程开始于消费者对某种需要的确认。需要是在内外部刺激的基础上产生的。内部刺激产生人的本能需求，外部刺激则是把潜于内部的需要激活，从而触发需求。当消费者感觉到一种需要而且准备购买某种商品去满足这种需要时，对这种商品的决策过程就开始了。这种需要或源于生理需要或源于外部的刺激，或是两者的结合、共同作用而产生。企业应了解消费者产生了哪些需要，是由什么引起的、程度如何、比较迫切的需要是如何被引导到特定的商品上的，从而成为购买动机。

这个阶段企业营销的重点是解决如何使顾客不拒绝。此时营销策略要解决两个问题，一是要找到需要自己产品的顾客(目标顾客)，二是要激活他们的需求。

(2) 收集信息。认识到的需求立即得到满足须具备若干条件，例如，需要很强烈、能满足需求的商品较明显、该商品可立即得到等。消费者可从下列任何一种来源中获取信息：个人来源，指从家庭成员、朋友、邻居、熟人等交往中获得信息；商业来源，指从广告、推销员、经销商、包装、展览会等处获得信息；公共来源，指从大众传播媒体、消费者评审组织等处获得信息；经验来源，指从自己亲自接触、使用商品的过程中获得信息。

这些信息来源的相对影响会随着产品和购买者的变化而变化。每一种信息都会对购买决策产生不同程度的影响，商业信息一般起到通知的作用，对消费者的影响最大，也是营销人员所要控制的主要信息来源；个人信息是最有效的信息，对消费者的购买是否合理起到评价的作用。

(3) 评价方案。消费者收集到信息之后，要进行分析、整理、提出若干备选方案，并根据自己的购物标准对各种备选商品的质量、效用、款式、价格、品牌、售后服务等进行比较和评价，以选定能满足自己需求的产品。这是购买决策中最重要的阶段。

① 产品属性。产品属性即产品能够满足消费者所需的特性。但消费者不一定将产品的所有属性都视为同等重要。营销人员应分析本企业产品具备哪些属性，以及不同类型的消费者分别对哪些属性感兴趣，以便进行市场细分，对不同需要的消费者提供具有不同属性

的产品。

② 属性权重。属性权重即消费者对产品有关属性所赋予的不同的重要性权数。在非特色属性中，有些可能被消费者遗忘，而一旦被提及，消费者就会认识到它的重要性。市场营销人员应更多地关心属性权重，而不是属性特色。

③ 品牌信念。消费者会根据各品牌的属性及各属性的参数，建立起对各个品牌的不同信念，比如确认哪种品牌在哪一属性上占优势，哪一属性相对较差。

④ 效用函数。消费者的需求只有通过购买才能得以满足，而他们所期望的从产品中得到的满足是随产品每一种属性的不同而变化的，这种满足程度与产品属性的关系，可用效用函数描述。它与品牌信念的联系是，品牌信念指消费者对某品牌的某一属性已达到何种水平的评价，而效用函数则表明消费者要求该属性达到何种水平他才会接受。

⑤ 评价模型。评价模型即消费者对不同品牌进行评价和选择的程序和方法。

(4) 决定购买。消费者经过比较，做出选择后就会形成购买意向，购买意向会导致消费者作出购买决策。但是在以下三个因素的影响下，消费者不一定会立即实现购买意向：第一，他人的态度。如果消费者的购买意向受到相关群体的反对，会对购买决策的形成产生负面影响；第二，意外情况。如果出现家庭收入减少，急需在某方面用钱或得知准备购买的品牌令人失望等，消费者也可能改变购买意向；第三，预期风险的大小。在所购商品比较复杂、价格昂贵、预期风险较大的情况下，消费者可能会采取一些避免或减少风险的习惯做法，包括暂时不实现甚至改变购买意向。

(5) 购后满意。消费者的满意是其产品的期望和该产品实际性能之间的函数。如果产品性能符合期望，顾客就会满意；如果超过期望，顾客就会非常满意；如果不符合期望，顾客就会不满意。这些感觉在顾客决定是否再次购买时会产生不同的效果，并且他们会把该产品的好感或恶感告诉其他人。

(6) 购后行为。消费者在购买产品之后会体验某种程度的满意和不满意。在产品被购买后，企业营销人员的工作并没有结束，而是进入购后时期。消费者对产品的满意或不满意会影响其以后的购买行为。如果他们对产品满意，则在下一次购买中，他们极可能会继续购买该产品；有不满意感的消费者，反应截然不同。他们可以通过放弃或退货或寻找能证实产品优点的信息来减少心理不平衡，还常常采取公开投诉或私下的行动发泄不满，如向生产加工经营企业、新闻媒体单位和消费者团体反映意见，或向家人、熟人抱怨，劝说他们不要购买该产品，这势必会抵消企业为使顾客满意所做的大量工作，并影响企业的整体形象和市场销售。

知识链接

第二节　产业市场购买行为分析

一、组织市场的构成

1. 组织市场的概念

组织市场是指以生产企业、中间商和政府机构等正规组织为购买者所构成的市场。简言之，组织市场是以某种组织为购买单位的购买者所构成的市场，包括产业市场、中间商市场、非营利组织市场和政府市场。

(1) 产业市场。产业市场是指一切购买产品或服务并将其用于生产其他产品或服务，然后销售、出租或供应给他人的组织或个人。产业市场的主要产业有农业、林业、水产业、制造业、建筑业、通信业、公用事业、金融业、保险业、服务业等。

(2) 中间商市场。中间商市场也称转卖者市场，指那些通过购买商品和服务并转售或出租给他人来获取利润的组织或个人，包括批发商和零售商。

(3) 非营利组织。非营利组织泛指所有不以营利为目的，不从事营利性活动的组织。我国通常把非营利组织称为"机关团体、事业单位"。非营利组织市场指为了维持正常运作和履行职能而购买产品和服务的各类非营利组织所构成的市场。

(4) 政府市场。政府市场是指那些为执行政府的主要职能而采购或租用商品的各级政府单位，也就是说，一个国家政府市场上的购买者是该国各级政府的采购机构。各国政府通过税收、财政预算掌握了相当部分的国民收入，形成了潜力极大的政府采购市场，成为非营利组织市场的主要组成部分。

2．组织市场的特点

(1) 决策参与者多。尤其是在一些重大的购买项目中，决策的参与者来自不同部门，并使用不同的决策标准。

(2) 派生需求。组织需求是一种派生需求，即组织机构购买产品是为了满足其顾客的需要。

(3) 过程复杂。组织市场的购买往往金额较大，参与者较多，而且产品技术性能较为复杂，因此，组织购买行为过程较长，出现的因素较多，所以就需企业各个部门、各方人员共同参与、决策与判断，这个过程是较复杂的。

(4) 购买范围广。组织市场购买范围十分广泛，小到办公用品，大到飞机、火箭，而且在购买物质产品的同时，往往还连带要求提供相关的配套服务。

二、产业市场及其购买行为分析

1．产业市场含义

产业市场又称工业品市场或生产资料市场，它是组织市场的一个组成部分，指为满足工业企业生产其他产品的需求而提供劳务和产品的市场。

2．产业市场的特点

(1) 购买者比较少，购买量较大。在产业市场上，购买者绝大多数都是企业单位，其数目必然比消费者市场少得多，其规模也必然较大，因为企业的主要设备若干年才购买一次，原材料、零配件根据供货合同定期供应，加上合理的储备，所以每一次交易量也必然多。

(2) 购买者的地理位置相对集中。产业市场的购买者往往集中在某些区域，以至于这些区域的业务用品购买量占据全国市场的很大比重。由于各地资源、交通和历史沿革情况不同，竞争会促进某些行业在地域分布上趋于集中。生产者的集中化有助于降低销售成本。

(3) 需求属于派生需求，也称为引申需求或衍生需求。这就是说，组织购买者对产业用品的需求，归根结底是从消费者对消费品的需求引申出来的。派生需求往往是多层次的，形成一环扣一环的链条，消费者需求是这个链条的起点，是原生需求，是组织市场需求的动力和源泉。

(4) 需求弹性小。在产业市场上，购买者对产业用品和服务的需求受价格变动的影响不大。一般规律是，在需求链条上距离消费者越远的产品，价格的波动越大，需求弹性越小。

(5) 需求是波动的需求。在现代市场经济条件下，工厂设备等资本物品的行情波动会加速原料的行情波动。消费者需求的少量增加能导致购买者需求有较大程度的增加。有时消费者的需求可能只增加 10%，就能使下期生产者市场的需求出现 200%的增长，若消费者的需求下跌 10%，就可能导致工业需求全面暴跌。

(6) 专业化采购。企业的采购工作通常由内行的专业人员负责，这是由于企业采购的工作较为复杂，参与决策的人员也比消费者市场多，决策过程较为规范。

(7) 决策过程复杂。由于企业采购主要设备的工作较复杂，参与决策的人员也比消费者市场多，所以决策过程更为规范。购买从需求的产生、谈判、签约、运输、储存到验收款，整个过程时间长，可能出现的各种因素较多，购买活动通常由许多部门共同参与。

(8) 直接购买。产业市场购买者往往向生产者直接采购所需产业用品(特别是那些单价高、有高度技术性的机器设备)，而不是通过中间商购买。

(9) 多次的销售访问。由于越来越多的人加入到销售过程中，需要更多的销售上门访问来赢得商业订单。在大项目中的主要设备销售中，通常需更多的销售上门访问来建立，销售周期通常以年为单位来计。

(10) 产业购买者往往通过租赁方式取得产业用品。机器设备、车辆、飞机等产业用品单价高，通常用户需要融资才能购买，而且技术设备更新快，因此企业所需的机器设备等有越来越大的部分不采取完全购买方式，而是通过租赁方式取得。

3. 产业市场购买对象

生产者购买的产品，一般可分为原材料、主要设备、附属设备、零配件、半成品和消耗品。

(1) 原材料。原材料指生产某种产品的基本原料，它是用于生产过程起点的产品。原材料分为两大类：一类是在自然形态下的森林产品、矿产品与海洋产品，如铁矿石、原油等。另一类是农产品，如粮、棉、油、烟草等，这类产品供货方较多，且质量上没有什么差别。

(2) 主要设备。主要设备指保证企业进行某项生产的基本设备，直接影响企业的产品质量和生产效率。主要设备包括重型机床、厂房建筑、大中型电子计算机等。这类产品一般体积较大、价格昂贵、技术复杂。

(3) 附属设备。机械工具、办公设备等均属附属设备。相对主要设备而言，附属设备对生产的重要性略差一些，价格亦较低，供应厂家较多，产品标准化突出，采购人员可以自主作出购买决定，并能自由地从几家供应商购买，而且在购买时比较注重价格。

(4) 零配件。零配件指已经完工、构成用户产品组成部分的产品，如集成电路块、仪表、仪器等。零配件虽不能独立发挥生产作用，但它却直接影响生产的正常进行。这类产品品种复杂，专用性强，及时按标准供货是零配件购买者最基本的要求。

(5) 半成品。半成品指经过初步加工、以供生产者生产新产品的产品。例如，由铁矿砂加工成生铁，又由生铁加工成钢材等。半成品可塑性强，其质量、规格有明确要求，产品来源较多，供应者除确保供货及时外，还应加强销售服务，可以说，销售服务是半成品供应者最有利的竞争手段。

(6) 消耗品。消耗品指保证和维持企业生产正常进行而消耗的如煤、润滑油、办公用品等产品。这类产品价格低、替代性强、寿命周期短、多属重复购买，购买者较注重购买是否方便。供应者要通过广泛的分销渠道，以价格的优惠、交货的及时实现营销目标。

4. 影响生产者购买行为的主要因素

影响产业购买决策的因素有很多，主要包括环境因素、组织因素、人际因素以及个人因素。

(1) 环境因素。在影响生产者购买行为的诸多因素中，经济环境是主要的因素。生产资料购买者受当前经济状况和预期经济状况的严重影响，当经济不景气，或前景不佳时，生产者就会缩减投资，减少采购，压缩原材料的库存和采购。此外，生产资料购买者也受科技、政治和竞争发展的影响。营销者要密切注视这些环境因素的作用，力争将问题变成机遇。

(2) 组织因素。组织因素是指企业自身有关的因素，如企业的目标、政策、程序、组织结构和制度等。营销者应了解并掌握购买者企业内部的采购部门在它的企业里处于什么地位——是一般的参谋部门，还是专业职能部门；它们的购买决策权是集中决定还是分散决定；在决定购买的过程中，哪些参与最后的决策等，只有对这些问题做到心中有数，才能使自己的营销有的放矢。

(3) 人际因素。人际关系是指企业参与购买决策的各种角色的地位、职权、服务，以及他们之间的关系对购买行为的影响。生产资料购买的决定，是由公司各个部门和各个不同层次的人员组成的"采购中心"作出的。生产资料营销人员必须了解用户购买决策的主要人员、决策方式和评价标准、决策中心成员间相互影响的程度等，以便采取有效的营销措施，获得用户的光临。

(4) 个人因素。产业市场的购买行为虽为理性活动，但参加采购决策的仍然是具体的人，而每个人在作出决定和采取行动时，都不可避免地受其年龄、收入、所受教育、职位和个人特性以及对风险态度的影响。因此，市场营销人员应了解产业市场采购员的个人情况，以便采取"因人而异"的营销措施。

5. 产业市场购买行为的主要类型

产业市场购买行为的类型可分为三种：直接重购、修正重购和新购。

(1) 直接重购。直接重购是指企业的采购部门按照过去的订货目录、购买方式和条件，再次向原供应商订购产品的购买方式。这种购买类型所购买的多是低值易耗品，花费的人力较少，无须联合采购。面对这种采购类型，原有的供应者不必重复推销，而应努力使产品的质量和服务保持一定的水平，减少购买者时间，争取稳定的关系。

(2) 修正重购。修正重购指购买者想改变产品的规格、价格、交货条件等，这需要调整或修订采购方案，包括增加或调整决策人数。对于这样的购买类型，原有的供应者要清醒认识面临的挑战，积极改进产品规格和服务质量，大力提高生产率，降低成本，以保持现有的客户；新的供应者要抓住机遇，积极开拓，争取更多的业务。

（3）新购。生产者首次购买某种产品或服务。由于是第一次购买，买方对新购产品心中无数，因而在购买决策前，要收集大量的信息，因而，制订决策所花时间也就越长。首次购买的成本越大，风险就越大，参加购买决策人员就越多。"新购"是营销人员的机会，他们要采取措施，影响决策的中心人物；要通过实事求是的广告宣传，使购买者了解本产品。为了达到这一目标，企业应将最优秀的推销人员组成一支庞大的营销队伍，以赢得采购者信任和采取行动。

6．产业市场购买的参与者

购买类型不同，参与决策的人员也不同。在任何一个企业中，除了专职采购人员之外，还有一些人员也参与购买决策过程。所有参与购买决策过程的人员构成采购组织的决策单位、营销学中称之为采购中心。通常包括以下五种成员：

（1）使用者。使用者即具体使用欲购买的某种产业用品的人员。他们往往是最初提出购买某种产业用品意见的人，他们在计划购买产品的品种、规格中起着重要作用。

（2）影响者。在企业的内部和外部直接或间接影响购买决策的人。他们常协助企业确定产品规格。在众多的影响者中，企业外部的咨询机构和企业内部的技术人员影响最大。

（3）采购者。采购者指企业中具体执行采购决定的人。他们是企业里有组织采购工作正式职权的人员，其主要任务是交易谈判和选择供应者。在较复杂的采购工作中，采购者还包括企业的高层管理人员。

（4）决定者。决定者指企业里有权决定购买产品和供应者的人。在通常的采购中，采购者就是决定者，而在复杂的采购中，决定者通常是公司的领导人。

（5）信息控制者。信息控制者指控制企业外界信息流向的人，诸如采购代理商、技术人员、秘书等，他们可以阻止供应者的推销人员与使用者和决定者见面。

当然，并不是所有的企业采购任何产品都必须有上述五种人员参加决策。企业采购中心的规模和参加的人员，会因欲购产品种类的不同和企业自身规模的大小及企业组织结构不同而有所区别。在一些企业，采购的中心成员只有一人或几人，而另一些企业则由数人或数十人组成，有的企业还设有专管采购的副总裁。供货企业的市场营销人员必须了解谁是主要的决策参与者，以便影响最有影响力的重要人物。对采购中心成员较多的企业，营销人员可以只针对几个主要成员做工作，如果本企业的实力较强，则可采取分层次、分轻重、层层推进、步步深入的营销方针。

7．产业市场的购买决策的过程

供应商企业还要了解用户购买过程各个阶段的情况，采取适当措施，以适应用户在各个阶段的需要，才能成为现实的买主。在全新采购的情况下，产业购买者的采购过程分为下面八个阶段：

（1）发现需求。与消费者市场相同，产业市场的购买过程是从各级人员认识到企业对某种产品的需要开始。需求的提出，既可以是内部的刺激，也可以是外部的刺激引起。如内部的刺激，或因企业决定生产新产品，需要新的设备和原材料；或因存货水平开始下降，需要购进生产资料；或因发现过去采购的原料质量不好，需更换供应者。外部刺激诸如商品广告，营销人员的上门推销等，使采购人员发现了质量更好价格更低的产品，促使他们提出采购需求。

(2) 确定需求。企业在提出某种需求之后，接下来的工作就是确定所需产品的需求要项，具体指确定所需产品的数量和规格。简单的采购由采购人员直接决定，而复杂的采购则须由企业内部的使用者和工程技术人员共同决定，包括对设备的确认需求，为生产某新产品，提高某种老产品的质量、产量或降低消耗，经工艺研究需购置某种设备，并已被厂务会批准购置若干台；对原材料、标准件的确认需求，根据企业计划产量和定额资料可以确定某种原材料、标准件的需要量，再查阅该物资的库存量，进而确定需购买的数量。企业的采购组织确定需要以后，要指定专家小组，对所需品种进行价值分析，作出详细的技术说明。最后，还要把各种原材料的技术特性要求、规格和数量的详尽的明细表格交经主管部门审核后，报主管生产的副厂长和厂务会议研究批准。

(3) 说明需求。说明需求指由专业技术人员对所需产品的规格、型号、功能等技术指标作具体分析，并作出详细的说明，供采购人员作参考。企业通过对某一产品的价值分析，明确某产品可能产生的经济效益，从而为采购者选购产品作指南。

(4) 物色供应商。企业制定了购买对象和相应的产品采购说明书后，就可以通过各种途径寻找供应商或发布采购招标书。生产者对所需原材料、标准件及外协件的供应者，必须作深入的调查、了解、分析和比较后才能确定。对原材料、标准件供应商，主要从产品的质量、价格、信誉及售后服务方面进行分析、比较。对大批量外协件供应商的了解内容除上述的几个方面外，还必须深入到提供外协件的各企业内部，调查了解该企业的生产技术检验水平及企业管理的能力，经分析、比较后再确定。

(5) 征求建议。供应商名单确立后，购买者应请他们提交供应建议书，尤其是对价值高、价格贵的产品，还要求他们写出详细的说明，对经过筛选后留下的供应商，要他们提出正式的说明。企业可以数次征求报价、筛选和淘汰，并要求候选供应商提交正式的交易文件。采购中心必须及时掌握市场行情，了解供应商的财务情况、资信情况。

(6) 选择供应商。在收到多个供应商的有关资料后，采购者将根据资料选择比较满意的供应商。在选择供应商时，不仅考虑其技术能力，还要考虑其能否及时供货，能否提供必要的服务。我们主要从以下几个方面去选择供应商：交货快慢、产品质量、产品价格、企业信誉、产品品种、技术能力和生产设备、服务质量、付款结算方式、财务状况、地理位置等。根据这些条件遴选出数个供应商，企业在最后确定供应商之前，有时还要和供应商面谈，争取更优惠的条件。不少企业最后确定的供应商，不限于一个，其目的在于一方面有多个供应商，以免受制于人；另一方面，也可以通过几个供应商的竞争，促使他们改进服务质量。当然，企业在确定的几个供应商中，必定有一个为主，其他几个为辅。比如购买者最后确定了三个供应商，便向为主的供应商购买所需产品总量的60%，向为辅的两个供应商分别购买所需产品总量的30%和10%。

(7) 发出正式订单。企业的采购中心最后选定供应商以后，然后采购经理开订货单给选定的供应商，在订货单上列举技术说明、需要数量、期望交货期等。现在许多企业趋向采用"一揽子合同"，"一揽子合同"又称为"无库存采购计划"，即和某一供应商建立长期的供货关系，这个供应商允许只要购买者需要购买时，供应商就会按原定的价格条件及时供货。这种方式对供求双方都带来了方便，对采购者而言，不但减少了多次购买签约的麻烦和由此增加的费用，也减轻了库存的压力。就供应商而论，他的产品有了固定的销路，减轻了竞争的压力。

(8) 绩效评价。绩效评价就是企业对各供应商履行合同的绩效进行评价。产品购进后，一方面，采购者要及时向使用者了解其对产品的评价，考察各个供应商的履约情况，并根据了解和考察的结果，决定今后是否继续采购某供应商的产品；另一方面，供应商在产品销售出去以后，要加强追踪调查和售后服务，以赢得采购者的信任，保持长久的供求关系。同时，对本次购买活动进行总结。

三、中间商市场和购买行为分析

中间商市场，也称转卖者市场，是由所有以盈利为目的的从事转卖租赁业务的个体和组织构成，包括批发商和零售商两部分。中间商处于生产者和消费者之间，专门负责商品流通，供应商应当把中间商视为顾客的采购代理人而不是自己的销售代理人，帮助他们为顾客做好服务。

1．中间商的购买类型

中间商的类型主要包括以下三种：

(1) 新产品采购。与产业市场的新购不同，购买全新产品是指中间商第一次购买某种从未采购过的新产品。在这种采购行为下，中间商需要对是否购进以及向谁购进作出决策，即首先考虑"买"与"不买"，然后再考虑"向谁购买"。

(2) 最佳供应商选择。最佳供应商选择是指中间商已经确定需要购进的产品，但需要考虑选择最合适的供应商，确定从哪家进货。

(3) 改善交易条件的采购。中间商希望现有的供应商在原交易条件上再作些让步，使自己得到更多的利益。例如，要求现有的供应商加大价格折扣、增加服务、给予信贷优惠等。

2．中间商购买过程的参与者

中间商购买过程参与者的多少与中间商的规模和类型有关。规模小的，店主人亲自进行商品选择和采购工作；规模大的，有专人或专门的组织从事采购工作，重要的项目有更高层次和更多的人员参与。这些人和组织分别扮演着不同的角色，像生产者用户那样形成了一个事实上的"采购中心"。

参与采购的人员主要有以下几种：商品经理，他们是专职采购人员，分别负责各类商品的采购任务，收集不同商品的信息，选择合适的品牌和品种；采购委员会，由公司总部的各部门经理和商品经理组成，负责审查商品经理提出的新产品采购建议，作出购买与否的决策；分店经理，掌握分店一级的采购权。

3．中间商购买决策过程

如同生产者用户一样，中间商完整的购买过程也分为八个阶段：

(1) 认识需求。中间商认识到自己的需要，明确所要解决的问题。认识需求可以由内在刺激和外在刺激引起。内在刺激是指中间商通过销售业绩分析，认为目前经营的品种陈旧，不适应市场需求，从而主动寻求购进新产品，改善产品结构；外在刺激是指中间商的采购人员通过广告、展览会、供应商的推销人员或消费者等途径了解到更加适销对路的新产品。

(2) 确定需求。中间商根据产品组合策略确定购买产品的品牌、规格和数量。

(3) 说明需求，指说明所购进产品的品种、规格、质量、价格和购进时间等，写出详细的采购说明书，作为采购依据。

(4) 物色供应商。采购人员根据采购说明书的要求通过各种途径收集信息，寻找最佳供应商。

(5) 征求供应建议书。邀请合格的供应商提交供应建议书，筛选后留下少数选择对象。

(6) 选择供应商。采购部门和决策部门分析评价供应建议书，确定所购产品的供应商。

(7) 签订合约。中间商根据采购说明书和有关交易条件与供应商签订订单。

(8) 绩效评价。中间商对各个供应商的绩效、信誉、合作诚意等因素进行评价，以决定下一步是否继续合作。

四、非营利性组织市场及政府市场和购买行为分析

1. 非营利性组织市场的类型

(1) 按照不同的职能，非营利组织可分为以下三类：

① 履行国家职能的非营利组织，指服务于国家和社会，以实现社会整体利益为目标的有关组织，包括各级政府及下属部军队、警察、监狱等。

② 促进群体交流的非营利组织，指促进某群体内成员之间的交流，沟通思想和情感，宣传普及某种知识和观念，推动某项事业的发展，维护群体利益的各种组织，包括各种业余团体、宗教组织、专业学会和行业协会等。

③ 提供社会服务的非营利组织，指为某些公众的特定需要提供服务的非营利组织，包括学校、医院、红十字会、卫生保健组织、新闻机构、图书馆等。

(2) 按照收入的来源方式和管理方式，非营利性组织可分为以下四类：

① 自理型组织，指由自己的服务来进行管理的非营利性组织。

② 企业型组织，指成立专门的董事会，聘请总经理进行管理的非营利性组织。

③ 赞助型组织，指收入的大部分来自外界捐赠的非营利性组织。

④ 商业型组织，指通过销售产品或服务为本组织筹集绝大部分资金的非营利性组织。

2. 非营利性组织的购买方式

非营利性组织的采购方式主要有公开招标选购、议价合约选购和日常性采购等。

(1) 公开招标选购。非营利性组织的采购部门通过媒体发布广告或发出信息，说明拟采购的商品的详细内容，邀请供应商在规定的期限内投标。

(2) 议价合约选购。非营利性组织的采购部门同时与若干供应商就某一采购项目展开商务谈判，最后与最符合要求的供应商签约。该项方式主要适用于复杂的大型工程项目。

(3) 日常性采购。非营利性组织为了维持日常办公和组织运行的需要而进行的采购。这类采购金额小。

五、政府市场及购买行为

1. 政府市场的概念及购买行为特点

政府市场又称政府机构市场，它是由那些为执行政府主要职能而采购或租用货物的各级政府机构组成。

政府市场采购行为与生产者市场的购买行为有相似之处，但也有它自己的特点：

(1) 政府市场的采购方式主要有公开招标采购和议订合同采购两种。

(2) 政府市场的采购业务比较复杂。

(3) 政府市场既受国家预算的控制，又受国家社会经济发展的影响。

由于政府机构购买的商品无所不包，因此购买时间决策与生产者、转卖者和最后消费者基本相同，只是采购过程所需的时间较长并且视其采购何物而定。在正常情况下，他们总是向那些能提供符合规格而标价又最低的供应者购买商品。

2. 政府市场的购买目的

政府采购的范围极为广泛，目的是为了维护国家安全和社会公众的利益。具体的购买目的有加强国防与军事力量；维持政府的正常运转；稳定市场；对外国的商业性、政治性或人道性的援助等。

3. 影响政府购买行为的主要因素

政府市场也会受到环境因素、组织因素、人际因素和个人因素的影响，但是在以下方面有所不同：

(1) 受到社会公众的监督。虽然各国的政治经济制度不同，但是政府采购工作会受到各方面的监督。社会公众监督者包括：① 国家权力机关和政治协商会议，即国会、议会或人民代表大会、政治协商会议。政府的重要预算项目必须提交国家权力机关审议通过，经费使用情况要接受监督。② 行政管理和预算办公室。有的国家成立专门的行政管理和预算办公室，审核政府的各项支出并试图提高使用的效率。③ 传播媒体。报刊、杂志、广播、电视等传播媒体密切关注政府经费的使用情况，对不合理之处予以披露，起到了有效的舆论监督作用。④ 公民和社会团体。国家公民和各种社会团体对于自己缴纳的税赋是否切实地用之于民也非常关注，通过多种途径表达自己的意见。

(2) 受到国际国内政治形势的影响。比如，在国家安全受到威胁或出于某种原因发动对外战争时，军备开支和军需品需求就大；和平时期用于建设和社会福利的支出就大。

(3) 受到国际国内经济形势的影响。经济疲软时，政府会缩减支出；经济高涨时期则增加支出。国家经济形势不同，政府用于调控经济的支出也会随之增减。我国出现"卖粮难"现象时，政府按照最低保护价收购粮食，增加了政府采购支出。美国前总统罗斯福在经济衰退时期实行"新政"，由国家投资大搞基础设施建设，刺激了经济增长。

(4) 受到自然因素的影响。各类自然灾害会使政府用于救灾的资金和物资大量增加。

4. 政府市场的购买方式

政府采购程序分为两种类型：公开招标和协议合同。

（1）公开招标。公开招标采购是指政府采购办事处邀请合格的供应商对政府仔细描述的商品品目进行投标，一般来说，获得合同的是出价最低的供应商，供应商必须考虑能否满足产品的各种规格及接受的条件，政府采购办事处通常被要求以胜利者得到一切为基础，把订货合同给予报价最低的投标人。在有些情况下，政府采购办事处会因为供应商的产品优越或完成合同的信誉而给予一些折让。

（2）协议合同。在协议合同的采购中，采购机构同一家或几家公司接触，并就项目和交易条件与其中一家公司进行直接谈判。这种采购类型主要发生在与复杂项目有关的交易中，经常涉及巨大的研究与开发费用及风险，或发生在缺乏有效竞争的场合。合同方式有多种多样，如成本加成定价法、固定价格法、固定价格和奖励法。供应商如果把成本降低，就可以赚得更多，当供应商的利润显得过高时，则合同履行情况可公开复审或重新谈判。

知识链接

模块二　技能训练

案例分析

"私人订制"渐成趋势，如何满足消费者个性化需求

《Beauty Global Trends 2018 年世界美容行业趋势》报告强调，未来，美容行业将不得不解决消费者的个人需求问题。英敏特认为，美妆行业的消费者正在制定自己的规则，并越来越多地寻求个性化定制的产品。因此，品牌的个性化将变得至关重要。

彩妆方面，法国唇彩品牌 La Bouche Rouge 明年将推出一款 App，通过该 App，消费者可以提供所需唇彩颜色的照片来量身定制口红。而眼妆品牌 Eyeko 则推出了定制睫毛膏服务，消费者可从 13 种刷头和 5 种配方中自由组合自己想要的睫毛膏。

个人护理品方面，科颜氏宣布将在全球门店推广个性化护肤，未来将对用户肤质进行检测，根据皮肤科医生专用的皮肤图集，为消费者提供产品。

资生堂将发布一款"量肌定制"的家用护肤品系统"Optune"。用户用手机拍摄自己的皮肤，配套 App 会自动分析处理皮肤数据。数据上传到装满精华液和乳霜原材料的专用仪器 Optune zero 后，它就能按需调配精华液与乳霜。

与此相似，法国创意美妆初创公司 Romy Paris 设计了一款能够识别皮肤需求的 App，使用配套的面霜机，消费者可以自己在家根据所需配方定制面霜。

（资料来源：搜狐·科技，2017-12-09）

思考

1. "私人订制"主要抓住了顾客的什么心理？

2. "私人订制"渐成趋势的影响因素有哪些？

实训练习

1. 内容：

(1) 体验购物过程。体验并讲述你购买产品的过程，你的购买行为受到哪些因素的影响？你怎样评价这次的购物行为？它对你今后的购买会产生怎样的影响？

(2) 选择一个自己熟悉的企业产品，针对该产品面对的消费群，分析其特征。

2. 要求：

(1) 详细记录你在每个购买行为阶段的感受与反应，以及商家在销售过程中运用的策略。以小组为单位进行讨论分享。

(2) 描述该产品面对群体的特征，并开展小组讨论。

模块三 复习与思考

一、选择题

1. 同类产品不同品牌之间差异小，消费者购买行为就(　　)。

　　A. 简单　　　　　B. 复杂　　　　　C. 一般　　　　　D. 困难

2. 购买个人计算机的消费者，会留意相关产品的广告，并积极主动向有关经销商或营业员征询，其信息来源属于(　　)。

　　A. 个人来源　　　B. 公共来源　　　C. 经验来源　　　D. 商业来源

3. 以下(　　)不是组织市场购买品的特点。

　　A. 购买者主要是企业或社会团体　　　B. 购买量大

　　C. 供需双方关系密切　　　　　　　　D. 购买者数量一般比较多

4. 个人因素指消费者(　　)等因素对购买行为的影响。

　　A. 经济条件　　　B. 生理　　　　　C. 个性　　　　　D. 社会地位

　　E. 生活方式

5. 消费者的购买决策一般可分为(　　)几个阶段。

　　A. 认识需要　　　B. 收集信息　　　C. 评价方案　　　D. 购买决策

　　E. 购后行为

二、简答题

1. 消费者获取信息的来源有哪些？

2. 消费者市场与产业市场的购买行为各自有什么特点？

3. 简述消费者的购买过程。

营销前沿

第四章 市场营销调研与预测

知识点 ✍

1. 市场营销信息系统的构成
2. 市场调研的内容、方法
3. 市场调研的程序
4. 市场预测的方法

技能要求 📖

1. 正确运用市场调研的方法
2. 针对企业实际问题具体展开调研与预测

 案例导入

市场调研不足是大学生创业最大痛点

大学生创业群体是目前不可忽视的一种力量。目前就业创业形势依然复杂严峻，在"双创"精神的感召下，越来越多的年轻人在就业上尊重个性、不走寻常路，成为了风风火火的创客一族。

现在的创业项目有两个最大的特点，一是科技类占主要地位，二是不论什么创业基本都要涉及互联网，像农业、医疗等都是在向互联网挂靠。

给创业者带来最大困扰的恰恰不是技术，其实技术已经不是主要的门槛，现在技术合伙人模式也出来了，像猿团、Coding 等。对创业团队、孵化器、投资人来说，最大的风险还是来自市场，当创始人自己都说不清楚他的买家是谁，没有经过充分的市场调研，没有专业的自上而下的行业分析和自下而上的产品定位分析，这样的创业项目才是最危险的。

有这样一些创业团队，很拼，每天吃方便面，加班加到很晚，然后他一问，你们中谁在跑市场，有没有人去跟目标客群聊聊，很多回答竟然是没有。

曾经遇到过一个川大研究生的创业团队，要做一个定位于年轻群体的早餐外卖 App，当余学东问到，他们如何解决小区到家这最后 100 米，调查过没有，回答还是没有。在这样的情况下，就开始写 App 了，按照他们的设计思路可能连小区门都进不了。

从加工处到单元门再到小区门，最后才到用户手中，这么多环节，其中涉及产品的包装、味道体验、搭配等问题，如果没有调研，光是 App 研发快反而是事倍功半，因此，建议是，App 写慢点，先带上团队去跑 10 个小区，每个小区问 10 个人，搞定 100 个用户，回来再搞定 App 也不迟。

需求分析是许多创业者最容易忽视的，有些创业者对目标人群的认识很片面，有些甚至是臆想出来的，需求分析不深入将导致后来的一系列问题。

（资料来源：华西都市报，2016-04-28）

模块一　理 论 知 识

第一节　营销调研概述

一、市场营销信息

1. 市场营销信息的含义

市场营销信息是指在一定的时间和条件下，同企业市场营销及与之相联系的多功能服务有关的各种消息、情报、数据和资料的总称，是对市场各种经济关系和营销活动的客观描述与真实反映。

2. 市场营销信息的特征

市场营销信息除具有一般信息的特征外，在以下几个方面更具有营销信息的特殊性。

(1) 目的性。在产出大于投入的前提下，为营销决策提供必要的、及时和准确的信息。这里强调的信息应是营销决策所需要的、与营销活动相关的信息，那些杂乱且无关的信息数量再多也无济于事。

(2) 系统性。市场营销信息不是零星的、个别的信息汇集，而是若干具有特定内容的同质信息在一定时间和空间范围内形成的系统集合；在时间上具有纵向的连续性，是一种连续作业的系统；在空间上具有最大的广泛性，内容全面、完整。企业必须连续、大量、全方位地收集、整理有关信息，分析其内在联系，提高信息有序化的程度，为营销管理人员提供真正反映市场营销动态的信息。

(3) 社会性。市场营销信息反映的是人类社会的市场活动，是营销活动中人与人之间传递的社会信息，是信息传递双方能共同理解的数据、文字和符号。在竞争性的市场上，无数市场营销活动参与者与购买者以买者的身份出现，他们既是信息的发布者，也是信息的接收者，营销信息已渗透到社会经济生活的各个领域。

二、市场营销信息系统

所谓营销信息系统，是指由人、设备和程序组成的一个持续的、彼此关联的结构。其任务是准确、及时地对决策的有关重要信息进行收集、分析、评估和传递，供营销决策者运用，以便使他们的计划、执行和控制更具有科学性和准确性。营销信息系统由以下四个方面构成，如图 4-1 所示。

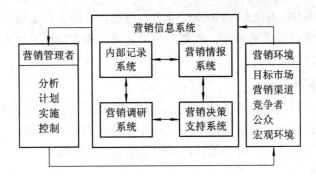

图 4-1　营销信息系统的构成

内部记录系统：企业内部最基本的报告体系，包括关于订货数量、价格、库存等资料。这些信息是关于企业过去和现在的资料，可以使决策者随时掌握企业的全部经营情况，发现问题、把握机会、节省费用、提高营销效率。

营销情报系统：与企业外部环境变化有关的日常情报的提供体系，包括市场营销管理者可以灵活使用情报的程序和情报源泉。营销情报是每日发生的有关营销环境发展情况的信息，主要包括市场产品、价格、分销、促销和竞争信息等。

营销决策支持系统：指营销管理者能够灵活使用的硬件和软件体系包括计算机硬件系统、统计处理软件以及决策模型。它主要根据研究内容建立各种数据库和市场营销分析模型。其主要任务是从改善经营管理或取得最佳经营效益的目的出发，通过分析各种模型，帮助市场营销管理者进行决策。

营销调研系统：对特定营销问题进行专题调查研究的调研体系。例如，营销额大幅下降原因的说明和开发新产品之前的目标市场预测及潜在顾客的预测，主要任务是收集、评估、整理和传递管理者制订营销决策所需的各种信息，其工作主要针对特定问题收集原始资料或二手资料，对此加以分析、研究，然后以调研报告的形式上交管理者作为决策的参考。

知识链接

第二节　市场营销调研

一、营销调研的类型

为了达到调查的目的，必须采用恰当的调查手段和调查方法，这是获取及时、准确、全面的信息资料的重要保证。

1. 探测性调研

探测性调研主要用于探询所研究问题的一般性质。企业在情况不明时，为找出问题的症结，明确进一步调查的内容和重点，需进行非正式的初步调查，收集一些有关的资料进行分析。

2. 描述性调研

描述性调研是指在已明确所要研究问题的内容与重点后，拟订调查计划，对所需资料进行收集、记录和分析。例如，对于市场潜力、市场占有率、产品消费群体结构、竞争结构等的描述。一般要进行实地调查，收集第一手资料，摸清问题的过去和现状，进行分析研究，寻求解决问题的办法。

3. 因果关系调研

因果关系调研是指为了弄清市场变量之间的因果关系，收集有关市场变量的数据资料，运用统计分析和逻辑推理等方法，判明何者是自变量(原因)，何者是因变量(结果)，以及它们变动的规律。它的目的就是寻找足够的证据来验证提出的假设。

4. 预测性调研

预测性调研是企业为了推断和测量市场未来变化而进行的研究，它是企业制订营销方案和营销决策的基础和前提，对企业的生存和发展具有重要的意义。

二、营销调研的内容

市场营销信息的内容是十分丰富的，与企业营销活动关系最密切的信息主要有以下几个方面。

1. 市场环境调查

市场环境调查包括以下几方面内容：

(1) 政治法律环境调查。政治法律环境主要指能够引起经济势态变化的国家的政治变动及能够干预社会经济生活的国家法律和各种经济政策。关注一定时期内政府关于产业发展、财政、税收、金融、价格、外贸等方面的政策和法令，并分析其对企业营销策略的影响。

(2) 经济环境调查。经济环境是指企业进行市场营销时所面临的外部社会经济条件，包括经济的发达程度、消费者的收入水平、居民的人均收入、居民存款余额、社会商品零售总额及人均社会商品零售额等。

(3) 社会文化环境调查。每个企业都会生存于一定的社会文化环境中，它的经营思想和经营行为必定受到这种社会文化的影响和制约。社会文化环境包括价值观念、教育水平、风俗习惯、审美情趣、道德规范等内容。

(4) 科学技术环境调查。科学技术环境是指在生产和科学实践中，认识自然和改造自然积累起来的经验、知识的总和。一种新的科学技术的出现必然会导致新的产业部门的出现，使消费结构发生变化。以电子、生物工程等新兴科学技术为代表的工业技术的迅速崛起，使社会生产方式、人们的思维方式以及消费习惯等发生了历史性的转变。

(5) 自然环境调查。自然环境是指影响企业生产和经营的物质因素，如企业生产需要的物质资料和生产过程中对自然环境的影响等。自然环境的发展变化会给企业造成一些"环境威胁"和"市场机会"。分析和研究自然环境的内容主要有两个方面：一是自然资源的拥有状况及其开发和利用；二是环境污染与生态平衡。

2. 市场需求调查

市场需求调查包括以下几方面内容：

(1) 社会购买力调查。社会购买力调查主要是调查一定区域的居民收入状况。

(2) 市场商品消费结构调查。消费结构是指消费者各种消费支出的比例及相互关系。

(3) 消费人口结构调查。人口的结构，如人口的地理分布、年龄结构和家庭结构等因素会对市场需求格局产生深远的影响。

(4) 消费者购买动机调查。消费者的购买动机是指消费者为了满足自己的需要而引起购买行为的愿望或意念。它是能够引起消费者购买某一商品和劳务行为的内在动力。

3．竞争对手调查

市场经济社会，是一个竞争激烈的社会，每个企业都应该充分地掌握分析同行业竞争者各种情况，认真分析自身优点和缺点。商场如战场，只有"知己知彼"，才能做到"百战百胜"。对竞争对手调研的主要内容有以下几点：

(1) 竞争对手的数量与经营实力。

(2) 竞争对手的市场占有率。

(3) 竞争对手的竞争策略与手段。

(4) 竞争对手的产品。对竞争对手的产品调查的主要内容包括竞争对手的产品组合策略、产品市场生命周期、新产品开发策略、品牌与包装策略等。

(5) 竞争对手的技术发展水平。调查的主要内容包括竞争对手的科研投入占其销售收入的比重；竞争对手在科研、设计、工艺、开发方面的物资与设备条件；竞争对手在技术人员的数量、技术水平与合理使用方面的情况；竞争对手获取新的技术情报的手段；竞争对手的技术管理水平与技术开发、更新产品的综合能力等。

4．营销因素调查

(1) 产品调查。研究企业现有产品生命周期哪个阶段、应采取的产品策略、产品的包装和设计、产品的制造技巧和保养、售后服务等。

(2) 价格调查。价格调查的内容有哪些因素影响了价格、企业产品的价格是否合理、价格是否被大众接受、价格弹性系数如何等。

(3) 分销渠道调查。分销渠道调查包括现有的销售渠道是否适应、如何正确地进一步扩大渠道、减少中间环节、如何进一步增加销售力量、加大培训力度等。

(4) 广告效果调查。广告效果调查包括目标受众选择是否合适，广告诉求点是否正确，传播是否到位，广告创意、内容和表现形式是否优秀，品牌形象的传达是否达到预期目标等。

(5) 促销策略调查。促销策略调查包括促销手段运用是否合理恰当、是否被广大用户接受；如何正确地运用促销手段吸引更多消费者；对企业促销的目标如何选择等。

三、营销调研的方法

1．询问法

询问法又称访问法或调查表法，就是调查人员采用访谈询问的方式向被调查者了解市场情况的一种方法，它是市场调查中最常用的、最基本的调查方法。

按调研者与被调研者的接触方式，询问法还可以分为面谈调查、邮寄调查、电话调查、留置调查等。

(1) 面谈调查。面谈调查指派调查员当面访问被调查者，询问与营销活动有关问题的方法。它是访问法中的一种常用方法。

面谈调查可分为个人面谈和小组面谈两种方式。个人面谈时调查员到消费者家中、办公室或在街头进行一对一面谈。小组面谈是邀请 6 到 10 名消费者，由有经验的调查者组织对方进行讨论某一产品、服务或营销措施，从中获得更有深度的市场信息。小组面谈是设计大规模市场调查前的一个重要步骤，它可以预知消费者的感觉、态度和行为，明确调查所要了解的资料和解决的问题。

(2) 邮寄调查。邮寄调查指将事先设计好的调查表投寄给调查对象，要求填好后寄回。这种形式是在被访问者不愿面谈及其反应可能受访问者或曲解的情况下所能采取的最好办法。问卷必须简洁、问题明了。邮寄调查表的回收率一般较低，回收时间较迟缓。

(3) 电话调查。电话调查是由调研人员根据抽样的要求，在样本范围内，用电话向被调研者提出询问，听取意见。这种调研方式的收集资料快、成本低，并能以统一格式进行询问，所得资料便于统一处理。但是，这种方法有一定的局性，只能对有电话的用户进行询问，不易取得与被调研者的合作，不能询问较为复杂的问题，调研不甚深入。

(4) 留置调查。留置调查就是由调研人员将问表、问卷当面交给被调研人，并说明回答要求，留给被调研者自行填写，然后由调研人员定期收回。这种方式调研的缺点介于面谈调研和邮寄调研之间。

2. 观察法

观察法的含义，调查员凭借自己的感官和各种记录工具，深入调查现场，在被调查者未察觉的情况下，直接观察和记录被调查者行为，以收集市场信息的一种方法。观察调查法简称观察法。

在市场营销活动中，观察法多用于对零售活动、消费者购买习惯与动向、广告效果等内容的研究，具体又可分为直接观察法、亲身经历法、行为记录法、实际痕迹观察法等。采用这种方式能客观地获取准确性较高的第一手资料，但调研面较窄，花费时间较长。

3. 实验法

实验法是指在给定的条件下，通过实验对比，对市场现象中某些变量之间的因果关系及其发展变化过程加以观察分析的一种调研方法，如产品包装实验法、新产品销售实验等。实验方法来源于自然科学的实验求证，现广泛应用于营销调研，是市场营销学走向科学化的标志。它的优点就是方法科学，能够获得较真实的资料，但是大规模的现场实验往往很难控制市场变量，从而会影响实验结果的内部有效性。

四、营销调研的程序

市场营销调研是一项十分复杂的工作，要顺利地完成调研任务，必须有计划、有组织、有步骤地进行。一般而言，市场营销调研的步骤是指从调研准备到调研结束全过程的工作顺序与具体程序。一般可分为五个步骤：

(1) 确定调研课题。市场营销调研首先必须明确调研的课题，即确定市场营销调研应解决什么问题，达到什么目的。

(2) 制订调研计划。调研计划主要包括调研目的、调研对象、调研方式和方法、明确调研日期(特别完成日期)、调研经费预算和规定作业进度安排。

(3) 搜集调研资料。这是市场营销调研的正式调研阶段，所要搜集的资料包括现成资料和原始资料两大类。原始资料是从实地调研中所得的二手资料；现成资料是从他人或其他单位取得的、已经积累起来的第二手资料。现成资料节省时间和经费，应尽量采用，资料不足时可实地调研获取原始资料补充。

(4) 整理和分析资料。这一步是将营销调研搜集到的资料进行整理、统计和分析，可分为编辑、编号、制表、分析等程序。

(5) 撰写调研报告。市场营销调研报告是根据调研资料和分析、研究的结果而编写的书面报告。它是市场营销调研的最终结果，其目的在于为市场预测和决策提供依据。调研报告的基本内容主要有调研目的、调研方法、调研结果及资料分析、建议、附录等。

知识链接

第三节　市场营销预测

一、市场营销预测的含义与作用

1. 市场预测的含义

市场营销预测是在营销调研的基础上，运用科学的理论和方法，对未来一定时期的市场需求量及影响需求的诸多因素进行分析和研究，寻找市场需求发展变化的规律，为营销管理人员提供未来市场需求的预测性信息。

2. 市场预测的作用

市场预测是研究掌握市场动态变化的科学依据，在社会经济活动中发挥着多方面的重要作用。具体来说，市场预测具有以下几个方面的重要作用。

1) 市场预测是企业经营决策的前提

企业通过科学的市场预测，能够把握市场的总体动态和各种营销环境因素的变化趋势，使企业的决策者了解和掌握本企业产品在未来市场的潜在需求状况，从而为企业确定资金投向、经营方针、发展规模等战略性决策提供可靠的依据。科学的市场预测还可以为决策者提供可供选择的多种方案，使企业的经营决策建立在准确的情报资料和正确的逻辑推理基础上。

2) 市场预测为企业确定目标市场提供决策依据

企业在市场营销活动中，有时会面临许多营销机会，这就需要企业作出正确的选择，以确定自己的目标市场。我们知道，评价市场吸引力有两个最主要的标准，这就是市场容量和市场增长速度，因此，企业决策者需要对整个市场的容量、目标市场的容量以及未来一定时间内市场容量将增大到什么程度、企业未来的销售潜力如何等方面的发展趋势进行详细分析、预测和判断，只有这样才能准确地确定企业的目标市场。

3) 市场预测是企业制订营销策略的前提

企业制订市场营销策略是以企业和市场发展变化的种种可能为背景的，因此，企业只有在市场前景、产品、定价、分销、促销等方面作出准确预测，才能在相关方面制订正确的营销策略，使企业的发展目标建立在可行性的基础上。

4) 市场预测是提高企业竞争能力和经营管理水平的重要手段

在市场经济条件下，企业的生存和发展与市场息息相关。企业加强市场预测工作，就能在经营上取得主动权，掌握市场需求的动态变化，根据需求变动及时调整生产经营方向，向市场提供适销对路的产品，加速资金周转，降低流通费用，提高经济效益，从而增强企业的竞争能力。

二、市场预测的内容

1. 市场需求潜量的预测

市场需求潜量是指在一定时期和特定区域内，全体买方对某项商品的最大可能购买量。通过对市场需求潜量的预测，企业就有可能掌握市场的发展动态，以便合理地组织自己的经营活动，如确定目标市场、筹措资金、订购原料、规划生产等。

2. 企业销售的预测

企业销售预测是企业对生产的各种产品销售前景的判定，包括对销售的品种、规格、价格、销售量、销售额、销售利润及其变化的预测。通过销售预测，可以了解消费者需求的新动向，从而研究和开拓市场；它是企业制定和实施价格策略、选择分销渠道和销售促进策略的重要依据。

3. 市场占有率的预测

市场占有率的预测是指预测本企业所经营的商品销售量在整个市场商品销售总量中所占的比例。从市场占有率增加或减少的预测中，可以判断市场需求、市场竞争和企业经营发展状况，从而采用相应的市场竞争策略，保证企业经营方向的正确。

4. 企业所需资源的预测

企业经营需要的资源主要是物质资源。通过对所需资源的预测，可以对资源的市场供应状况及其变化趋势、降低资源消耗的可能性、资源的价格变化、代用材料发展状况等进行准确判断，以便企业根据自身能力，合理地进行生产布局，搞好新产品开发或老产品改造工作。

三、市场营销预测的步骤

市场营销预测应遵循一定的工作程序。预测的程序主要包括五个步骤，具体内容如图4-2所示。

图 4-2　市场预测程序

(1) 明确市场预测目标。首先要知道预测什么，通过预测想要解决的问题是什么，进而明确规定预测目标、预测期限和预测目标的数量单位。

(2) 收集、分析历史与现实数据。历史与现实的数据资料是市场调查中直接或间接的情报信息。信息资料应该具有广泛性、适用性和可靠性，以保证预测质量。

(3) 选择市场预测的方法和模型。对于定量预测，一般是建立数学模型，对于定性预测，可以建立逻辑思维模型。然后，选择适当的预测方法对预测模型进行计算和估计。

(4) 确定市场预测的结果。对于预测中的一些过去不同的新因素，要尽量将其转化为数量概念，并分析这些因素的影响范围和影响程度；同时，分析预测与实际可能产生的误差、误差的大小及其原因。

四、市场预测方法

1．购买者意向调查法

这种方法多用于工业用品和耐用消费品，适宜作短期预测。市场总是由潜在购买者构成的，预测就是预先在给定条件下潜在购买者的可能行为，即调查购买者。这种调查的结果是比较准确可靠的，因为只有购买者自己才知道他将来会购买什么。

2．专家意见法

专家意见法通常有以下三种形式：

(1) 小组讨论法。这种方法可以发挥集体智慧，在讨论中互相交换意见，取长补短。

(2) 单独预测集中法。由每位专家单独提出预测值，然后由专项负责人将各专家意见综合起来得出结论。这种方法可以充分发挥个人智慧和经验。

(3) 德尔菲法。德尔菲(Delphi)是古希腊神话中的神谕之地，城中因拥有阿波罗神殿而闻名于世，据传阿波罗是预言神，可预测未来。第二次世界大战之后，美国兰德公司提出一种向专家进行函询的预测法，称之为德尔菲法，它既可以避免由于专家会议面对面讨论带来的缺陷，又可以避免与个人一次性通信的局限。在收到专家的回信后，将他们的意见分类统计、归纳，不带任何倾向地将结果反馈给各位专家，供他们作进一步的分析和判断，提出新的估计。如此多次往返，意见渐趋接近，能得到较好的预测结果。

3．销售人员综合意见法

销售人员综合意见法即分别收集有经验的销售人员对预测指标估计的最大值、最可能值、最低值及其发生的概率，集中所有参与预测者的意见，整理出最终预测值的方法。这种方法的优点是简便易行，节省时间和费用，效率较高。但销售人员对市场走向的预测容易受个人的偏见及主观因素的影响。

4．市场试验法

市场试验法是把产品投入市场进行试验，观察销售情况及消费者对产品的反应，从而推测未来市场情况的一种预测方法。该方法多用于投资大、风险高的有新奇特色的产品的预测。

5．时间序列分析法

时间序列分析法即把某种经济统计指标的数值按时间先后顺序排成序列，再将此序列数值的变化加以延伸，进行推算，预测下一时间周期所能达到的水平。时间序列分析法是一种定量预测方法。

知识链接

模块二 技 能 训 练

案例分析 ✒

神 秘 顾 客

"神秘顾客"(Mystery Customer)是指进行一种商业调查的经过严格培训的调查员。他(她)们在规定或指定的时间里扮演成顾客,对事先设计的一系列问题逐一进行评估或评定。

由于被检查或需要被评定的对象,事先无法识别或确认"神秘顾客"的身份,故该调查方式能真实、准确地反映客观存在的实际问题。"神秘顾客"监督方法最早是由肯德基、罗杰斯、诺基亚、摩托罗拉、飞利浦等一批国际跨国公司,引进国内为其连锁分部进行管理服务的。

做"神秘顾客"看似轻松惬意,其实也不那么简单,事先要经过培训,主要是在网上进行。在"中国神秘顾客检测网"上面有些初级的培训内容,例如,"神秘顾客入店检测时最需要注意的五大部分:① 清洁度;② 客户服务;③ 质量控制;④ 可能导致危害的因素;⑤ 产品摆放和库存。"其中"客户服务"这一项规定"这类的检测一般用于入店后对店员给予的服务质量的检测,其中包括从神秘顾客入店到离开的每一个环节的服务质量;例如是否对顾客的光顾使用了问候语,是否仔细地询问顾客的要求并耐心地提出适合顾客要求的建议,是否在顾客离开时留下客户的联系方式,是否帮助顾客开门并说'再见'等。"

"做'神秘顾客'虽然白吃白喝但是并不轻松。"扮演"神秘顾客"最重要的是观察力,有些客户会让你假装投诉,看服务人员的态度;有的客户会要求"神秘顾客"购物消费时表现出不满,观察服务人员的处理方式。另外,由于委托的任务细节很杂,做任务前要牢记问卷问题,这就需要超强的记忆力。执行完任务后,"神秘顾客"要填写问卷调查报告,像快餐店这类任务算简单的,约20~30道题,而有些任务,提问可能多达十来页。

思考

1. "神秘顾客"用什么样的方法收集信息?

2. 这种方法有何特点?应用时应该注意哪些问题?

实训练习 ✍

1. 内容:假定一项大学生创业项目,拟成立一家健身俱乐部。请问在前期的市场调查中,应收集哪些方面的信息,采用什么方法收集这些信息?

2. 要求:以小组为单位进行讨论,列出应收集的信息以及收集方法,并制作问卷。

模块三　复习与思考

一、选择题

1. 以向企业管理人员提供有关销售、成本、存货、现金流程、应收账款等各种反映企业经营现状信息为其主要工作任务的系统，是市场营销信息系统中的(　　)。

   A. 市场营销情报系　　　　　　B. 市场营销研究系统

   C. 市场营销分析系统　　　　　　D. 内部报告系统

2. 市场调查的核心内容是(　　)。

   A. 市场环境调查　　　　　　　B. 市场商品资源调查

   C. 市场商品需求调查　　　　　　D. 市场流通渠道调查

3. (　　)最富有灵活性，但是花费成本较高。

   A. 电话访问　　　　　　　　　B. 人员访问

   C. 邮寄问卷　　　　　　　　　D. 现场问卷

4. 下列调研方法中有可能需要用到问卷的有(　　)。

   A. 固定样本连续调查　　　B. 观察法　　　　C. 实验法

   D. 访问法　　　　　　　　E. 调查法

5. 德尔菲法的优点在于(　　)。

   A. 可发挥集体智慧　　　　　　B. 集思广益

   C. 可避免权威人士意见的影响　　D. 准确性较高

   E. 集体讨论

二、简答题

1. 什么是市场营销调研？它对市场营销有何重要作用？

2. 什么是营销市场信息系统和市场营销预测？市场营销预测有何重要作用？

3. 市场营销预测的主要内容包括哪些？市场营销预测的工作程序是怎样？

营销前沿

第五章　企业战略规划与营销管理

知识点 ✍

1. 企业战略的基本原理
2. 企业战略规划体系
3. 企业战略规划的相关内容
4. 企业营销管理过程以及各阶段的内容与要求

技能要求 📖

1. 针对具体企业合理进行企业战略规划
2. 用企业战略的思想进行营销管理

新形势下中小企业的发展困境与战略转型升级

目前，我国正处于经济增速的换挡期和结构调整的阵痛期，改革开放以来经济迅猛增长所依赖的"人口红利""工业化红利""全球化红利"正在发生着根本的变化，十九大确立了重视质量、提升效益、优化结构的目标，经济总量增长不再是唯一的政策考量，各项改革加速落实，以数字经济、高端装备制造为代表的新动能将推动老动能的转型升级。在这样的大背景下，部分行业产能过剩，企业经营效益低下，企业发展面临着不少的困难和挑战。

企业发展的困境：

一、行业发展周期的困境。行业发展生命周期是每个行业都要经历的一个由成长到衰退的演变过程，一般分为初创阶段、成长阶段、成熟阶段和衰退阶段四个阶段。钢铁行业、房地产行业、纺织行业、家电行业等行业都经历了比较明显的行业周期波动，行业的发展阶段和现状制约着企业的生存和发展，对于很多传统行业的企业来讲，企业日子不好过、市场不景气等不仅是企业自身的问题，更多是行业状况造成的，在行业快速成长期，很多企业都是顺风顺水成长的，行业处于成熟期或衰退期时，整个产业的利润大幅度下降，企业自身必须从行业和商业模式上寻找出路。

二、产业链非利润区的困惑。根据微笑曲线理论，生产制造环节总是处在产业链上的低利润环节，一般情况下传统的低端制造利润率为2%～3%，高端制造利润率为10%～20%，研发和设计利润率为 20%～50%，品牌和营销利润率为 20%～50%。多数中小企业存活于产业链的非利润区，特别是制造业，为了维持生存只能不断地扩充产能、维持获利，但是只要市场萎缩、产品价格下降、产品销售不再成长，企业马上面临经营危机，如果技术不能一直提升，成本不能下降，则在微利的状况下可能转变成亏损，严重的话，甚至逐渐影响企业的生存。

三、经营成本持续上升的困惑。原材料成本、场地租金成本、人工成本、物流成本以及融资成本的上升，给中小企业带来巨大的经营压力，特别是那些技术含量不高的中小企业，想通过产品销售价格的提升来抵消成本的上升难度巨大，对于一些以出口加工为主的企业，成本的增加导致其国际竞争力下降。

四、无序竞争的困惑。国内很多行业仍处于集中度比较低的无序竞争状况，产品同质化现象比较严重，甚至同一种产品会有几十家甚至上百家企业生产，正因为如此，价格在很大程度上成为企业能否进入市场的关键。为了进入并占据市场，有些企业往往以低价劣质产品参与竞争，从而导致惨烈的价格战，这种低层次的竞争方式，直接导致产品利润率下降，产品质量难以保障，最终削弱了产品的竞争力。在这样的竞争环境下，所能取得的利润空间很有限，大多数企业其实是处在微利、亏损的边缘。随着行业逐渐发展，一批经营不善的企业被淘汰出局或整合重组，一部分技术先进、资金实力雄厚的企业脱颖而出。

五、管理滞后的困惑。很多企业经营业绩不错，但是内部管理却严重滞后，内部管控跟不上。有些是由于公司仍处于快速发展过程中，经营的业绩好而掩盖了企业管理中的很多深层次管理问题，有些是由于企业管理者仍处于"事无巨细"的"消防员"角色，但是随着企业规模的增大必然会出现管理的瓶颈问题，类似这种经营超前、管理滞后的企业在经济环境好的时候问题并不突出，一旦经济或市场环境不好，各种管理问题会凸显出来。

随着企业的发展，会越来越意识到人才是企业中最活跃、最具能动性、最可增值的要素，人才培养及团队建设对于企业的发展起到至关重要的作用，有些企业是由于所处的地理位置不能吸引到人才，有的企业是由于没有合理的激励机制留住人才，还有的企业是没有建立起员工晋升和培养体系，制约了企业的发展。

企业战略转型升级的六点思考：

一、行业发展空间及定位的思考。一个可持续长期上涨的企业是处在或者转型进入一个长期、可持续上升的产业周期中，要想长期可持续健康上涨，处于一个或连续几个可持续上升的产业周期非常重要，企业家一定要站到企业所处的产业层面去思考企业未来的布局和定位。如果企业所在的行业有足够大的发展空间，企业可以选择聚焦型战略，把行业产业链上的每一环节做大做强；如果企业所在的行业空间不大并且附加值不高，企业要考虑的是顺着所在行业的延伸领域寻找企业未来的增长空间或者跨出这个行业另谋天地。

二、产业链利润区的选择。之所以很多企业顺着产业链进行上下游产业的延伸，重要的一点还是在于利润区间的选择。由低利润区走向高利润区是所有企业的追求，以在有限资源下创造更大的价值为目标，从"做量"业务向"高附加值"业务演变。微笑曲线的两端是企业发力的重点，研发和营销永远是产品导向。产品导向建立在有排他性的技术、专利等基础上。对于大多充分竞争性产品来讲，通过减少营销层级，为客户创造更大的价值和更便捷的服务、获取更高的价值回报是企业转型的路径。

三、商业模式创新。企业的问题表层是产品、业绩问题，深层是组织、人力资源和营销等内部管理问题，更高层面是战略布局和商业模式创新问题。不断迭代升级的科技发展、互联网推动下的新兴经济以及新消费群体理念的转变都在引导或倒逼企业的商业模式变革。比如陕鼓由产品生产商向方案或服务提供商的转型；比如山东如意由一个面料制造企业转变为品牌服装零售商的产业链延伸；比如探路者基于云平台开发和数据分析，构建纵向完整、横向协同的业务生态；一品嘉基于产业集群和生态打造供应链服务平台等。

四、"内生+外延"式的发展模式。在行业的快速发展期，大多企业选择的都是内生式发展，在行业竞争加剧进入低速增长期以及整合期，企业分化加剧，整合是必然趋势，不整合就被整合。外延式发展的逻辑就是积极采取对外合作、兼并收购等措施努力将公司做大，有助企业丰富产品结构、提升产品竞争力、打开新的市场空间，实现快速扩张；积极整合和利用外部资源，运用联盟、并购等策略进入新的业务领域和扩大现有业务规模，完成企业的飞跃式发展；创新机制，尝试合资公司制及合伙制等方式嫁接合作伙伴的能力——品牌、渠道、研发及管理技能等，打造核心竞争力。

五、强化基础管理体系是基础。一般来讲，企业的基础管理体系围绕组织保障体系、目标管理体系、绩效考核体系、财务预算体系、客户管理体系和流程规范体系六大体系建设展开。通过组织保障体系，对企业的组织架构进行了重新设置(分为过渡期和完善期)，明晰职责、定岗定编；通过目标管理体系分解企业的年度目标，明确各岗位的关键考核指标，建立基于月度绩效考核的月度述职制度，加强了过程控制及即时考核激励；通过绩效考核体系规范薪资结构，强化绩效考核，明晰月度、季度和年度绩效考核的方法与应用，把绩效考核与员工晋升体系相结合，体现"多劳多得"的公开公正公平导向；通过财务预算体系细化年度经营计划和预算，强化内部控制，降低经营风险，有效降低营运成本；通过客户管理体系建立起客户信息搜集、客户拓展及客户管理与维护制度；通过流程规范体系梳理基于业务和管理的相关流程，规范的流程是提升管理水平的有效工具。

六、企业的人才培养和团队建设是保障。人是企业最大的财富，人力成本也是企业最大的成本，团队综合能力的提升是企业快速发展的牵引和保障。一方面要制定科学合理的激励机制，拓宽选人用人渠道，把企业需要的高素质人才引进来；另一方面要建立培训体系，注重内部员工的培养，提升整体素质和技能，加强文化认同，要注重新员工的入职培训和针对部门岗位和职级的分级培训，通过导入培训积分管理机制将培训工作作为员工绩效、薪酬、晋升等的考核标准，真正推动企业的人才培养与梯队建设。

(资料来源：张成钢，中国营销传播网，2018-01-02)

模块一　理　论　知　识

第一节　企业战略规划

一、企业战略的特征

1. 企业战略的概念

企业战略是把战略的思想和理论运用到管理中。"战略"本是军事用语，它依据敌对双方的军事、政治、经济、地理等因素，照顾战争全局的各个方面，规定军事力量的准备和运用。现代社会将"战略"一词引申至政治和经济领域，所谓企业战略就是根据企业外部环境和内部资源及能力状况，为求得企业长期生存与稳定的发展，不断获得新的竞争优势，而对企业的发展目标、达成目标的途径和手段所制订的总体规划。

2. 企业战略的特征

企业战略具有以下特征：

(1) 全局性。全局性是指以企业全局为研究对象，来确定企业的总体目标，规定企业的总体行动，追求企业的总体效果。

(2) 长远性。企业战略的着眼点是企业的未来而不是现在，是为了谋求企业的长远利益而不是眼前利益。

(3) 纲领性。经营战略所确定的战略目标和发展方向是一种原则性和总体性的规定，是对企业未来成败的总体谋划，而不是纠缠于现实的细枝末节。

(4) 抗争性。企业战略是企业在竞争中为战胜竞争对手，迎接环境的挑战而制订的一整套行动方案。

(5) 风险性。战略地考虑企业的未来，但未来具有不确定性，因而企业战略必然具有风险性。

二、企业战略的层次结构

企业战略结构包括三个层次：总体战略(公司层面战略)、业务层战略(事业部战略、竞争战略)、职能层战略。因此，企业战略是一个多层次的体系。企业战略结构如图 5-1 所示。

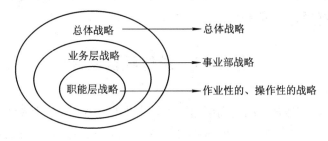

图 5-1　企业战略结构

1. 总体战略

总体战略也称公司战略，是企业最高层次的战略，是为实现企业总体目标，对企业未来发展方向作出的长期性和总体性战略。它是统筹各项分战略的全局性指导纲领。总体战略主要决定公司应该做什么业务和怎样去发展这些业务。企业应该做什么业务，即确定企业的性质和宗旨，确定企业活动的范围和重点。在企业各种不同的活动中，需要考虑如何决定资源分配的先后次序，企业内部哪一项业务应当得到这些资源，各应得到多少以及怎样最大限度地利用好这些资源等问题。

对于企业来说，合理地配置资源至关重要。因为一方面，资源投入于不同业务领域的效益不大相同；另一方面，企业内部各个部门往往都在相互争夺有限资源。

2．业务层战略

业务层战略也称竞争战略、事业部战略，属于第二层的战略，与企业相对于竞争对手而言在行业中所处的位置相关。它是在总体战略指导下，经营管理某一个特定的战略经营单位的战略计划，是总体战略之下的子战略。它的重点是怎样在市场上实现可持续的竞争优势或者是改进一个战略经营单位在它所从事的行业中、或某一特定的细分市场中所提供的产品和服务的竞争地位。

从企业外部来看，业务层战略的目的是为了使企业在某一个特定的经营领域取得较好的成果，努力寻求建立竞争优势；关注有效地满足消费者群体需要，使自己的产品区别于竞争者的产品；通过竞争和吸引顾客实现企业的市场定位，以及使业务部的经营活动与本行业的发展趋势、社会变革和经济形势相适应。

从企业内部来看，为了对那些影响企业竞争成败的市场因素的变化作出正确的反应，需要协调和统筹安排企业经营中的生产、财务、研究与开发、营销、人事等业务活动。业务层战略可以为这些经营活动的组织和实施提供直接的指导，明确从哪些方面提高企业的竞争能力，以及如何提高企业的竞争能力。

3．职能层战略

职能层战略是一种操作性的战略，是为贯彻、实施和支持公司战略与业务层战略而在企业特定的职能管理领域制定的战略。职能层战略决定怎样具体操作实施公司战略和竞争战略，一般包括科技与产品开发战略、市场营销战略、生产与运作战略、财务战略、人力资源开发战略等，其重点是提高企业资源的利用效率，使企业资源的利用效率最大化。在企业既定的战略条件下，企业各层次职能部门根据职能层战略采取行动，集中各部门的潜能，支持和改进公司战略的实施，保证企业战略目标的实现。

知识链接

第二节　总体经营战略

总体经营战略规划是企业的最高层通过规划企业的基本任务、目标及业务(产品)组合，使企业的资源和能力同不断变化的市场环境之间保持和加强战略适应性的过程。规划总体战略的过程一般包括界定企业使命、区分战略业务单位、规划投资组合以及发展新业务等步骤。

一、界定企业使命

企业使命是一个企业存在于社会行业中的价值，它反映企业的目的、特征和性质。一般企业的使命在企业开始时是比较明确的，但随着时间的流逝，当出现新的市场机会或市场条件发生变化时，企业使命也会发生相应的变化。一般从以下几个方面界定企业的使命：

1．业务领域

业务领域主要指企业拟在哪些领域进行经营活动、参与竞争，包括企业将要从事的行业领域，能被企业掌握支配的技术与其他核心能力的领域、想要服务的市场或顾客类型、想要加入的营销渠道领域、想要开拓的地理市场范围。

2. 主要政策和价值观

主要政策和价值观主要规定了企业如何处理与各利益关系方，包括顾客、供应商、竞争者、公众等的关系，同时将管理者与员工个人自主的范围加以限制，使整个企业在重大问题领域或原则上步调一致，行动上有共同参照和遵循的标准，从而保证员工能向着企业的目标一致前进。

3. 远景与发展方向

远景与发展方向主要揭示了企业未来若干年的成就与发展方向。这一远景与方向将吸引着员工为之不懈地努力与奋斗，引导着企业不断地向前迈进。

二、区分战略业务单位

企业要实现自己的使命，其经营有可能涉及多个业务领域。在实践中，有一定规模的企业大多数同时经营多种业务。企业要为每项业务合理配置资源，就要了解自己的经营范围由哪些业务、领域组成。战略业务单位是企业必须为其专门制定经营战略的最小业务管理单位。合理区分战略业务单位，可使企业使命具体化，并分解为各项业务或某一组业务的战略任务。企业的战略业务单位通常都具有以下特征：

1. 具有单独的业务或一组相关业务的集合体

战略业务单位必须有自己的业务，这种业务可以是一项单独业务或相关业务的集合体，在计划工作中能与企业的其他业务分开，保证企业的各个战略业务单位不会以相同的产品竞争相同的顾客。同时，企业内的各个战略业务单位应该尽量避免重复，其差异一般越大越好，这样才能避免资源的重复投入。

2. 对企业负有不同的使命

一个战略业务单位必须对企业负有自己的使命，这种使命或许是吸引顾客，提高企业市场占有率；或许是增加企业利润；或许是提升企业的品牌形象等。这些战略业务单位，必须有共同的性质、明确的任务和特定的目标市场。

3. 有自己的竞争者

不论是以产品划分，还是以顾客为导向的战略业务单位，都有自己的生存发展空间，所以也就必然有自己的竞争对手。

4. 有认真负责的经理

在每一个战略业务单位中，都有一套自己的管理班子，这个管理班子中必须有自己的专职经理，负责其战略的制订和利润业绩的考核，并且还能有效地控制影响战略执行和利润的因素。

5. 掌握一定的资源

一个战略业务单位只有事权集中，对达成目标所需的各项资源与能力应该加以完整掌握，才能保证本业务单位实现良好的绩效。但是，也不能排除与其他业务单位形成资源共享。

6. 可以独立计划其业务

一个战略业务单位依靠自己所掌握的资源，有效地制订自身的发展规划，相对独立或有区别地开展业务活动。

三、规划投资组合

企业的资源是有限的，如何将有限的资源合理地分配给各个不同的战略经营单位，是进行总体经营战略规划的主要内容之一。为此，企业高层必须首先对现有的业务投资组合进行分析与评价，然后再思考应采取怎样的战略措施。其分析方法主要有两种：

1. 波士顿咨询集团法(BCG)

波士顿咨询集团法(又称波士顿矩阵、四象限分析法、产品系列结构管理法等)是由美国大型商业咨询公司——波士顿咨询集团(Boston Consulting Group)首创的一种规划企业产品组合的方法。

波士顿咨询集团首创了波士顿咨询集团法，它的基本原理是根据市场占有率和销售增长率两个参数指标，形成一个二维矩阵图，在矩阵图上标出每一个战略经营单位(SBU)所在的位置，从而显示出哪个 SBU 能够提供高额的潜在收益以及哪个 SBU 是企业资源的漏斗。

通过以上两个因素相互作用，会出现四种不同性质的产品类型，形成不同的产品发展前景：① 销售增长率和市场占有率"双高"的产品群(明星类产品)；② 销售增长率和市场占有率"双低"的产品群(瘦狗类产品)；③ 销售增长率高、市场占有率低的产品群(问号类产品)；④ 销售增长率低、市场占有率高的产品群(现金牛类产品)。

对于企业来说，如果能同时具有问号产品、明星产品和现金牛产品这三类，就有希望保持企业当前的利润和长远利润的稳定，形成合理的产品结构，维持资金平衡。

1) 基本原理与基本步骤

(1) 基本原理。本法将企业所有产品从销售增长率和市场占有率角度进行再组合。在坐标图上，以纵轴表示企业销售增长率，横轴表示市场占有率，各以 10%和 20%作为区分高、低的中点，将坐标图划分为四个象限，依次为"问号(?)""明星(★)""现金牛(¥)""瘦狗(×)"。在使用中，企业可将产品按各自的销售增长率和市场占有率归入不同象限，使企业现有产品组合一目了然，同时便于对处于不同象限的产品作出不同的发展决策。其目的在于通过产品所处不同象限的划分，使企业采取不同决策，以保证其不断地淘汰无发展前景的产品，保持"问号""明星""现金牛"产品的合理组合，实现产品及资源分配结构的良性循环。

(2) 波士顿咨询集团法基本步骤如下：

① 核算企业各种产品的销售增长率和市场占有率。销售增长率可以用本企业的产品销售额或销售量增长率，时间可以是一年或是三年以至更长时间。市场占有率，可以用相对市场占有率或绝对市场占有率，应采用最新资料。其基本计算公式为

$$本企业某种产品绝对市场占有率 = \frac{该产品本企业销售量}{该产品市场销售总量}$$

$$本企业某种产品相对市场占有率 = \frac{该产品本企业市场占有率}{该产品市场占有份额最大}$$

② 绘制四象限图。以 10%的销售增长率和 20%的市场占有率为高低标准分界线，将坐标图划分为四个象限；然后把企业全部产品按其销售增长率和市场占有率的大小，在坐

标图上标出其相应位置(圆心)；定位后，按每种产品当年销售额的多少，绘成面积不等的圆圈，按顺序标上不同的数字代号以示区别。定位的结果可将产品划分为四种类型，如图5-2所示。

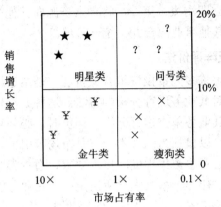

图 5-2　销售增长率与市场占有率矩阵图

2) 各象限产品的定义及战略对策

波士顿咨询集团法对于企业产品所处的四个象限有不同的定义和相应的战略对策。

(1) 明星产品。它是指处于高增长率、高市场占有率象限内的产品群，这类产品可能成为企业的现金牛产品，需要加大投资以支持其迅速发展。采用的发展战略是积极扩大经济规模和市场机会，以长远利益为目标，提高市场占有率，加强竞争地位。

发展战略为投资明星产品的组织，最好采用事业部形式，由对生产技术和销售两方面都很内行的经营者负责。

(2) 现金牛产品，又称厚利产品，是指处于低增长率、高市场占有率象限内的产品群，已进入成熟期。其财务特点是销售量大，产品利润率高，负债比率低，可以为企业提供资金，而且由于增长率低，也无需增大投资，因而成为企业回收资金、支持其他产品尤其是明星产品投资的后盾。

对这一象限内的大多数产品，市场占有率的下跌已成不可阻挡之势，因此可采用收获战略，即所投入资源以达到短期收益最大化为限。① 把设备投资和其他投资尽量压缩；② 采用榨油式方法，争取在短时间内获取更多利润，为其他产品提供资金。对于这一象限内的销售增长率仍有所增长的产品，应进一步进行市场细分，维持现存市场增长率或延缓其下降速度。对于现金牛产品，适合用事业部制进行管理，其经营者最好是市场营销型人物。

(3) 问号产品。它是处于高增长率、低市场占有率象限内的产品群。前者说明市场机会大，前景好，而后者则说明在市场营销上存在问题。其财务特点是利润率较低，所需资金不足，负债比率高。例如，在产品生命周期中处于引进期、因种种原因未能开拓市场局面的新产品即属此类产品。

对问号产品应采取选择性投资战略或收缩战略。先确定对该象限中那些经过改进可能会成为明星的产品进行重点投资，提高市场占有率，使之转变成"明星产品"；对其他将来有希望成为明星产品的则在一段时期内采取扶持的政策；对于进入衰退期的业务单位，尽量减少投资，争取较多的资金收入，注重短期效益。

(4) 瘦狗产品，也称衰退类产品。它是处在低增长率、低市场占有率象限内的产品群。其财务特点是利润率低、处于保本或亏损状态，负债比率高，无法为企业带来收益。

对这类产品应采用撤退战略：第一，应减少批量，逐渐撤退，对那些销售增长率和市场占有率均极低的产品应立即淘汰；第二，将剩余资源向其他产品转移；第三，整顿产品系列，最好将瘦狗产品与其他事业部合并，统一管理。

2. 多因素投资组合矩阵评价法

通用电气公司(GE)法也称多因素投资组合分析法，是由通用电气公司提出的，从市场吸引力和业务能力两方面对其业务进行分析的方法。这种方法较波士顿咨询集团法有所发展。该方法认为，企业对其业务单位进行分析、评价时，必须考虑与业务单位发展密切相关的多种因素。这些因素可以概括为两大类：一是市场吸引力，主要由总体市场的规模、市场成长率、历史毛利率、竞争密集程度、技术要求、通货膨胀的脆弱性、能源要求、环境影响以及社会、政治、法律等一系列因素所决定；二是业务能力，主要包括市场份额、份额成长、产品质量、品牌知名度、分销网、促销效率、生产能力、生产效率、单位成本、物资供应、开发研究绩效、管理人员等因素。

对构成行业吸引力和业务能力的各个因素进行量化评价，量化标准为 1～5 分，以反映这项业务在某个因素方面的表现，并结合各因素权重进行加权求和，可得到某一数值。

在图 5-3 所示的多因素投资组合矩阵中，行业吸引力分为大、中、小等 3 类，企业的业务能力分为强、中、弱 3 挡，共 9 个方格，可分为以下三大区域。

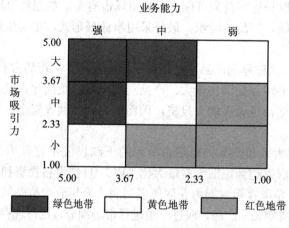

图 5-3　多因素投资组合矩阵

第一区："绿色地带"是指左上方的 3 个方格，即"大强"、"大中"和"中强"3 挡。这个区域的市场吸引力和业务单位的竞争能力都最为有利。对于该区域的业务单位，企业应采取发展战略，即增加资源投入，促进其发展。

第二区："黄色地带"是指对角线上的 3 个空白方格，即"小强"、"中中"和"大弱"3 格。这个区域的市场吸引力和业务单位的竞争能力总的来说都处于中等水平。对该区域的业务单位，企业应采取保持战略，即保持原投入水平和市场占有率。

第三区："红色地带"是指右下方 3 个方格，即"小中"、"小弱"和"中弱"3 格。这是市场吸引力和业务竞争能力都弱的区域，对于该区域的业务单位，企业应采取缩减或放弃战略，不再追加投资或断然收回投资。

四、新业务发展战略规划

业务投资组合规划的重点问题是如何分配有限的资源以取得较好的效果，主要是对原有业务的规划。企业要发展，还必须要进行新业务发展规划。

新业务发展战略分三类：密集型发展战略、一体化发展战略和多样化发展战略。

1．密集型发展战略

密集型发展战略是指企业在原有业务范围内，充分利用在产品和市场方面的潜力来求得成长的战略。它将企业的营销目标集中到某一特定细分市场，这一特定的细分市场可以是特定的顾客群，可以是特定的地区，也可以是特定用途的产品等。采用密集型发展战略，企业目标更加聚焦，可以集中精力追求降低成本和差异化，使自己更具有竞争优势。也就是说，密集型发展战略是在原来的业务领域里，加强对原有的产品与市场的开发与渗透来寻求企业未来发展机会的一种发展战略。

密集型战略包括市场渗透战略、市场开发战略、产品开发战略。

(1) 市场渗透战略是指企业采取积极的措施在现有的生产、经营范围内向市场的深度方向发展，具体可以通过扩大广告宣传和推销工作，调低价格，增加销售量，以及挖掘潜在消费者来实现。

(2) 市场开发战略是指通过拓展新市场来扩大产品销售量，即寻找新的顾客或挖掘现有消费者的需求，其主要表现是在新地区或国外增设新的销售网点或开辟新的销售渠道。

(3) 产品开发战略即企业向现有市场提供新产品或改进现有产品，增加产品的花色品种，改变产品规格、型号和包装，增加附加产品，以满足消费者的需求，达到扩大销售的目的。

2．一体化发展战略

一体化发展战略是指企业充分利用自身产品(业务)在生产、技术和市场等方面的优势，沿着其产品(业务)生产经营链条的纵向或横向，通过扩大业务经营的深度和广度来扩大经营规模，提高收入和利润水平，不断发展壮大。一体化发展战略分为纵向一体化和横向一体化。

1) 纵向一体化战略

(1) 纵向一体化战略是指企业在业务链上沿着向前和向后两个可能的方向，延伸、扩展企业现有经营业务的一种发展战略，具体又包括前向一体化战略、后向一体化战略和双向一体化战略。

① 前向一体化发展战略是指以企业初始生产或经营的产品(业务)项目为基准，生产经营范围的扩展沿其生产经营链条向前延伸，使企业的业务活动更加接近最终用户，即发展原有产品的深加工业务，提高产品的附加值后再出售，或者直接涉足最终产品的分销和零售环节。

② 后向一体化发展战略是指以企业初始生产或经营的产品(业务)项目为基准，生产经营范围的扩展沿其生产经营链条向后延伸，发展企业原来生产经营业务的配套供应项目，即发展企业原有业务生产经营所需的原料、配件、能源、包装和服务业务的生产经营，也就是企业现有产品生产所需要的原材料和零部件等，由外供改为自己生产。

③ 双向一体化战略是前述两种战略的复合，即企业在初始生产经营的产品(业务)项目的基础上，沿着生产经营业务链条朝前、后分别扩张业务范围。

(2) 纵向一体化战略的优点：① 向前一体化使企业能够控制销售过程和销售渠道，有助于企业更好地掌握市场信息和发展趋势，更迅速地了解顾客的意见和要求，从而增加产品的市场适应性。② 有些企业采取向前一体化或向后一体化战略，是希望通过建立全国性的销售组织和扩大生产规模，来获得规模经济带来的利益，从而降低成本，增加利润。

(3) 纵向一体化战略的风险：① 实行纵向一体化时，需要进入新的业务领域，由于业务生疏，可能导致生产效率低下，而这种低效率又会影响企业原有业务的效率。② 纵向一体化的投资额比较大，而且一旦实行了一体化，就使企业很难摆脱这一产业；当该产业处于衰落期时，企业会面临巨大的危机。③ 纵向一体化可能导致企业缺乏活力。因为这时的企业领导者往往过多地注意自成一体的业务领域，而忽视外界环境中随时可能出现的机会。

2) 横向一体化战略

横向一体化战略是指企业通过购买与自己有竞争关系的企业或与之联合及兼并来扩大经营规模，获得更大利润的发展战略。这种战略的目的是扩大企业自身的实力范围，增强竞争能力。横向一体化战略是企业在竞争比较激烈的情况下进行的一种战略选择。

(1) 实行横向一体化的优点：① 能够吞并和减少竞争对手；② 能够形成更大的竞争力量去与别的竞争对手抗衡；③ 能够取得规模经济效益，获取被吞并企业在技术及管理等方面的经验。

(2) 横向一体化的主要缺点：企业要承担在更大规模上从事某种经营业务的风险，以及由于企业过于庞大而出现的机构臃肿、效率低下的情况。

(3) 实现横向一体化的主要途径：① 联合，即两个或两个以上相互竞争的企业在某一业务领域进行联合投资、开发或经营，共同分享盈利，共同承担风险。② 购买，即一个实力雄厚的企业购买另一个与自己有竞争关系的企业。③ 合并，即两个实力相当并有竞争关系的企业合并成一个企业。

集团公司，即由业务相互关联、有竞争关系的一群企业共同以契约形式组成具有经济实体性质的联合体。在这个联合体内部，经济关系的密切程度不一样，集团公司的主要任务是协调内部各子单位的关系，承担一些单个企业无法进行或虽能进行但经济效果较差的项目，进行资源的合理调配，把握集团的最高发展方向等。

3. 多样化发展战略

多样化发展战略又称为多元化发展战略、多角化发展战略，是企业为了更多地占领市场或开拓新市场，或避免经营单一带来的风险，而选择进入新领域的战略。

1) 水平多样化发展战略

水平多样化又被称为专业多样化，它是指以现有用户为出发点，向其提供新的、与原有业务不相关的产品或服务。水平多样化基于原有产品、市场和服务进行变革，因而在开发新产品、服务和开拓新市场时，可以较好地了解顾客的需求和偏好，风险相对较小。此战略比较适合原有产品信誉高、市场广且发展潜力大的企业。

2) 同心多样化发展战略

同心多样化又被称为相关多样化或集中多样化。这种战略是指以企业现有的设备和技术能力为基础，发展与现有产品或劳务不同的新产品或新业务。

3) 复合多样化发展战略

复合多样化又被称为混合多样化、不相关多样化或集团多样化，它是一种通过合并、购买、合资以及自我发展，使企业增加与现有业务大不相同的新产品或新劳务的发展战略。

(1) 复合多样化发展战略的优点：① 可以通过向不同的产业渗透和向不同的市场提供服务，来分散企业经营的风险，增加利润，使企业获得更加稳定的发展。② 能够使企业迅速地利用各种市场机会，逐步向具有更大市场潜力的行业转移，从而提高企业的应变能力。③ 有利于发挥企业的优势，综合利用各种资源，提高经济效益。

(2) 复合多样化战略的缺点：① 导致组织结构的膨胀，加大了管理上的难度。② 一味地追求多样化，企业有可能在各类市场中都不占领先地位，当外界环境发生剧烈变化时，企业会首先受到来自各方面的压力，导致巨大的损失。

(3) 企业实行多样化战略时，必须至少利用下列三个基本要素之一，即企业的生产能力、技术能力以及特定的市场分销渠道。

知识链接

第三节　竞　争　战　略

一、基本竞争战略

基本竞争战略有三种：成本领先战略、差异化战略和集中化战略。这三种战略架构差异很大，成功地实施它们需要不同的资源和技能，它们分别适合于不同的企业和市场发展阶段。企业必须结合自身实际、竞争格局和市场需求情况，从这三种战略中选择一种，作为其主导战略。也就是说，要么把成本控制到比竞争者更低的程度；要么在企业产品和服务中形成与众不同的特色，让顾客感觉到其提供了比其他竞争者更多的价值；要么企业致力于服务某一特定的市场细分、某一特定的产品种类或某一特定的地理范围。

1. 成本领先战略

成本领先战略是指通过有效途径，使企业的全部成本低于竞争对手的成本，以获得同行业平均水平以上的利润。在 20 世纪 70 年代，随着经验曲线概念的普及，这种战略已经逐步成为企业共同采用的战略。实现成本领先战略需要有一整套具体政策，即要有高效率的设备，积极降低经验成本，紧缩成本和控制间接费用，以及降低研究开发、服务、销售、广告等方面的成本。要达到这些目的，必须在成本控制上进行大量的管理工作，不能忽视质量、服务及其他一些领域工作，尤其要重视与竞争对手有关的低成本的任务。

1) 成本领先战略的优点

只要成本低，企业尽管面临着强大的竞争力量，仍可以在本行业中获得竞争优势。这是因为：

(1) 在与竞争对手的斗争中，企业由于处于低成本地位上，具有进行价格战的良好条件，即使竞争对手在竞争中处于不能获得利润、只能保本的情况下，本企业仍可获益。

(2) 面对强有力的购买者要求降低产品价格的压力，处于低成本地位上的企业仍可以有较好的收益。

(3) 在争取供应商的斗争中，由于企业的低成本，相对于竞争对手具有较大的对原材料、零部件价格上涨的承受能力，能够在较大的边际利润范围内承受各种不稳定经济因素所带来的影响；同时，由于低成本企业对原材料或零部件的需求量大，因而为获得廉价的原材料或零部件提供了可能，同时也便于和供应商建立稳定的协作关系。

(4) 在与潜在进入者的斗争中，那些形成低成本地位的因素常常使企业在规模经济或成本优势方面形成进入障碍，削弱了新进入者对低成本的进入威胁。

(5) 在与替代品的斗争中，低成本企业可用削减价格的办法稳定现有顾客的需求，使之不被替代产品所替代。当然，如果企业要较长时间地巩固企业现有的竞争地位，还必须在产品及市场上有所创新。

2) 成本领先战略的缺点

(1) 投资较大。企业必须具备先进的生产设备，才能高效率地进行生产，以保持较高的劳动生产率，同时，在进攻型定价以及为提高市场占有率而形成的投产亏损等方面也需进行大量的预先投资。

(2) 技术变革会导致生产过程工艺和技术的突破，使企业过去大量投资和由此产生的高效率一下子丧失优势，并给竞争对手造成以更低成本进入的机会。

(3) 将过多的注意力集中在生产成本上，可能导致企业忽视顾客需求特性和需求趋势的变化，忽视顾客对产品差异的兴趣。

(4) 由于企业集中大量投资于现有技术及现有设备，提高了退出障碍，因而对新技术的采用以及技术创新反应迟钝甚至采取排斥态度。

3) 成本领先战略的适用条件

低成本战略是一种重要的竞争战略，但是，它也有一定的适用范围。当具备以下条件时，采用成本领先战略会更有效力：

(1) 市场需求具有较大的价格弹性。

(2) 所处行业的企业大多生产标准化产品，从而使价格竞争决定企业的市场地位。

(3) 实现产品差异化的途径很少。

(4) 多数客户以相同的方式使用产品。

(5) 用户购物从一个销售商改变为另一个销售商时，不会发生转换成本，因而特别倾向于购买价格最优惠的产品。

2. 差异化战略

所谓差异化战略，是指为使企业产品与竞争对手产品有明显的区别、形成与众不同的特点而采取的战略。这种战略的重点是创造被全行业和顾客都视为独特的产品和服务以及企业形象。实现差异化的途径多种多样，如产品设计、品牌形象、技术特性、销售网络、用户服务等。如美国卡特彼勒履带拖拉机公司，不仅以有效的销售网和可随时提供良好的备件出名，而且以质量精良、产品耐用名闻遐迩。

1) 差异化战略的优点

只要条件允许，产品差异化是一种可行的战略。企业奉行这种战略，可以很好地防御五种竞争力量(顾客、供应商、潜在的竞争者、替代品、竞争对手)，获得竞争优势。

(1) 实行差异化战略利用了顾客对产品特色的偏爱和忠诚，由此可以降低对产品的价格敏感性，使企业避开价格竞争，在特定领域形成独家经营的市场，保持领先。

(2) 顾客对企业(或产品)的忠诚性形成了强有力的进入障碍，进入者要进入该行业则需花很大气力去克服这种忠诚性。

(3) 产品差异可以产生较高的边际收益，增强企业对付供应者讨价还价的能力。

(4) 由于购买者别无选择，对价格的敏感度又低，企业可以运用产品差异战略来削弱购买者的讨价还价能力。

(5) 由于企业具有特色，又赢得了顾客的信任，在特定领域形成独家经营的市场，便可在与代用品的较量中，比其他同类企业处于更有利的地位。

2) 产品差异化战略的缺点

(1) 保持产品的差异化往往以高成本为代价，因为企业需要进行广泛的研究开发、产品设计、高质量原料和争取顾客支持等工作。

(2) 并非所有的顾客都愿意或能够支付产品差异所形成的较高价格。同时，买主对差异化所支付的额外费用是有一定极限的，若超过这一极限，低成本低价格的企业与高价格差异化产品的企业相比就显示出竞争力。

(3) 企业要想取得产品差异，有时要放弃获得较高市场占有率的目标，因为它的排他性与高市场占有率是矛盾的。

3) 差异化战略的适用条件

(1) 有多种使产品或服务差异化的途径，而且这些差异化被某些用户视为是有价值的。

(2) 消费者对产品的需求是不同的。

(3) 奉行差异化战略的竞争对手不多。

3. 集中化战略

集中化战略是指企业把经营的重点目标放在某一特定购买者集团，或某种特殊用途的产品，或某一特定地区上，来建立企业的竞争优势及其市场地位。由于资源有限，一个企业很难在其产品市场展开全面的竞争，因而需要瞄准一定的重点，以期产生巨大有效的市场力量。此外，一个企业所具备的不败的竞争优势，也只能在产品市场的一定范围内发挥作用。例如，天津汽车工业集团是现代企业制度试点单位之一，在20世纪90年代中后期，面对进口轿车和合资企业生产轿车的竞争，其将经营重心放在微型汽车上，所生产的"夏利"微型轿车专门适用于城市狭小街道行驶，且价格又不贵，颇受出租汽车司机的青睐。

集中化战略所依据的前提是，厂商能比竞争对手更有效地为其战略目标服务，结果，厂商或由于更好地满足其特定目标的需要而取得产品差异，或在为该目标的服务中降低了成本，或两者兼而有之。尽管集中化战略往往采取成本领先和差异化这两种战略形式，但它们仍存在区别。成本领先战略和差异化战略的目的都在于达到其全行业范围内的目标，而集中化战略却是围绕着一个特定目标服务而建立起来的。

1) 集中化战略的优点

实行集中化战略具有以下几个方面的优势：经营目标集中，可以集中企业所有资源于一特定战略目标之上；熟悉产品的市场、用户及同行业竞争情况，可以全面把握市场，获取竞争优势；由于生产高度专业化，在制造、科研方面可以实现规模效益。这种战略尤其适用于中小企业，即小企业可以以小补大，以专补缺，以精取胜，在小市场做成大生意，成为"小型巨人"。例如，美国皇冠制罐公司是个规模很小、名不见经传的小型包装容器生产厂家，该公司以金属罐细分市场为重点，专门生产供啤酒、饮料和喷雾罐厂家使用的金属罐，由于公司集中全力，经营非常成功，令销售额达数十亿美元的美国制罐公司刮目相看。

2) 集中化战略的风险

集中化战略也包含风险，主要是注意防止来自三方面的威胁，并采取相应措施维护企业的竞争优势：

(1) 以广泛市场为目标的竞争对手，很可能将该目标细分市场纳入其竞争范围，甚至已经在该目标细分市场中竞争，它可能成为该细分市场潜在进入者，构成对企业的威胁。这时企业要在产品及市场营销等各方面保持和加大其差异性，产品的差异性愈大，集中战略的维持力愈强；需求者差异性越大，集中化战略的维持力也愈强。

(2) 该行业的其他企业也采用集中化战略，或者以更小的细分市场为目标，构成了对企业的威胁。这时选用集中化战略的企业要建立防止模仿的障碍，当然其障碍的高低取决于特定的市场细分结构。另外，目标细分市场的规模也会造成对集中化战略的威胁，如果细分市场较小，竞争者可能不感兴趣，但如果是在一个新兴的、利润不断增长的较大的目标细分市场上采用集中化战略，就有可能被其他企业在更为狭窄的目标细分市场上也采用集中化战略，开发出更为专业化的产品，从而剥夺原选用集中化战略的企业的竞争优势。

(3) 由于社会政治、经济、法律、文化等环境的变化，技术的突破和创新等多方面原因，引起替代品出现或消费者偏好发生变化，导致市场结构性变化，此时集中化战略的优势也将随之消失。

二、不同竞争地位的企业竞争战略

每个企业都要依据自己的目标、资源和环境，以及在目标市场上的地位，来制订竞争战略。即使在同一企业中，不同的业务、不同的产品也有不同要求，不可强求一律。因此，企业应当先确定自己在目标市场上的竞争地位，然后根据自己的市场定位选择适当的营销战略和策略。企业在市场中的竞争地位有多种分类方法。根据企业在目标市场上所起的领导、挑战、跟随或拾遗补缺的作用，可以将企业分为以下四种类型：市场领导者、市场挑战者、市场跟随者和市场利基者。

1. 市场领导者战略

所谓市场领导者，是指相关产品在市场上的市场占有率最高的企业。一般说来，大多数行业都有一家企业被公认为市场领导者，它在价格调整、新产品开发、配销覆盖和促销力量方面处于主导地位。它是市场竞争的导向者，也是竞争者挑战、效仿或回避的对象。

这些市场领导者的地位是在竞争中自然形成的，但不是固定不变的。如果它没有获得法定的特许权，必然会面临着竞争者的无情挑战。因此，企业必须随时保持警惕并采取适当的措施。一般来说，市场领导者为了维护自己的优势，保持自己的领导地位，通常可采取三种策略：一是设法扩大整个市场需求；二是采取有效的防守措施和攻击战术，保护现有的市场占有率；三是在市场规模保持不变的情况下，进一步扩大市场占有率。

1) 扩大市场需求总量

一般来说，当一种产品的市场需求总量扩大时，受益最大的是处于市场领导地位的企业。因此，市场领导者应努力从以下三个方面扩大市场需求量：

(1) 发掘新的使用者。每一种产品都有吸引顾客的潜力，因为有些顾客不知道这种产品，或者因为其价格不合适或缺乏某些特点等而不想购买这种产品，这样，企业可以从三个方面发掘新的使用者，如香水制造商可设法说服不用香水的妇女使用香水(市场渗透策略)；说服男士使用香水(新市场策略)；或者向其他国家或地区推销香水(地区扩张策略)。

(2) 开辟产品新用途。公司也可通过发现并推广产品的新用途来扩大市场。杜邦公司的尼龙就是这方面的典范。每当尼龙进入产品生命周期的成熟阶段，杜邦公司就会发现新用途。尼龙首先是用作降落伞的合成纤维，然后是作女袜的纤维，接着成为男女衬衫的主要原料，后又成为汽车轮胎、沙发椅套和地毯的原料。每项新用途都使产品开始了一个新的生命周期。这一切都归功于该公司为发现新用途而不断进行的研究和开发计划。

同样，顾客也是发现产品新用途的重要来源，例如凡士林刚问世时是作机器润滑油，但在使用过程中，顾客发现凡士林还有许多新用途，如作润肤脂、药膏和发蜡等。因此，公司必须要留心注意顾客对本公司产品使用的情况。

(3) 扩大产品的使用量。促使使用者增加用量也是扩大需求的一种重要手段。例如牙膏生产厂家劝说人们每天不仅要早晚刷牙，最好每次饭后也要刷牙，这样就增加了牙膏的使用量。再如宝洁公司劝告用户，在使用海飞丝洗发水洗发时，每次将使用量增加一倍，效果更佳。

2) 保护市场占有率

处于市场领导地位的企业，在努力扩大整个市场规模时，必须注意保护自己现有的业务，防备竞争者的攻击。例如，可口可乐公司必须对百事可乐公司常备不懈。

市场领导者如何防御竞争者的进攻呢？最有建设意义的答案是不断创新。领导者不应满足于现状，必须在产品创新、提高服务水平和降低成本等方面，真正处于该行业的领先地位，同时，应该在不断提高服务质量的同时，抓住对方的弱点主动出击，"进攻是最好的防御"。具体来说，有以下六种防御策略可供市场领导者选择：

(1) 阵地防御。阵地防御就是在现有阵地周围建立防线，这是一种静态的、消极的防御，是防御的基本形式，但是不能作为唯一的形式。对于营销者来讲，单纯防守现有的阵地或产品，就会患"营销近视症"。当年，亨利·福特对他的 T 型车的近视症付出了沉重的代价，使得年赢利 10 亿美元的福特公司从顶峰跌到濒临破产的边缘。与此相对比的是，现在可口可乐公司虽然已经发展到年产量占全球饮料半数左右的规模，但仍然积极从事多角度经营，如打入酒类市场，兼并水果饮料公司，从事塑料和海水淡化设备等工业。总之，遭受攻击的领导者如果集中全部资源，一味防御，那将是十分愚蠢的。

(2) 侧翼防御。侧翼防御是指市场领导者除保卫自己的阵地外，还应建立某些辅助性的基地作为防御阵地，或必要时作为反攻基地。特别要注意保卫自己较弱的侧翼，防止对手乘虚而入。例如，20 世纪 70 年代，美国的汽车公司就是因为没有注意侧翼防御，遭到日本小型汽车的进攻，失去了大片阵地。

(3) 先发防御。这种更积极的防御策略是在敌方对自己发动进攻之前，先发制人抢先攻击。具体做法是，当竞争者的市场占有率达到某一危险的高度时，就对它发动攻击；或者是对市场上的所有竞争者全面攻击，使得对手人人自危。

(4) 反攻防御。当市场遭到对手降价或促销攻势，或改进产品、市场渗透等进攻时，不能只是被动应战，应主动反攻。领导者可选择迎击对方的正面进攻、迂回攻击对方的侧翼，或发动潜式进攻，切断从其根据地出发的攻击部队等策略。

(5) 运动防御。运动防御要求领导者不但要积极防守现有阵地，还要扩展到可作为未来防御和进攻中心的新阵地，它可以使企业在战略上有较多的回旋余地。市场扩展可通过两种方式实现：市场扩大化和市场多角化。

① 市场扩大化。这是指企业将其注意力从目前的产品转移到有关该产品的基本需要上，并全面研究与开发有关该项需要的科学技术。例如，把"石油"公司转变为"能源"公司就意味着市场范围扩展到石油、煤炭、核能、水利和化学等工业。但是市场扩大化必须有一个适当的限度，否则就违背了两条基本的军事原则：目标原则(确定明确可行的目标)和优势集中原则(集中优势兵力打击敌军薄弱环节)。

② 市场多角化。这是指向彼此不相关联的其他行业扩展，实行多角化经营。例如，美国雷诺和菲利浦·摩尔斯等烟草公司认识到社会对吸烟的限制正在加强，而纷纷转入酒类、软饮料和冷冻食品这样的新行业，实行市场多角化经营。

(6) 收缩防御。有时，在所有市场阵地上进行全面防御会力不从心，从而顾此失彼，在这种情况下，最好的行动是实行战略收缩——收缩防御，即放弃某些薄弱的市场，把力量集中用于优势的市场阵地中。例如，美国西屋电器公司将其电冰箱品种由 40 种缩减到 30 种，占其销售额的 85%。

3) 提高市场占有率

市场领导者设法提高市场占有率，也是增加收益、保持领导地位的一个重要途径。在美国许多市场上，市场份额提高一个百分点就意味着数千万美元的收益。如咖啡市场份额的一个百分点就值 4 800 万美元，而软饮料市场的一个百分点就是 12 亿美元。美国的一项称为"企业经营战略对利润的影响"(PIMS)的研究表明，市场占有率是影响投资收益率最重要的变数之一，市场占有率越高，投资收益率也越大，市场占有率高于 40%的企业其平均投资收益率相当于市场占有率低于 10%者的 3 倍。因此，许多企业以提高市场占有率为目标。例如，美国通用电器公司要求它的产品在各自市场上都要占据第一或第二位，否则就要撤退。该公司就曾将电脑和空调机两项业务的投资撤回，因为它们在其中无法取得独占鳌头的地位。

2. 市场挑战者战略

在行业中名列第二、三名等次要地位的企业称为亚军公司或者追赶公司，例如汽车行业的福特公司、软饮料行业的百事可乐公司等。这些亚军公司对待当前的竞争情势有两种态度，一种是向市场领导者和其他竞争者发动进攻，以夺取更大的市场占有率，这时他们可称为市场挑战者；另一种是维持现状，避免与市场领导者和其他竞争者引起争端，这时他们称为市场追随者。市场挑战者如果要向市场领导者和其他竞争者挑战，首先必须确定自己的战略目标和挑战对象，然后再选择适当的进攻策略。

1) 明确战略目标和挑战对象

战略目标同进攻对象密切相关，针对不同的对象存在不同的目标。一般说来，挑战者可以选择以下三种公司作为攻击对象：

(1) 攻击市场领导者。这一战略风险很大，但是潜在的收益可能很高。为取得进攻的成功，挑战者要认真调查研究顾客的需要及其不满之处，这些就是市场领导者的弱点和失误。如美国米勒啤酒之所以获得成功，就是因为该公司瞄准了那些想喝"低度"啤酒的消费者，将其作为开发重点，而这一市场在以前却被忽视了。此外，通过产品创新，以更好的产品来夺取市场也是可供选择的策略。例如，施乐公司通过开发出更好的复印技术(用干式复印代替湿式复印)，成功地从 3M 公司手中夺去了复印机市场。

(2) 攻击规模相当者。挑战者对一些与自己势均力敌的企业，可选择其中经营不善而发生危机者作为攻击对象，以夺取它们的市场。

(3) 攻击区域性小型企业。对一些地方性小企业中经营不善而发生财务困难者，可作为挑战的攻击对象。例如，美国几家主要的啤酒公司能成长到目前的规模，就是靠吞并一些小啤酒公司、蚕食小块市场而得来的。

2) 选择进攻策略

在确定了战略目标和进攻对象之后，挑战者要考虑进攻的策略问题。其原则是集中优势兵力于关键的时刻和地方。总的来说，挑战者可选择以下五种战略：

(1) 正面进攻。正面进攻就是集中兵力向对手的主要市场发动攻击，打击的目标是敌人的强项而不是弱点，这样，胜负便取决于谁的实力更强，谁的耐力更持久，进攻者必须在产品、广告、价格等主要方面大大领先对手，方有可能成功。

进攻者如果不采取完全正面的进攻策略，也可采取一种变通形式，最常用的方法是针对竞争对手实行削价。通过在研究开发方面大量投资，降低生产成本，从而在低价格上向竞争对手发动进攻，这是持续实行正面进攻策略最可靠的基础之一。

(2) 侧翼进攻。侧翼进攻就是集中优势力量攻击对手的弱点，有时也可正面佯攻，牵制其防守兵力，再向其侧翼或背面发动猛攻，采取"声东击西"的策略。侧翼进攻可以分为两种：一种是地理性的侧翼进攻，即在全国或全世界寻找对手相对薄弱的地区发动攻击，例如，IBM 公司的挑战者就是选择在一些被 IBM 公司忽视的中小城市建立强大的分支机构，获得了顺利的发展。另一种是细分性侧翼进攻，即寻找市场领导企业尚未很好满足的细分市场，例如，德国和日本的汽车生产厂商就是通过发掘一个尚未被美国汽车生产厂商重视的细分市场，即对节油的小型汽车的需要，而获得极大发展。

侧翼进攻不是指在两个或更多的公司之间浴血奋战来争夺同一市场，而是要在整个市场上更广泛地满足不同的需求。因此，它最能体现现代市场营销观念，即"发现需求并且满足它们"。同时，侧翼进攻也是一种最有效和最经济的策略，较正面进攻有更多的成功机会。

(3) 围堵进攻。围堵进攻是一种全方位、大规模的进攻策略，它在几个战线发动全面攻击，迫使对手在正面、侧翼和后方同时全面防御。进攻者可向市场提供竞争者能供应的一切，甚至比对方还多，使自己提供的产品无法被拒绝。当挑战者拥有优于对手的资源，并确信围堵计划的完成足以打垮对手时，这种策略才能奏效。日本精工表在国际市场上就是采取这种策略。在美国，它提供了约400个流行款式、2300种手表，占据了几乎每个重要钟表商店，通过种类繁多、不断更新的产品和各种吸引消费者的促销手段，精工表取得了很大成功。

(4) 迂回进攻。这是一种最间接的进攻策略，它避开了对手的现有阵地而迂回进攻。具体办法有三种：一是发展无关的产品，实行产品多元化经营；二是以现有产品进入新市场，实现市场多元化；三是通过技术创新和产品开发，以替换现有产品。例如，美国高露洁公司在面对强大的宝洁公司竞争压力下，就采取了这种策略，即加强高露洁公司在海外的领先地位，在国内实行多元化经营，向宝洁没有占领的市场发展，迂回包抄宝洁公司。高露洁公司还不断收购纺织品、医药产品、化妆品及运动器材和食品公司，结果获得了极大成功。

(5) 游击进攻。游击进攻主要适用于规模较小、力量较弱的企业，目的在于通过向对方不同地区发动小规模的、间断性的攻击来骚扰对方，使之疲于奔命，最终巩固永久性据点。游击进攻可采取多种方法，包括有选择的降价、强烈的突袭式的促销行动等。应予指出的是，尽管游击进攻可能比正面围堵或侧翼进攻节省开支，但如果想打倒对手，光靠游击战不可能达到目的，还需要发动更强大的攻势。

从以上可以看出，市场挑战者的进攻策略是多样的。一个挑战者不可能同时运用所有策略，但也很难单靠某一种策略取得成功，通常是设计出一套策略组合，通过整体策略来改善自己的市场地位。

3. 市场跟随者战略

美国市场学学者李维特教授认为，有时产品模仿像产品创新一样有利。因为一种新产品的开发和商品化要投入大量资金，也就是说，市场领导者地位的获得是有代价的。而其他厂商仿造或改良这种产品，虽然不能取代市场领导者，但因不必承担新产品创新费用，也可获得很高的利润。

以上说明，并非所有在行业中处于第二位的公司都会向市场领导者挑战。因为这种挑战会遭到领导者的激烈报复，最后可能无功而返，甚至一败涂地。因此，除非挑战者能够在某些方面赢得优势——如实现产品重大革新或是配销有重大突破，否则，他们往往宁愿追随领导者，而不愿对领导者贸然发动攻击。这种"自觉并存"状态在资本密集且产品同异性高的行业如钢铁、化工等行业中是很普遍的现象。在这些行业中，产品差异化的机会很小，而价格敏感度却很高，很容易爆发价格竞争，最终导致两败俱伤。因此，这些行业中的企业通常会形成一种默契，彼此自觉地不互相争夺客户，不以短期市场占有率为目标，以免引起对手的报复。这种效仿领导者为市场提供类似产品的市场跟随战略，使得行业市场占有率相对稳定。

但是，这不等于说市场跟随者就无策略可言。市场跟随者必须懂得如何维持现有顾客，并争取一定数量的新顾客；必须设法给自己的目标市场带来某些特有的利益，如地点、服务、融资等；还必须尽力降低成本并保持较高的产品质量和服务质量。跟随并不等于被动挨打，或是单纯模仿领导者，追随者必须要找到一条不会招致竞争者报复的成长途径。具体来说，跟随策略可分为以下三类：

(1) 紧密跟随。这指跟随者尽可能地在各个细分市场和营销组合领域仿效领导者。这种跟随者有时好像是挑战者，但只要它不从根本上危及领导者的地位，就不会发生直接冲突。有些跟随者表现为较强的寄生性，因为它们很少刺激市场，总是依赖市场领导者的市场努力而生存。

(2) 有距离的跟随。这指跟随者在目标市场、产品创新、价格水平和分销渠道等方面都追随领导者，但仍与领导者保持若干差异。这种跟随者易被领导者接受，同时它也可以通过兼并同行业中弱小企业而使自己发展壮大。

(3) 有选择的跟随。这指跟随者在某些方面紧随领导者，而在另一些方面又自行其是。也就是说，它不是盲目追随，而是择优跟随，在跟随的同时还要发展自己的独创性，但同时避免直接竞争。这类跟随者之中有些可能发展成为挑战者。

此外，还有一种特殊的跟随者在国际市场上十分猖獗，即"冒牌货"。这些产品具有很大的寄生性，它们的存在对许多国际驰名的大公司是一个巨大的威胁，已成为新的国际公害，因此必须制定对策，以清除和击退这类跟随者。

4．市场利基者战略

几乎每个行业都有些小企业，它们专心致力于市场中被大企业忽略的某些细分市场，在这些小市场上通过专业化经营来获取最大限度的收益。这种有利的市场位置就称为"利基"，而所谓市场利基者，就是指占据这种位置的企业。

有利的市场位置(利基)不仅对于小企业有意义，而且对某些大企业中的较小业务部门也有意义，它们也常设法寻找一个或多个既安全又有利的利基。一般来说，一个理想的利基具有以下几个特征：

(1) 有足够的市场潜量和购买力。

(2) 市场有发展潜力。

(3) 对主要竞争者不具有吸引力。

(4) 企业具备有效地为这一市场服务所必需的资源和能力。

(5) 企业已在顾客中建立起良好的信誉，足以对抗竞争者。

那么，一个企业如何取得利基呢？进取利基的主要策略是专业化，公司必须在市场、顾客、产品或渠道等方面实行专业化：

(1) 按最终用户专业化，即专门致力于为某类最终用户服务。例如书店可以专门为爱好或研究文学、经济、法律等的读者服务。

(2) 按垂直层次专业化，即专门致力于为生产——分销循环周期的某些垂直的层次经营业务，如制铝厂可专门生产铝锭、铝制品或铝质零部件。

(3) 按顾客规模专业化，即专门为某一种规模(大、中、小)的客户服务。许多利基者专门为大公司忽略的小规模顾客服务。

(4) 按特定顾客专业化，即只对一个或几个主要客户服务。如美国一些企业专门为西尔斯百货公司或通用汽车公司供货。

(5) 按地理区域专业化，即专为国内外某一地区或地点服务。

(6) 按产品或产品线专业化，即只生产一大类产品，如日本的 YKK 公司只生产拉链这一类产品。

(7) 按客户订单专业化，即专门按客户订单生产预订的产品。

(8) 按质量与价格专业化，即选择在市场的底部(低质低价)或顶部(高质高价)开展业务。

(9) 按服务项目专业化，即专门提供一种或几种其他企业没有的服务项目。如美国一家银行专门承办电话贷款业务，并为客户送款上门。

(10) 按分销渠道专业化，即专门服务于某一类分销渠道，如生产适用超级市场销售的产品。

市场利基者要承担较大风险，因为利基本身可能会枯竭或受到攻击，因此，在选择市场利基时，营销者通常选择两个或两个以上的利基，以确保企业的生存和发展。不管怎样，只要营销者善于经营，小企业也有机会为顾客服务并赢得利润。

知识链接

第四节　市场营销管理过程

一、市场营销管理过程的概念

所谓市场营销管理过程是指企业为实现目标，完成任务而发现、分析、选择和利用市场机会的管理过程，具体包括分析市场机会、选择目标市场、设计市场营销组合以及执行和控制营销计划。

二、市场营销管理过程的四大步骤

1. 分析市场机会

市场机会就是未满足的需要。为了发现市场机会，营销人员除了必须广泛收集市场信息，进行专门的调查研究，充分了解当前情况外，还应该按照经济发展的规律，预测未来发展的趋势。营销人员不但要善于发现和识别市场机会，还要善于分析、评价哪些才是适合本企业的营销机会(就是对企业的营销具有吸引力的，能享受竞争优势的市场机会)，市场上一切未满足的需要都是市场机会，但能否成为企业的营销机会，要看它是否适合于企业的目标和资源，是否能使企业扬长避短、发挥优势，比竞争者或可能竞争者获得更大的超额利润。

分析市场机会与威胁时，可以运用 SWOT 分析法进行。SWOT 分析法是一种能够较客观而准确地分析和研究一个单位现实情况的方法。通过 SWOT 分析，可以从中找出对自己有利的、值得发扬的因素，以及对自己不利的、如何去避开的东西，发现存在的问题，找出解决办法，并明确以后的发展方向，可以帮助企业把资源和行动聚集在自己的强项和最多机会的地方。根据这个分析，可以将问题按轻重缓急分类，明确哪些是目前急需解决的问题，哪些是可以稍微拖后一点的事情，哪些属于战略目标上的障碍，哪些属于战术上的问题。它很有针对性，有利于领导者和管理者在单位的发展上做出较正确的决策和规划。

SWOT(Strengths Weakness Opportunity Threats)分析法，又称为态势分析法或优劣势分析法，用来确定企业自身的竞争优势(strength)、竞争劣势(weakness)、机会(opportunity)和

威胁(threat)，从而将公司的战略与公司内部资源、外部环境可以有机地结合起来。

优势，是组织机构的内部因素，具体包括有利的竞争态势、充足的财政来源、良好的企业形象、技术力量、规模经济、产品质量、市场份额、成本优势、广告攻势等。

劣势，也是组织机构的内部因素，具体包括设备老化、管理混乱、缺少关键技术、研究开发落后、资金短缺、经营不善、产品积压、竞争力差等。

机会，是组织机构的外部因素，具体包括新产品、新市场、新需求、外国市场壁垒解除、竞争对手失误等。

威胁，也是组织机构的外部因素，具体包括新的竞争对手、替代产品增多、市场紧缩、行业政策变化、经济衰退、客户偏好改变、突发事件等。

SWOT 方法的优点在于考虑问题全面，是一种系统思维，而且可以把对问题的"诊断"和"开处方"紧密结合在一起，条理清楚，便于检验。

2. 选择目标市场

企业选定符合自身目标和资源的营销机会以后，还要对市场容量和市场结构进行进一步分析，确定市场范围，无论是从事消费者市场营销还是从事产业市场营销，任何企业都不可能为具有某种需求的全体顾客服务，而只能满足部分顾客的需求。这是由顾客需求的多样性及企业拥有资源的有限性所决定的。因此，企业必须明确在能力可及的范围内要满足哪些顾客的要求，首先进行市场细分，然后选择目标市场，最后进行市场定位。

3. 设计市场营销组合

企业在确定目标市场和进行市场定位之后，市场营销管理过程就进入第三阶段——设计市场营销组合。市场营销组合是指企业用于追求目标市场预期销售量水平的可控营销变量的组合。营销组合中包含的可控变量很多，可以概括为四个基本变量，即产品、价格、渠道和促销。

市场营销组合因素对企业来说都是可控因素，即企业根据目标市场的需求，可以自主决定产品结构、产品价格，选择分销渠道和促销方式，但这种自主权是相对的，要受到自身资源和目标的制约及各种微观和客观因素的影响。

4. 执行和控制市场营销计划

企业市场营销管理的第四步是执行和控制市场营销计划，只有有效地执行计划，才能实现企业的战略任务。

1) 市场营销计划的执行

市场营销计划是企业整体战略规划在营销领域的具体化，是企业的一种职能计划。其执行过程包括五个方面：

(1) 制订详细的行动方案。为了有效地实施营销战略，应明确营销战略实施的关键性决策和任务，并将执行这些决策和任务的责任落实到个人或小组。

(2) 建立组织结构。不同的企业其任务不同，需要建立不同的组织结构。组织结构必须与企业自身特点和环境相适应，规定明确的职权界限和信息沟通渠道，协调各部门和人员的行动。

(3) 设计决策和报酬制度。科学的决策体系是企业成败的关键，而合理的奖罚制度能充分调动人的积极性，充分发挥组织效应。

(4) 开发并合理调配人力资源。企业的任何活动都是由人来开展的，人员的考核、选拔、安置、培训和激励问题对企业至关重要。

(5) 建立适当的企业文化和管理风格。企业文化是指企业内部人员共同遵循的价值标准和行为准则，对企业员工起着凝聚和导向作用。企业文化与管理风格相联系，一旦形成，对企业发展会产生持续、稳定的影响。

2) 市场营销计划的控制

在营销计划的执行过程中，可能会出现些意想不到的问题，需要一个控制系统来保证营销目标的实现。营销控制主要有年度计划控制、盈利能力控制、效率控制和战略控制。

(1) 年度计划控制是企业在本年度内采取制定标准、绩效测量、因果分析、改正行动的控制步骤，检查实际绩效与计划之间是否有偏差，并采取改进措施，以确保营销计划的实现与完成。

(2) 盈利能力控制。运用盈利能力控制来测定不同产品、不同销售区域、不同顾客群体、不同渠道以及不同订货规模的盈利能力，帮助管理人员决定各种顾客群体活动是否扩展、减少或取消。控制指标有销售利润率、资产收益率、存货周转率等。

(3) 效率控制包括销售人员效率控制、广告效率控制、促销效率控制和分销效率控制，通过对这些环节的控制以保证营销组合因素功能执行的有效性。

(4) 战略控制是企业采取一系列行动，使实际市场营销工作与原规划尽可能一致。在控制中通过不断评审和信息反馈，对战略不断进行修正。战略控制必须根据最新的情况重新评估计划和进展，对企业来说，这是难度最大的控制。

知识链接

模块二　技　能　训　练

案例分析

格兰仕微波炉的战略

经过激烈的竞争，格兰仕攻占国内市场 60%以上的份额，成为中国微波炉市场的代名词。在国家质量检测部门历次全国质量抽查中，格兰仕几乎是唯一全部合格的品牌，与众多洋品牌频频在抽检中不合格被曝光形成鲜明对比。1998 年，格兰仕投入上亿元技术开发费用，获得了几十项国家专利和专有技术，今后将继续加大投入，使技术水平始终保持世界前列。

由于格兰仕的价格挤压，近几年微波炉的利润空间降到了最低谷。1999 年春节前夕，甚至出现个别韩国品牌售价低于 300 元的情况，堪称世界微波炉最低价格。国内品牌的主要竞争对手一直是韩国产品，它们由于起步早曾经一度占据先机。在近几年的竞争中，韩国品牌落在了下风。韩国公司在我国销售的微波炉，屡次在一些重要指标上被查出不合标准，并且屡遭投诉，这在注重质量管理的韩国公司是不多见的。业内人士认为，200 多元的价格水平不正常，是一种明显的抛售行为。它有两种可能：一是韩国受金融危机影响，急需扩大出口，向外转嫁经济危机；二是抛库套现，做退出前的准备。

面对洋品牌可能的大退却，格兰仕不是进攻而是选择了暂时退却。格兰仕总部发出指令，有秩序地减少东北地区的市场宣传，巩固和发展其他市场。这一决策直接导致了春节前后一批中小企业进军东北，争夺沈阳及天津市场。这些地区已经平息的微波炉大战，有重新开始的趋势。

格兰仕经理层在解释这种战略性退让时指出，其目的在于让出部分市场，培养民族品牌，使它们能够利用目前韩国个别品牌因为质量总是引起信誉危机的有利时机，在某一区域获得跟洋品牌直接对抗的实力，形成相对的针对洋品牌的统一战线，消除那些搞不正当竞争的进口品牌。

从长远看，格兰仕保持一些竞争对手，也是对自己今后的鼓励和鞭策。格兰仕的目标是打出国门。1998 年，格兰仕微波炉出口额 5000 万美元，比上年增长两倍，在国内家电行业名列前茅，其国际市场价格平均高于韩国同类产品 25%。在世界最高水平的德国科隆家电展中，第二次参展的格兰仕不仅获得大批订单，而且赢得了世界微波炉经销商的广泛关注。

为继续扩大规模，格兰仕将有选择地在国内微波炉企业中展开收购工作。1998 年收购安宝路未果后，公司总结了经验教训，将重点联合政府部门实现新的目标。鉴于亚洲金融危机的影响短期内可能不会消除，格兰仕表示，并购工作对海外品牌企业一视同仁。

（资料来源：百度文库）

思考：

1. 试分析格兰仕微波炉面临的战略环境。
2. 评价格兰仕微波炉的一般性竞争战略及其特点、得失。
3. 为格兰仕或其他品牌的微波炉制定相应的市场营销组合战略。

实训练习

1. 内容：了解一家著名公司的战略规划，分析市场营销战略体系的构成。
2. 要求：以小组为单位，5～7 人为一组，形成报告并进行交流。

模块三 复习与思考

一、名词解释

1. 总体经营战略　　2. 成本领先战略　　3. 市场领导者　　4. 市场补缺者

二、简答题

1. 简述企业战略的层次结构。
2. 企业的发展战略有哪些？
3. 如何保持市场地位？
4. 简述市场营销管理过程。
5. 如何进行 SWOT 分析？

营销前沿

第六章　目标市场战略

知识点 ✎

1. 市场细分的概念、作用、依据、方法
2. 目标市场的概念、选择条件
3. 目标市场策略及其影响因素
4. 市场定位和概念、步骤、方法
5. 市场定位策略

技能要求 📖

1. 针对具体实例合理进行市场细分、目标市场选择、市场定位
2. 灵活运用市场细分的标准

欧莱雅的市场细分

一、地理细分

欧莱雅认为美的概念在不同国家、不同地区是不同的，所以，它从不试图去推广一种美的模式。在每一个国家，为了反映出各地本土的美、文化和传统的形式，产品都需要互不相同。针对中国内地市场，欧莱雅就曾进行过长达 6 年、非常细致的针对中国女性皮肤的研究。欧莱雅发现，中国女性油性皮肤的比例比其他地区的人略高一些；同时，中国女性对彩装大色彩下面的小色调的追求也不一样。欧莱雅根据这些研究成果对在中国投放的产品的配方进行了调整。

中国地域广阔，南北、东西地区气候、习俗、文化等的不同，使得人们对化妆品的偏好具有明显的差异。如南方由于气温高，人们一般比较少做白日装或者喜欢使用清淡的装饰，因此较倾向于淡妆；而北方由于气候干燥以及文化习俗的缘故，一般都比较喜欢浓妆。同样，东西地区由于经济、观念、气候等的缘故，人们对化妆品也有不同的要求。所以欧莱雅集团敏锐地意识到了这一点，按照地区推出了不同的主打产品。

二、人口变量

1. 按职业

公司按产品的使用对象进行市场细分，主要分成普通消费者用化妆品、专业使用的化妆品，其中，专业使用的化妆品主要是指美容院等专业经营场所使用的产品。

2. 按年龄

第一品牌的赫莲娜，面对的消费群体的年龄也相应偏高，并具有很强的消费能力；第二品牌是兰蔻，它是全球最著名的高端化妆品牌之一，消费者年龄比赫莲娜年轻一些，也具有相当的消费能力；第三品牌是碧欧泉，它面对的是具有一定消费能力的年轻时尚消费者，欧莱雅公司希望将其塑造成大众消费者进入高端化妆品的敲门砖，价格也比赫莲娜和兰蔻低一些。

3. 按城市规模

作为欧莱雅所有品牌中的高端产品，赫莲娜、兰蔻、碧欧泉等主要在高档的百货商场销售。相对而言，巴黎欧莱雅、美宝莲等相对低端的产品则深入到全国各个城市。

4. 按消费能力

欧莱雅目前的品牌主要分为高端、中端、低端三个部分。

高端产品主要有赫莲娜、兰蔻、碧欧泉等品牌，其面向的消费群体都是具有高收入的人群，要求购买者有较强的消费能力，而且投放的市场都是经济发达的大城市。

中端产品所包含的品牌有两大块：一块是美发产品，有卡诗和欧莱雅专业美发。其中，卡诗在染发领域属于高档品牌，比欧莱雅专业美发高一些，它们的销售渠道都是发廊及专业美发店。还有一块是活性健康化妆品，有薇姿和理肤泉两个品牌，它们通过药房经销，这一部分相对来说价格稍低，适合范围更大的消费群体，对消费能力的要求也降低了。

低端产品主要包括巴黎欧莱雅、羽西、美宝莲、卡尼尔、小护士等品牌，这一部分的产品适合大部分的消费者，价格更加大众化，而且销售网点遍布全国各个城市，深入到国内二、三级县市，做到了让大众消费者都能够消费得起。

5. 按性别

公司将护肤品分为女性彩妆护肤品和男士护肤用品。

模块一 理论知识

第一节 市场细分

一、市场细分的概念与作用

1. 市场细分的概念

市场细分的概念是美国市场学家温德尔·史密斯(Wendell R.Smith)于 20 世纪 50 年代中期提出来的。所谓市场细分，就是指按照消费者欲望与需求把一个总体市场划分成若干个具有共同特征的子市场的过程。其中，分属于同一细分市场的消费者，他们的需要和欲望极为相似；分属于不同细分市场的消费者对同一产品的需要和欲望存在着明显的差别。

企业面对着成千上万的消费者，他们的需求和欲望是千差万别的，并且分散于不同的地区，而又随着环境因素的变化而变化。对于这样复杂多变的大市场，任何一个规模巨大的企业、或资金实力雄厚的大公司，都不可能满足该市场上全部顾客的所有需求。生产企业受其资源、设备、技术等方面的限制，也不可能满足全部顾客的不同需要。企业只能根据自身的优势条件，从事某方面的生产、营销活动，选择力所能及的、适合自己经营的目标市场，做必要的细分市场。

2. 市场细分的作用

市场细分理论的产生，使传统营销观念发生了根本性变革，在理论和实践中都产生了极大影响。随着该理论的不断发展和完善，市场细分已成为判断企业是否真正树立"以消费者为中心"的市场营销观念的标志，对企业的营销实践具有极强的指导意义，起着十分重要的作用。其作用具体如下：

(1) 有利于选择目标市场和制订市场营销策略。市场细分后的子市场比较具体，企业比较容易了解消费者的需求。企业可以根据自己的经营思想、方针及生产技术和营销力量，确定自己的服务对象，即目标市场，针对较小的目标市场，制订特殊的营销策略。同时，在细分的市场上，容易了解和反馈信息，一旦消费者的需求发生变化，企业可迅速改变营销策略，制订相应的对策，以适应市场需求的变化，提高企业的应变能力和竞争力。

(2) 有利于发掘市场机会，开拓新市场。通过市场细分，企业可以对每一个细分市场的购买潜力、满足程度、竞争情况等进行分析对比，探索出有利于本企业的市场机会，使企业及时作出投产、销售决策或根据本企业的生产技术条件编制新产品开拓计划，进行必要的产品技术储备，掌握产品更新换代的主动权，开拓新市场，以更好适应市场的需要。

(3) 有利于集中人力、物力投入目标市场。任何一个企业的资源、人力、物力、资金都是有限的。通过细分市场，企业选择了适合自己的目标市场，可以集中人、财、物及资源，去争取局部市场上的优势，然后再占领自己的目标市场。

(4) 有利于企业提高经济效益。通过市场细分，企业可以面对自己的目标市场，生产出适销对路的产品，在满足市场需要的同时，增加企业的收入；产品适销对路可以加速商品流转，加大生产批量，降低企业的生产销售成本，提高生产工人的劳动熟练程度，提高产品质量，全面提高企业的经济效益。

需要指出的是，细分市场是有一定客观条件的。只有商品经济发展到一定阶段，市场上商品供过于求，消费者需求多种多样，且企业无法用大批量生产产品的方式或差异化产品策略有效地满足所有消费者需要的时候，细分市场的客观条件才具备。可以说，社会经济的进步，人们生活水平的提高，顾客需求呈现出较大差异时，细分市场才会成为企业在营销管理活动中急需解决的问题。

二、市场细分的依据

1. 消费者市场细分依据

如前所述，一种产品的整体市场之所以可以细分，是由于消费者或用户的需求存在差异性。引起消费者需求差异的变量很多，在实际中，企业一般组合运用有关变量来细分市场，而不是单一采用某一变量。概括起来，细分消费者市场的变量主要有四类，即地理变量、人口变量、心理变量、行为变量。以这些变量为依据来细分市场就产生出地理细分、人口细分、心理细分和行为细分四种市场细分的基本形式。

1) 按地理变量细分市场

地理变量是指消费者所处的地理位置和其他因地理位置不同而形成的变量,包括气候、城乡区域、自然条件和交通运输等。地理变量之所以作为市场细分的依据,是因为处在不同地理环境下的消费者对于同一类产品往往有不同的需求与偏好,他们对企业采取的营销策略与措施会有不同的反应。比如,在我国南方沿海一些省份,某些海产品被视为上等佳肴,而内地的许多消费者则觉得味道平常。又如,由于居住环境的差异,城市居民与农村消费者在室内装饰用品的需求上大相径庭。

地理变量易于识别,是细分市场应予考虑的重要因素,但处于同一地理位置的消费者需求仍会有很大差异。比如,在我国的一些大城市,如北京、上海,流动人口逾百万,这些流动人口本身就构成一个很大的市场,很显然,这一市场有许多不同于常住人口市场的需求特点。所以,简单地以某一地理特征区分市场,不一定能真实地反映消费者的需求共性与差异,企业在选择目标市场时,还需结合其他细分变量予以综合考虑。

2) 按人口变量细分市场

人口变量是指人口的各种构成及其变化情况,包括年龄、性别、家庭规模、家庭生命周期、收入、职业、教育程度、宗教、种族、国籍等。该变量长久以来一直是消费者市场细分的最主要依据。消费者需求、偏好与人口统计变量有着很密切的关系。人口统计变量比较容易衡量,有关数据相对容易获取,由此构成了企业经常以它作为市场细分依据的重要原因。

即使企业有时不使用人口变量进行市场细分,但是为了测量目标市场的大小和有效到达目标市场,也会考虑人口变量的有关因素。大多数企业在采用人口变量作为细分依据时,都会使用多变量细分。例如,某日化企业进行市场细分时,就同时使用了性别、年龄、教育程度、职业等多个变量,将市场细分为数十个子市场,然后对其中比较符合企业发展的十几个市场进行购买数量、购买频率、竞争程度等方面的研究,最后才选择出自己的目标市场。

有时使用人口变量进行细分并不可靠,因为人口变量中的大多数因素在对消费者的购买行为产生影响时,这些因素本身还要受到相关人口的心理或行为变量的影响。

3) 按心理变量细分市场

根据购买者所处的社会阶层、生活方式、个性特点等心理因素细分市场就叫心理细分。

(1) 社会阶层。社会阶层是指在某一社会中具有相对同质性和持久性的群体。处于同一阶层的成员具有类似的价值观、兴趣爱好和行为方式,不同阶层的成员则在上述方面存在较大的差异。很显然,识别不同社会阶层的消费者所具有的不同特点,对于很多产品的市场细分将提供重要的依据。

(2) 生活方式。通俗地讲,生活方式是指一个人怎样生活。人们追求的生活方式各不相同,如有的追求新潮时髦,有的追求恬静、简朴;有的追求刺激、冒险;有的追求稳定、安怡。西方的一些服装生产企业,为"简朴的妇女""时髦的妇女"和"有男子气的妇女"分别设计不同服装;烟草公司针对"挑战型吸烟者""随和型吸烟者"及"谨慎型吸烟者"推出不同品牌的香烟,均是依据生活方式细分市场。

(3) 个性特点。个性是指一个人比较稳定的心理倾向与心理特征,它会导致一个人对其所处环境作出相对一致和持续不断的反应。俗语说"人心不同，各如其面"，每个人的个性都会有所不同。通常，个性会通过自信、自主、支配、顺从、保守、适应等性格特征表现出来。因此，个性可以按这些性格特征进行分类，从而为企业细分市场提供依据。在西方国家，对诸如化妆品、香烟、啤酒、保险之类的产品，有些企业以个性特征为基础进行市场细分并取得了成功。

4) 按行为变量细分市场

许多人认为，行为变数能更直接地反映消费者的需求差异，因而将其作为市场细分的最佳起点。按行为变量细分市场主要包括以下几个方面：

(1) 购买时机。根据消费者提出需要、购买和使用产品的不同时机，将他们划分成不同的群体。例如，城市公共汽车运输公司可根据上班高峰时期和非高峰时期乘客的需求特点，划分不同的细分市场并制定不同的营销策略；生产清凉解暑饮料的企业，可以根据消费者在一年四季对饮料口味的不同，将市场消费者划分为不同的子市场。

(2) 追求利益。消费者购买某种产品总是为了解决某类问题，满足某种需要。然而，产品提供的利益往往并不是单一的，而是多方面的。消费者对这些利益的追求时有侧重，如购买手表，有的追求经济实惠、价格低廉，有的追求耐用可靠和使用维修的方便，还有的则偏向于使用能显示社会地位的手表等不一而足。

(3) 使用者状况。根据是否使用和使用程度细分市场，使用者通常可分为经常购买者、首次购买者、潜在购买者、非购买者。大公司往往注重将潜在使用者变为实际使用者，较小的公司则注重于保持现有的使用者，并设法吸引使用竞争产品的顾客转而使用本公司产品。

(4) 使用数量。根据消费者使用某一产品的数量大小细分市场，通常可分为大量使用者、中度使用者和轻度使用者。大量使用者人数可能并不很多，但他们的消费量在全部消费量中占很大的比重。美国一家公司发现，美国的啤酒超过80%是被50%的顾客消费掉的，另外一半顾客的消耗量只占消耗总量的不足20%。因此，啤酒公司宁愿吸引重度饮用啤酒者，而放弃轻度饮用啤酒者，并把重度饮用啤酒者作目标市场。公司还进一步了解到大量喝啤酒的人多是工人，年龄在25～50岁之间，喜欢观看体育节目，每天看电视的时间不少于3～5小时。很显然，根据这些信息，企业可以大大改进其在定价、广告传播等方面的策略。

(5) 品牌忠诚程度。企业还可根据消费者对产品的忠诚程度细分市场。有些消费者经常变换品牌，另外一些消费者则在较长时期内专注于某一或少数几个品牌。通过了解消费者品牌忠诚情况和品牌忠诚者与品牌转换者的各种行为与心理特征，不仅可为企业细分市场提供一个基础，同时也有助于企业了解为什么有些消费者忠诚本企业产品，而另外一些消费者则忠诚于竞争企业的产品，从而为企业选择目标市场提供启示。

(6) 购买的准备阶段。消费者对各种产品了解程度往往因人而异。有的消费者可能对某一产品确有需要，但并不知道该产品的存在；还有的消费者虽已知道产品的存在，但对产品的价值、稳定性等还存在疑虑；另外一些消费者则可能正在考虑购买。针对处于不同购买阶段的消费群体，企业进行市场细分并采用不同的营销策略。

(7) 态度。企业还可根据市场上顾客对产品的热心程度来细分市场。不同消费者对同一产品的态度可能有很大差异，如有的持肯定态度，有的持否定态度，还有的则处于既不肯定也不否定的无所谓态度。针对持不同态度的消费群体进行市场细分并在广告、促销等方面应当有所不同。

2. 产业市场细分的依据

由于产业市场的需求基本上都属于引申需求，所以其市场细分的依据可以参照使用消费者市场细分的某些依据，比如用户的地理位置、所处的行业、用户的规模、使用者状况等，具体而言，常用的产业市场细分依据主要有以下几种：

1) 用户规模

在产业市场中，有的用户购买量很大，而另外一些用户购买量很小。以钢材市场为例，像建筑公司、造船公司、汽车制造公司对钢材需求量很大，动辄数万吨地购买；而一些小的机械加工企业，一年的购买量也不过几吨或几十吨。企业应当根据用户规模大小来细分市场，并根据用户或客户的规模不同，企业的营销组合方案也应有所不同。比如，对于大客户，宜于直接联系，直接供应，在价格、信用等方面给予更多优惠；而对众多的小客户，则宜于使产品进入商业渠道，由批发商或零售商去组织供应。

2) 产品的最终用途

产品的最终用途不同也是产业市场细分标准之一。工业品用户购买产品，一般都是供再加工之用，对所购产品通常都有特定的要求。比如，同是钢材用户，有的需要圆钢，有的需要带钢，有的需要普通钢材，有的需要硅钢、钨钢或其他特种钢，企业可根据用户要求，将要求大体相同的用户集合成群，并据此设计出不同的营销策略组合。

3) 用户的地理位置

用户的地理位置分布，对于企业合理组织货源、选择适当的分销渠道以及有效地安排货物运输关系很大。

一般来说，产业市场比消费者市场更为集中，因为大多数国家和地区由于气候条件、自然资源、历史条件和社会环境等因素会形成若干个不同的工业区(带)。如我国石油主要产地是山东的胜利油田、黑龙江的大庆油田、新疆的玉门和克拉玛依油田；煤矿主要在山西、东北和淮北等地区。

面对产业市场成带状分布，企业选择用户相对集中的地区作为自己的目标市场，不仅联系方便，信息反馈快，而且还可以有效地规划运输路线，节省动力和运费，降低运输成本；同时还可以充分利用销售力量，降低营销成本，提高企业效益。

三、市场细分的原则

企业可根据单一因素，亦可根据多个因素对市场进行细分。选用的细分标准越多，相应的子市场也就越多，每一子市场的容量相应就越小；相反，选用的细分标准越小，子市场就越少，每一子市场的容量则相对较大。如何寻找合适的细分标准，对市场进行有效细分，在营销实践中并非易事。一般而言，成功、有效的市场细分应遵循以下基本原则：

1. 可衡量性

可衡量性是指细分的市场是可以被识别和衡量的，亦即细分出来的市场不仅范围明确，而且对其容量大小也能大致作出判断。有些细分变量，如具有"依赖心理"的青年人，在实际中是很难测量的，以此为依据细分市场就不一定有意义。

2．可进入性

可进入性是指细分出来的市场应是企业营销活动能够抵达的，亦即是企业通过努力能够使产品进入并对顾客施加影响的市场。一方面，有关产品的信息能够通过一定媒体顺利传递给该市场的大多数消费者；另一方面，企业在一定时期内有可能将产品通过一定的分销渠道运送到该市场，否则，该细分市场的价值就不大。

3．有效性

有效性是指细分出来的市场，其容量或规模要大到足以使企业获利。进行市场细分时，企业必须考虑细分市场上顾客的数量，以及他们的购买能力和购买产品的频率。如果细分市场的规模过小，市场容量太小，细分工作烦琐，成本耗费大，获利小，就不值得去细分。

4．反应的差异性

反应的差异性指各细分市场的消费者对同一市场营销组合方案会有差异性反应，或者说对营销组合方案的变动，不同细分市场会有不同的反应。如果不同的细分市场顾客对产品需求差异不大，行为上的同质性远大于其异质性，此时，企业就不必费力对市场进行细分。另一方面，对于细分出来的市场，企业应当分别制订出独立的营销方案。如果无法制定出这样的方案，或其中某几个细分市场对是否采用不同的营销方案不会有大的差异性反应，便不必进行市场细分。

四、市场细分的步骤

美国市场学家麦卡锡提出细分市场的一整套程序，这一程序包括以下七个步骤。

(1) 选定产品市场范围，即确定进入什么行业，生产什么产品。产品市场范围应以顾客的需求，而不是产品本身特性来确定。例如，某一房地产公司打算在乡间建造一幢简朴的住宅，若只考虑产品特征，该公司可能认为这幢住宅的出租对象是低收入顾客，但从市场需求角度看，高收入者也可能是这幢住宅的潜在顾客。因为高收入者在住腻了高楼大厦之后，恰恰可能向往乡间的清静，从而可能成为这种住宅的顾客。

(2) 列举潜在顾客的基本需求。比如，公司可以通过调查，了解潜在消费者对前述住宅的基本需求。这些需求可能包括遮风避雨、安全、方便、宁静，设计合理、室内陈设完备、工程质量好等。

(3) 了解不同潜在用户的不同要求。对于列举出来的基本需求，不同顾客强调的侧重点可能会存在差异。仍以前述住宅为例，经济、安全、遮风避雨是所有顾客共同强调的，但有的用户可能特别重视生活的方便，另外一类用户则对环境的安静、内部装修等有很高的要求。通过这种差异比较，不同的顾客群体即可初步被识别出来。

(4) 抽掉潜在顾客的共同要求，而以特殊需求作为细分标准。上述所列购房的共同要求固然重要，但不能作为市场细分的基础，如遮风避雨、安全是每位用户的要求，就不能作为细分市场的标准，因而应该剔除。

(5) 根据潜在顾客基本需求的差异方面，将其划分为不同的群体或子市场，并赋予每一子市场一定的名称。例如，西方房地产公司常把购房的顾客分为好动者、老成者、新婚者、度假者等多个子市场，并据此采用不同的营销策略。

(6) 进一步分析每一细分市场需求与购买行为特点，并分析其原因，以便在此基础上决定是否可以对这些细分出来的市场进行合并，或作进一步细分。

(7) 估计每一细分市场的规模，即在调查的基础上，估计每一细分市场的顾客数量、购买频率、平均每次的购买数量等，并对细分市场上产品竞争状况及发展趋势作出分析。

五、市场细分的方法

企业在运用细分标准进行市场细分时必须注意以下问题：第一，市场细分的标准是动态的。市场细分的各项标准不是一成不变的，而是随着社会生产力及市场状况的变化而不断变化。第二，不同的企业在市场细分时应采用不同标准，因为各企业的生产技术条件、资源、财力和营销的产品不同，所采用的标准也应有区别。第三，企业在进行市场细分时，可采用一项标准，即单一变量因素细分，也可采用多个变量因素组合或系列变量因素进行市场细分。

下面介绍几种市场细分的方法。

1. 单一变量因素法

单一变量因素法，就是根据影响消费者需求的某一个重要因素进行市场细分。如服装企业，按年龄细分市场，可分为童装、少年装、青年装、中年装、中老年装、老年装；或按气候的不同，可分为春装、夏装、秋装、冬装。

2. 多个变量因素组合法

多个变量因素组合法，就是根据影响消费者需求的两种或两种以上的因素进行市场细分。如生产者市场的锅炉生产厂，主要根据企业规模的大小、用户的地理位置、产品的最终用途及潜在市场规模来细分市场。

3. 系列变量因素法

系列变量因素法是根据企业经营的特点并按照影响消费者需求的诸因素，由粗到细地进行市场细分。这种方法可使目标市场更加明确而具体，有利于企业更好地制定相应的市场营销策略。如自行车市场，可按地理位置(城市、郊区、农村、山区)、性别(男、女)、年龄(儿童、青年、中年、中老年)、收入(高、中、低)、职业(工人、农民、学生、职员)、购买动机(求新、求美、求价廉物美、求坚实耐用)等变量因素细分市场。

知识链接

第二节 目标市场选择

一、选择目标市场

1. 目标市场的定义

所谓目标市场，就是企业根据市场细分的结果，采取有效的营销手段，准备以相应的产品和服务去满足现实的或潜在的消费者群所组成的市场。实质上，市场营销就是企业针对目标市场动用营销策略的过程，所以，目标市场选择在企业的整体营销过程中起着至关重要的作用。

2．目标市场选择的标准

市场细分是企业选择和确定目标市场的基础和前提，但细分之后形成的若干子市场的吸引力不尽相同，企业必须对其进行分析评估，同时还要结合自身的目标、资源和能力来确定目标市场。企业的一切营销活动都围绕目标市场而展开，目标市场选择妥当与否，直接关乎企业的经营业绩。一般而言，一个细分市场要成为企业的目标市场，必须符合以下标准：

1）有一定的规模和发展潜力

企业进入某一市场是期望能够有利可图，如果市场规模狭小或者趋于萎缩状态，企业进入后难以获得发展，此时，应审慎考虑，不宜轻易进入。

2）竞争对手尚未完全控制

不同细分市场的竞争激烈程度各异，选定的目标市场只有在未被竞争对手完全垄断，企业才有进入机会和显露身手的可能。如果细分市场竞争十分激烈，竞争对手实力强大，企业将面临很高的进入成本。

3）符合企业目标和能力

某些细分市场虽然有较大吸引力，但不能推动企业实现发展目标，甚至还会分散企业的精力，使之无法完成其主要目标，这样的市场应考虑放弃。另外，还应考虑企业的资源条件是否适合在某一细分市场经营。只有选择那些企业有条件进入、能充分发挥其资源优势的市场作为目标市场，企业才会立于不败之地。

二、目标市场模式选择

公司在对不同细分市场评估后，就必须对进入哪些市场和为多少个细分市场服务作出决策。公司可考虑的目标市场覆盖模式共有五种，如图6-1所示。

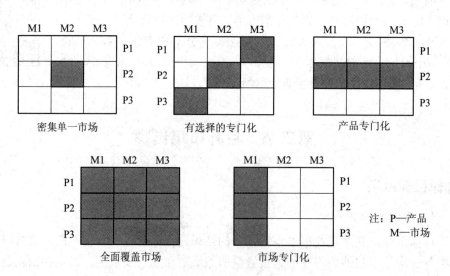

图6-1　可供企业选择的目标市场覆盖模式

1. 密集单一市场

最简单的方式是公司选择一个细分市场集中营销。如大众汽车公司集中经营小汽车市场；理查德·D. 伊尔文公司集中经营经济商业教科书市场。公司通过密集营销，更加了解本细分市场的需要，并树立了特别的声誉，因此便可在该细分市场建立巩固的市场地位。另外，公司通过生产、销售和促销的专业化分工，也获得了许多经济效益。如果细分市场补缺得当，公司的投资便可获得高报酬。同时，密集市场营销比一般营销的风险更大。个别细分市场可能出现不景气的情况。例如，年轻女士突然不再买运动服装，这使鲍比·布鲁克斯公司的收入锐减；或者某个竞争者决定进入同一个细分市场等，由于这些原因，许多公司宁愿在若干个细分市场分散营销。

2. 有选择的专门化

选择若干个细分市场，其中每个细分市场在客观上都有吸引力，符合公司的目标和资源，并且都有可能赢利，但各细分市场之间很少有或者根本没有任何联系。这种多细分市场目标优于单细分市场目标，因为这样可以分散公司的风险，即使某个细分市场失去吸引力，公司仍可继续在其他细分市场获取利润。

3. 产品专门化

集中生产一种产品，公司向各类顾客销售这种产品。例如，显微镜生产商向大学实验室、政府实验室和工商企业实验室销售显微镜。公司向不同的顾客群体销售不同种类的显微镜，而不去生产实验室可能需要的其他仪器。通过这种战略，公司在某个产品方面树立起很高的声誉。如果产品——显微镜，被一种全新的显微技术代替，就会发生危机。

4. 市场专门化

市场专门化是指专门为满足某个顾客群体的各种需要而服务。例如，公司可为大学实验室提供一系列产品，包括显微镜、示波器、本生灯、化学烧瓶等。公司专门为这个顾客群体服务，而获得良好的声誉，并成为这个顾客群体所需各种新产品的销售代理商。但如果大学实验室突然经费预算削减，他们就会减少购买仪器的数量，这就会使公司产生危机。

5. 完全市场覆盖

完全市场覆盖是指公司想用各种产品满足各种顾客群体的需求。只有大公司才能采用完全市场覆盖战略，例如国际商用机器公司(计算机市场)、通用汽车公司(汽车市场)和可口可乐公司(饮料市场)。

三、目标市场战略

目标市场选择战略主要包括无差异市场营销、差异市场营销、集中市场营销。

1. 无差异市场营销

无差异营销是指企业将产品的整个市场视为一个目标市场，不进行市场细分，用单一的营销策略开拓市场，即用一种产品和一套营销方案吸引尽可能多的购买者。无差异营销只考虑消费者或用户在需求上的共同点，而不关心他们在需求上的差异性。可口可乐公司在 20 世纪 60 年代以前曾以单一口味的品种、统一的价格和瓶装、同一广告主题将产品面向所有顾客，就是采取的这种战略。无差异市场营销如图 6-2 所示。

图 6-2 无差异市场营销示意图

无差异营销的理论基础是成本的经济性。生产单一产品，可以减少生产与储运成本；无差异的广告宣传和其他促销活动可以节省促销费用；不搞市场细分，可以减少企业在市场调研、产品开发、制订各种营销组合方案等方面的营销投入。这种战略对于需求广泛、市场同质性高且能大量生产、大量销售的产品比较合适。

对于大多数产品，无差异市场营销并不一定合适。首先，消费者需求千差万别并不断变化，一种产品长期为所有消费者和用户所接受的情况非常罕见。其次，当众多企业如法炮制，都采用这一战略时，会造成市场竞争异常激烈，同时在一些小的细分市场上消费者需求得不到满足，这对企业和消费者都是不利的。再次，易于受到竞争企业的攻击。当其他企业针对不同细分市场提供更有特色的产品和服务时，采用无差异营销的企业可能会发现自己的市场正在遭到蚕食，但又无法有效地予以反击。正由于这些原因，世界上一些曾经长期实行无差异营销的大企业最后也被迫改弦更张，转而实行差异性营销。被视为实行无差异营销典范的可口可乐公司，面对百事可乐、七喜等企业的强劲攻势，也不得不改变原来战略，一方面向非可乐饮料市场进军，另一方面针对顾客的不同需要推出多种类型的新可乐。

2. 差异市场营销

差异市场营销是将整体市场划分为若干细分市场，针对每一细分市场制订一套独立的营销方案。比如，服装生产企业针对不同性别、不同收入水平的消费者推出不同品牌、不同价格的产品，并采用不同的广告主题来宣传这些产品，就是采用的差异性营销策略。差异市场营销如图 6-3 所示。

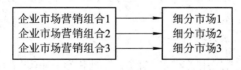

图 6-3 差异市场营销示意图

差异市场营销的优点是小批量、多品种，生产机动灵活、针对性强，使消费者需求更好地得到满足，由此促进产品销售。另外，由于企业是在多个细分市场上经营，一定程度上可以减少经营风险；一旦企业在几个细分市场上获得成功，有助于提高企业的形象及提高市场占有率。

差异市场营销的不足之处主要体现在两个方面：一是增加营销成本，由于产品品种多，管理和存货成本将增加；由于公司必须针对不同的细分市场发展独立的营销计划，会增加企业在市场调研、促销和渠道管理等方面的营销成本。二是可能使企业的资源配置不能有效集中，顾此失彼，甚至在企业内部出现彼此争夺资源的现象，使拳头产品难以形成优势。

3．集中市场营销

集中市场营销是集中力量进入一个或少数几个细分市场，实行专业化生产和销售。实行这一战略的企业并不追求在一个大市场上与对手角逐，而是力求在一个或几个子市场占有较大份额。例如，生产空调器的企业不是生产各种型号和款式、面向不同顾客和用户的空调机，而是专门生产安装在汽车内的空调机，又如汽车轮胎制造企业只生产用于换胎业务的轮胎，均是采用此一策略。集中市场营销如图6-4所示。

图6-4　集中市场营销示意图

集中营销策略的指导思想是：与其四处出击收效甚微，不如突破一点取得成功。这一策略特别适合于资源力量有限的中小企业。中小企业由于受财力、技术等方面因素制约，在整体市场可能无力与大企业抗衡，但如果集中资源优势在大企业尚未顾及或尚未建立绝对优势的某个或某几个细分市场进行竞争，成功的可能性更大。

集中营销策略的局限性体现在两个方面：一是市场区域相对较小，企业发展受到限制。二是潜伏着较大的经营风险，一旦目标市场突然发生变化，如消费者趣味发生转移，或强大竞争对手的进入，或新的更有吸引力的替代品出现，都可能使企业因没有回旋余地而陷入困境。

四、影响企业选择目标市场的因素

通常，选择目标市场战略时，要综合考虑以下几个因素：

1．企业资源或实力

当企业生产、技术、营销、财务等方面势力很强时，可以考虑采用差异性或无差异市场营销战略；资源有限，实力不强时，采用集中性市场营销效果可能更好。

2．产品的同质性

产品的同质性指在消费者眼里，不同企业生产的产品的相似程度。相似程度高，则同质性高，反之，则同质性低。对于大米、食盐、钢铁等产品，尽管每种产品因产地和生产企业的不同会有些品质差别，但消费者可能并不十分看重。此时，竞争将主要集中在价格上，这样的产品适合采用无差异营销策略。对于服装、化妆品、汽车等产品由于其型号、式样、规格等方面存在较大差别，产品选择性强，同质性较低，因而更适合于采用差异性市场营销或集中性市场营销。

3．市场同质性

市场同质性指各细分市场顾客需求、购买行为等方面的相似程度。市场同质性高，意味着各细分市场相似程度高，不同顾客对同一营销方案的反应大致相同，此时，企业可考虑采取无差异市场营销；反之，则适宜采用差异性市场营销或集中性市场营销。

4．产品所处生命周期的不同阶段

产品处于投入期，同类竞争品不多，竞争不激烈，企业可采用无差异性市场营销。当产品进入成长期或成熟期，同类产品增多，竞争日益激烈，为确立竞争优势，企业可考虑采用差异市场营销。当产品步入衰退期，为保持市场地位，延长产品生命周期，全力对付竞争者，可考虑采用集中性市场营销。

5. 竞争者的市场营销战略

企业选择目标市场战略时，一定要充分考虑竞争者尤其是主要竞争对手的营销战略。如果竞争对手采用差异性营销战略，企业应采用差异性市场营销或集中性市场营销与之抗衡；若竞争者采用无差异性市场营销，则企业可采用无差异性或差异性市场营销与之对抗。

6. 竞争者的数目

当市场上同类产品的竞争者较少，竞争不激烈时，可采用无差异性市场营销。当竞争者多，竞争激烈时，可采用差异性市场营销或集中性市场营销。

知识链接

第三节 市场定位

一、市场定位的含义

市场定位是20世纪70年代由美国学者艾尔·里斯和杰克特提出的一个重要营销学概念。所谓市场定位，就是企业根据目标市场上同类产品竞争状况，针对顾客对该类产品某些特征或属性的重视程度，为本企业产品塑造强有力的、与众不同的鲜明个性，并将其形象生动地传递给顾客，求得顾客认同。市场定位的实质是使本企业与其他企业严格区分开来，使顾客明显感觉和认识到这种差别，从而在顾客心目中占有特殊的位置。

传统的观念认为，市场定位就是在每一个细分市场上生产不同的产品，实行产品差异化。事实上，市场定位与产品差异化尽管关系密切，但有着本质的区别。市场定位是通过为自己的产品创立鲜明的个性，从而塑造出独特的市场形象来实现的。一项产品是多个因素的综合反映，包括性能、构造、成分、包装、形状、质量等，市场定位就是要强化或放大某些产品因素，从而形成与众不同的独特形象。产品差异化乃是实现市场定位的手段，但并不是市场定位的全部内容。市场定位不仅强调产品差异，而且要通过产品差异建立独特的市场形象，赢得顾客的认同。

市场定位在两个方面为广大商家提供了制胜的法宝：首先，市场定位有利于建立企业及产品的市场特色，是参与现代市场竞争的有力武器。在现代社会中，许多市场都存在严重的供大于求的现象，众多生产同类产品的厂家争夺有限的顾客，市场竞争异常激烈。为了使自己生产经营的产品获得稳定销路，防止被其他厂家的产品所替代，企业必须从各方面树立起一定的市场形象，以期在顾客心目中形成一定的偏爱。其次，市场定位决策是企业制订市场营销组合策略的基础。企业的市场营销组合要受到企业市场定位的制约，例如，某企业决定生产销售优质低价的产品，那么这样的定位就决定了：产品的质量要高；价格要定得低；广告宣传的内容要突出强调企业产品质优价廉的特点，要让目标顾客相信货真价实，低价也能买到好产品；分销储运效率要高，保证低价出售仍能获利。也就是说，企业的市场定位决定了企业必须设计和发展与之相适应的市场营销组合。

二、市场定位的意义

1．确立产品的特色

市场定位的出发点和根本要素就是要确定产品的特色。首先，要了解市场上竞争者的定位如何，他们要提供的产品或服务有什么特点。其次，要了解顾客对某类产品各属性的重视程度。最后，要考虑企业自身的条件。有些产品属性，虽然是顾客比较重视的，但如果企业力所不及，那也不能成为市场定位的目标。

2．树立市场形象

企业所确定的产品特色，是企业有效参与市场竞争的优势，但这些优势不会自动地在市场上显示出来。要使这些独特的优势发挥作用，影响顾客的购买决策，需要以产品特色为基础树立鲜明的市场形象，通过积极主动而又巧妙地与顾客沟通，吸引顾客的注意与兴趣，求得顾客的认同。有效的市场定位并不取决于企业怎么想，关键在于顾客怎么看。市场定位的成功的最直接的反映就是顾客对企业及其产品所持的态度和看法。

3．巩固市场形象

顾客对企业的认识不是一成不变的。由于竞争者的干扰或沟通不畅，会引致市场形象模糊，顾客对企业的理解会出现偏差，态度发生转变，所以建立市场形象后，企业还应不断向顾客提供新的论据和观点，及时矫正与市场定位不一致的行为，巩固市场形象，维持和强化顾客对企业的看法和认识。

三、市场定位的步骤

企业的市场定位可通过四个步骤实现，识别可能的竞争优势，选择适当的竞争优势，确定整体定位策略，沟通并传达选定的定位。企业市场定位的全过程可以通过以下三大步骤来完成：

1．识别潜在竞争优势

这一步骤的中心任务是要回答以下三个问题：一是竞争对手产品定位如何？二是目标市场上顾客欲望满足程度如何以及确实还需要什么？三是针对竞争者的市场定位和潜在顾客的真正需要的利益，要求企业应该及能够做什么？要回答这三个问题，企业市场营销人员必须通过一切调研手段，系统地设计、搜索、分析并报告有关上述问题的资料和研究结果。

通过回答上述三个问题，企业就可以从中把握和确定自己的潜在竞争优势在哪里。这些差异主要体现在产品差异、服务差异、渠道差异、人员差异、形象差异等方面。

2．核心竞争优势定位

竞争优势表明企业能够胜过竞争对手的能力。这种能力既可以是现有的，也可以是潜在的。选择竞争优势实际上就是一个企业与竞争者各方面实力相比较的过程。比较的指标应是一个完整的体系，只有这样，才能准确地选择相对竞争优势。通常的方法是分析、比较企业与竞争者在经营管理、技术开发、采购、生产、市场营销、财务和产品等七个方面究竟哪些是强项，哪些是弱项。借此选出最适合本企业的优势项目，以初步确定企业在目标市场上所处的位置。

3. 独特的竞争优势和重新定位

这一步骤的主要任务是企业要通过一系列的宣传促销活动，将其独特的竞争优势准确传播给潜在顾客，并在顾客心目中留下深刻印象。首先应使目标顾客了解、知道、熟悉、认同、喜欢和偏爱本企业的市场定位，在顾客心目中建立与该定位相一致的形象。其次，企业通过各种努力强化目标顾客形象，保持目标顾客的了解，稳定目标顾客的态度和加深目标顾客的感情来巩固与市场相一致的形象。最后，企业应注意目标顾客对其市场定位理解出现的偏差，或由于企业市场定位宣传上的失误而造成的目标顾客模糊、混乱和误会，及时纠正与市场定位不一致的形象。企业的产品在市场上定位即使很恰当，但在下列情况下，还应考虑重新定位：

(1) 竞争者推出的新产品定位于本企业产品附近，侵占了本企业产品的部分市场，使本企业产品的市场占有率下降。

(2) 消费者的需求或偏好发生了变化，使本企业产品销售量骤减。

四、市场定位战略

1. 基于竞争对手考虑的市场定位战略

因为定位是要与竞争对手区分开，因此企业的定位都是相对于竞争态势而制定的。此种市场定位主要有以下几种：

1) 避强定位

这是一种避开强有力的竞争对手进行市场定位的模式。企业不与对手直接对抗，将自己定置于某个市场"空隙"，发展目前市场上没有的特色产品，开拓新的市场领域。

这种定位的优点是能够迅速地在市场上站稳脚跟，并在消费者心中尽快树立起一定形象。由于这种定位方式市场风险较小，成功率较高，常常为多数企业所采用。例如，美国的 Aims 牌牙膏专门对准儿童市场这个空隙，因而能在 Crest(克蕾丝，"宝洁"公司出品)和 Colgate(高露洁)两大品牌统霸的世界牙膏市场上占有 10% 的市场份额。

2) 迎头定位

这是一种与在市场上居支配地位的竞争对手"对着干"的定位方式，即企业选择与竞争对手重合的市场位置，争取同样的目标顾客，彼此在产品、价格、分销、供给等方面少有差别。

在世界饮料市场上，作为后起的"百事可乐"进入市场时，就采用过这种方式，"你是可乐，我也是可乐"，与可口可乐展开面对面的较量。实行迎头定位，企业必须做到知己知彼，应该了解市场上是否可以容纳两个或两个以上的竞争者，自己是否拥有比竞争者更多的资源和能力，是不是可以比竞争对手做得更好。否则，迎头定位可能会成为一种非常危险的战术，将企业引入歧途。

当然，也有些企业认为这是一种更能激发自己奋发向上的定位尝试，一旦成功就能取得巨大的市场份额。

3) 重新定位

重新定位通常是指对那些销路少、市场反应差的产品进行二次定位。初次定位后，随着时间的推移，新的竞争者进入市场，选择与本企业相近的市场位置，致使本企业原来的市场占有率下降；或者，由于顾客需求偏好发生转移，原来喜欢本企业产品的人转而喜欢其他企业的产品，因而市场对本企业产品的需求减少。在这些情况下，企业就需要对其产品进行重新定位。所以，一般来讲，重新定位是企业为了摆脱经营困境，寻求重新获得竞争力和增长的手段。不过，重新定位也可作为一种战术策略，并不一定是因为陷入了困境；相反，可能是由于发现新的产品市场范围引起的，例如，某些专门为青年人设计的产品在中老年人中也开始流行后，这种产品就需要重新定位。

2. 基于定位依据考虑的市场定位战略

企业可以根据产品的属性、质量、用途、使用者、产品档次、利益等多种因素或其组合进行市场定位，具体包括以下几个方面：

1) 质量定位

在开发、生产一个产品时，产品的质量控制在一个什么样的档次上，这也和产品定位有关，叫作质量定位。由于消费者对质量的重视和对价格的敏感，并且低成本也是企业所要拥有的最主要的竞争优势之一。采用该战略，通常可以有三种定位：一是同等质量下的低价位，主要是满足消费者追求实惠和廉价的心理诉求；二是同等价位下的高质量定位，主要满足消费者物美价廉的心理诉求；三是高质量高价定位，众多名牌产品采用的都是这种定位方式，它满足的是消费者追求高档产品以体现自己的自尊和优越感等心理诉求。

2) 功能定位

产品的定位是单一功能，还是多功能？这也是值得厂家仔细考虑的问题。定位于单一功能，则造价低，成本少，但不能适应消费者多方面的需要；定位于多功能，则成本会相应地提高，却能够满足顾客很多方面的需要。定位于多功能或单一功能各有各的妙处，这就要看企业自身的发展需要了。

3) 使用场合及用途定位

为老产品找到一种新用途，是为该产品创造新的市场定位的好方法。小苏打曾一度被广泛地用作家庭的刷牙剂、除臭剂和烘焙配料，现在已有不少的新产品代替了小苏打的上述一些功能。我们曾经介绍了小苏打可以定位为冰箱除臭剂，另外还有家公司把它当作了调味汁和肉卤的配料，更有一家公司发现它可以作为冬季流行性感冒患者的饮料。我国曾有一家生产"曲奇饼干"的厂家最初将其产品定位为家庭休闲食品，后来又发现不少顾客购买是为了馈赠，又将之定位为礼品。

4) 使用者定位

使用者定位主要是针对使用者类型而进行的，包括根据使用者的性格特点、生活形态和生活方式、使用时机以及某些特殊需求等而定位。例如，"浪漫一身"时装将其产品定为热情、浪漫者的服饰；劳斯莱斯将其产品定位为"帝王之相"，专为具有显赫地位的政界要人和富豪阶层设计产品；"八点以后"巧克力薄饼将其产品定位于喜欢在八点以后吃甜点的人等。实施这种定位战略可以使品牌及产品更富人情味和人性化，从而树立起该产品独特的品牌形象和产品个性。

5) 针对特定竞争者定位

这种定位法是直接针对某一特定竞争者，而不是针对某一产品类别，例如 Avis 挑战 Hertz 的做法——"因为我们名列第二，所以必须更努力"。速食零售业中，Burger King 把自己定位为"汉堡口味远胜于麦当劳"，温蒂则以"牛肉在哪里"向麦当劳挑战；哈帝则指出这家竞争者的潜在弱点，为自己寻求更有利的定位。

挑战某一特定竞争者的定位法，虽然可以获得成功(尤其是在短期内)，但是就长期而言，也有其限制条件，特别是挑战强有力的市场领袖时，更趋明显。市场领袖通常不会松懈，他们会进一步巩固其定位。

6) 品牌定位

品牌定位主要是在产品名称或产品类别中建立一定的品牌联想，以使顾客在产生某种需要时自然而然地就想到该产品。比如想要购买儿童饮品，许多人就会想到"娃哈哈"；一有送礼的需要，就会想到"脑白金"等。这种定位战略就是力图在目标市场顾客心目中造成该品牌等同于某类产品的印象，以使其成为某类产品的代名词或领导品牌。

7) 文化定位

文化定位就是在产品或品牌中注入文化内涵，以获得消费者的心理认同和情感共鸣，从而提升产品的品牌价值。文化定位的典型案例很多，如"孔府家酒，叫人想家"；"雕牌洗衣粉，献给妈妈的爱"；"水井坊"所追溯并依托的中国数千年的酿酒文化等。由于文化的根深蒂固和深入人心，这种定位也越来越受到众多企业的青睐并实施。

知识链接

模块二　技 能 训 练

案例分析

斯沃琪，瑞士手表的希望

瑞士是手表王国，瑞士手表曾一度占据世界手表市场的绝大部分市场份额，但 20 世纪 70 年代美国铁达时、日本精工及香港廉价手表的崛起使瑞士表领地尽失，到 1983 年，其全球市场占有率不到 15%，只能停踞在高价珠宝手表市场，以劳力士、浪琴等名表作为最后的骄傲。

斯沃琪是瑞士手表收复失地的希望。它是一种能防水防震的电子模拟表，制造成本很低，定价从 40 美元到 100 美元不等，但有多种鲜艳颜色可供选择。十多年来它不负众望，成功地帮助瑞士表重拾昔日辉煌，重新占领世界低档手表市场。1992 年，瑞士手表全球市场份额达到 53%，这巨大的变化背后，斯沃琪功不可没。而斯沃琪的成功主要归根于营销战略的成功，尤其是在差别化和产品定位方面，值得借鉴。

首先，在目标市场选择方面，斯沃琪把充满青春活力的年轻人作为自己的目标市场。为了打动其目标顾客，斯沃琪手表定位为时装表，以区别于其他品牌的手表。

在差别化方面，由于瑞士在工艺技术方面已经落后于美国和日本，斯沃琪手表就在设计和产品形象方面做文章。斯沃琪极其讲究创意，新奇、怪异、有趣、时尚、前卫是它的风格，永远的改变是它唯一的不变，故而享有"潮流先锋"的美誉。

其次，在制订营销战略的基础上，斯沃琪在广告和促销方面进行了许多努力。

在广告方面，它以"你的第二只手表"为广告诉求，强调它可以作为配饰不断换新而在潮流变迁中永不衰落。自1984年起，斯沃琪更为每一款手表设计了别出心裁的名字，个性化的色彩更浓，市场反应更加热烈，甚至每年还会有一两款成为收藏家追逐的目标。

在促销方面，斯沃琪绝招更多。它不断推出新款，每款推出后5个月就停止生产；在里斯本博物馆设有斯沃琪陈列专柜，有拍卖行对不再销售的斯沃琪进行拍卖，斯沃琪专卖店在人多的时候甚至要叫号入内！这种刻意、非刻意的手法使得原本只是时尚品的斯沃琪也成为经典，为顾客期待，为收藏者瞩目。

在宣传推广上，斯沃琪承袭了其运动、活力的风格，偏爱新奇的、不平常的活动，每每伴有强烈的主题，甚至带点反传统、叛逆的色彩，让斯沃琪的品牌个性充分张扬。

"永远的创新，永远与别人不同"，斯沃琪差异化的营销给这个品牌创造了无穷的魅力，也为世界手表市场增添了一道变幻多姿、时尚亮丽的风景。

思考：

1. 斯沃琪为什么选择充满青春活力的年轻人作为自己的目标市场？
2. 斯沃琪为什么定位在时装表？
3. 斯沃琪如何传播其定位？

模块三 复习与思考

1. 如何理解市场细分？
2. 简述市场细分的依据？
3. 何谓目标市场？选择目标市场的标准？
4. 简述企业的目标市场策略及其影响因素。
5. 什么是市场定位？
6. 简述企业市场定位的基本步骤？
7. 基于竞争对手的市场定位战略有哪些？
8. 基于定位依据的定位战略有哪些？

营销前沿

第七章 产 品 策 略

知识点 ✍

1. 产品整体概念的内涵
2. 产品生命周期各阶段特征及其相应的营销策略
3. 品牌策略和包装策略
4. 产品组合相关概念及产品组合策略
5. 开发新产品的流程

技能要求 📖

1. 掌握产品策略的实践运用
2. 树立整体产品观念

案例导入

果酒振兴，出彩山东

一、品质为先，精益求精

山东皇尊庄园山楂酒有限公司成立于 2012 年，并于 2015 年将"圣登堡"山楂干红投放市场。作为新兴果酒企业，皇尊庄园进入市场的几年里，持续不断地进行技术创新，提高产品质量，有着进军全国乃至世界市场的雄心和实力。

近年来，为了进一步保障产品品质、提升产品质量，皇尊庄园选定国家地标产品"青州敞口山楂"作为原料进行产品深加工，并建有市级重点实验室一座，购置了先进的生产设备，组建国内领先的研发团队，从根本上保证了产品质量。

在董事长刘甲伟的领导下，皇尊庄园始终秉持"为家乡父老酿一杯好果酒"的朴素价值观，坚守匠心，品质为先，服务至上，致力于打造一个百年不老、历久弥香的山楂果酒品牌。

俗话说，好山楂出好果酒。因此，生产优质山楂果酒，原料是第一关。皇尊庄园精选优质敞口山楂为原料，山楂进厂后，质检员严格按照检验流程检测山楂的色泽、气味和容重，要求山楂颗粒饱满；再由化验人员检测水分和杂质，检测时要求执行上限指标。只有全部达标的山楂，皇尊庄园才会验收入库用于生产。

质量是企业的生命，是企业的立业之本。作为山楂果酒企业，保证山楂果酒质量，化验检测是其中重要一环。保证质量，检测先行，是皇尊庄园始终贯彻的工作方针，是公司技术研发全体员工必须严格执行的基本准则。皇尊庄园山楂果酒化验检测人员具有年轻化、高学历的特征，平均年龄都在三十岁以上，学历都是本科以上。工作中他们严格按照行业标准进行操作，将"质量第一"牢记心中，时刻为公司果酒质量保驾护航。

当前，随着消费升级的推进，人民群众对美好生活的追求愈发迫切。美好生活需要果酒相伴。酿造果酒，提升品质，满足消费者对果酒的需求，是适应中国果酒产业新时代发展的必然选择。追求美好生活，追求更高品质果酒的时代已经来临。皇尊庄园作为果酒行业的佼佼者，坚持以品质为先，不但要打造消费者喜欢的果酒，更要让消费者感受到山楂酒的独特魅力，把具有高营养价值和保健价值的山楂酒推广到全中国乃至世界市场。

通过双有机认证，推动绿色产业构建。山东皇尊庄园山楂酒有限公司始终坚信"好的山楂酒是种出来的"，想生产出安全、无毒、对人体无害的产品。首先要从源头把控。皇尊庄园位于 5A 级云驼风景区的敞口山楂种植基地，是种植的极品土地，景区内山清水秀，拥有独一无二的自然生态环境，是真正意义上的天然无污染的种植环境。景区内不含任何的工业污染，肥沃天然的土地加上无污染的水源，为这里的敞口山楂的种植营造了一个天然无污染的种植生长环境。种植基地无污染，种植过程无化肥、农药、激素影响。

山东皇尊庄园山楂酒有限公司与北京林业大学、潍坊工程职业技术学院等高校合作，研究开发适合于景区内敞口山楂的有机种植技术；引进专家人才对山楂营养成分含量进行分析并对敞口山楂的深加工技术进行钻研，终于研发出了适合于敞口山楂的现代酿酒技术。皇尊庄园更是建立了完整的质量控制体系，从品种繁育、基地种植到生产加工全过程严格遵循有机食品标准生产，"山楂"和"果酒"同时通过了有机转换认证，成为"双有机认证"企业。

二、迎难而上助力脱贫致富，优创山楂深加工技术

据悉，青州有 500 多年的山楂栽培历史，全市山楂树覆盖面积广，是推动青州林果产业发展的动力之一。山楂种植成为山区老百姓的主要经济收入来源。但是山楂加工始终停留在山楂片、山楂糕等低附加值产品上，造成了供应原料价位低的问题，果贱伤农，很多农民开始另寻财路。看到有些父老乡亲含泪伐树，皇尊庄园董事长萌生了加工山楂的念头。在一次和朋友的聊天中，皇尊庄园董事长刘甲伟得知有一项酿酒技术，就想如果利用山楂酿制果酒不仅营养健康，特色时尚，而且也可以提高山楂的附加值，解决父老乡亲们的难题。

皇尊庄园自成立以来，广纳人才，组建了一支高技术水平的研发团队，建有市级重点实验室一座，获得国家发明专利三项。在山楂干红的酿造过程中最大限度地保留了山楂的营养成分，并产生了一种特殊的营养物质——"半乳糖醛酸"。经食品药品监督管理局检测，皇尊庄园酿造的山楂干红，黄酮含量更是高达 3000 mg/L，黄酮具有清除自由基，平衡三高，缓解痛风的功效。

三、引领行业，牵头制定行业标准

作为发酵型山楂干红领导者的山东皇尊庄园山楂酒有限公司，为规范山楂酒行业发展，提升山楂酒品质，推动山楂酒产业化发展，牵头与中国食品发酵工业研究院、全国酿酒标准化技术委员会共同启动了《山楂酒》标准的制定。通过行业标准的制定，可以进一步提高山楂酒产品的质量。皇尊庄园董事长刘甲伟说，让这个行业有一个相对严格的标准，能带动这个行业往更高层次发展。

皇尊庄园拥有独特的工艺，并不断将创新精神融入产品研发、设计、制造及服务。凭借优质的产品、灵活创新的定制服务，皇尊庄园已拥有大量的客户群。皇尊庄园生产的"圣登堡"山楂干红及"圣八礼"清高干红成为文化点亮世界指定用酒，得到了客户的充分肯

定和高度评价。

　　未来，皇尊庄园将继续致力于为客户提供灵活、创新的定制化的产品服务；紧跟时代步伐和行业趋势，充分响应国家号召，在大健康时代下，以技术驱动企业发展，朝着规模化、高效化、国际化方向奋进；与更多行业领先企业建立战略性伙伴关系，协同发展凝神聚力推动中国果酒迈向新高度，为我们推出更多的健康时尚饮品！

（资料来源：杨海军，中国营销传播网，2019-05-14）

模块一　理　论　知　识

第一节　产品组合策略

一、产品整体概念

　　在现代市场营销学中，产品的概念是产品整体概念，区别于传统的产品概念。在传统的产品概念中，人们通常倾向于认为产品就是看得见摸得着的有形实体。其实，产品整体概念具有极其宽广的外延和深刻而丰富的内涵。整体产品被表述为向市场提供的、能够满足消费者某种需求和利益的有形物品和无形服务的总体。这一意义上的产品，除了包括传统意义上的狭义产品，如材料、结构、款式等要素构成的有形物体，还包括由有形物体所体现的基本功能和效用，以及伴随着有形物体销售所提供的质量保证、售后服务等无形的要素。总之，凡是能够满足消费者需求，使其获得利益的一切有形的、无形的，物质的、精神的各种要素都属于产品的范畴，这就是现代市场营销学中的产品整体概念。

　　从产品的整体概念出发，产品可分为核心产品、形式产品、期望产品、延伸产品和潜在产品五个层次如图 7-1 所示。

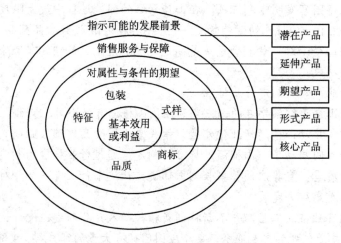

图 7-1　产品整体概念示意图

1. 核心产品

核心产品是指产品能够提供给消费者的基本效用或利益。这是产品在使用价值方面的最基本功能，是消费者需求的中心内容。从根本上说，每一种产品实质上都是为了满足消费者欲望而提供的服务。譬如，人们购买电冰箱不是为了获取装有各种电器零部件的物体，而是为了满足家庭冷藏、冷冻食品的需要。核心产品体现了产品实质，企业营销要想取得成功，必须使产品具有反映消费者核心需求的基本效用或利益。然而，核心产品是一个抽象的概念，须通过产品的具体形式才能让消费者接受。

2. 形式产品

形式产品是指核心产品借以实现的形式或目标市场对某一需求的特定满足形式。任何产品都具有特定的外观形式，因为核心产品需要表现为具体的形式产品。形式产品由五个特征构成，即品质、式样、特征、商标及包装。产品的基本效用就是通过形式产品的这些特征具体体现的，为顾客识别、选择的。因此，企业营销在着眼于向消费者提高核心产品的基础上，还应努力寻求更完美的外在形式以满足顾客的需求。

3. 期望产品

期望产品是指购买者在购买时期望得到的与产品密切相关的一系列属性和条件，如零售客户对商业企业的服务态度、送货期限；消费者对口味、包装、质量等方面长期使用形成的期望。顾客对产品的期望与顾客自身的条件有关，如知识水平、收入水平、生活习惯、价值观念等；同时又来源于顾客原有的购买经验、朋友和亲人的建议或者营销者和竞争者的承诺等。一旦企业提供的产品或服务低于顾客的期望，就会导致顾客不满；等于顾客的期望，顾客没有满意，也没有不满意；高于顾客的期望，会让顾客感到惊喜，从而非常满意。在对产品满意的顾客中，只有感到惊喜的顾客才更有可能成为忠实顾客。

4. 延伸产品

延伸产品是指产品能够为消费者提供的各种附加利益和服务。例如，向顾客提供咨询、送货、安装、维修、供应配件、信贷、各种服务和保证等，还包括交货期。现代市场营销强调，企业销售的不只是特定的使用价值，还必须是反映产品整体概念的一个系统。在竞争激烈的市场上，产品能否给消费者带来附加利益和服务，已成为企业经营成败的关键。即便是核心效用和外在形式完全相同的两个产品，只要随同物质实体所提供的服务有差异，那么在消费者眼中，就是两个完全不同的产品。为此，企业营销必须注重对延伸产品的研究，为消费者提供的更完善的服务，在竞争中赢得主动。

5. 潜在产品

潜在产品是指现有产品包括所有附加产品在内的，可能发展成为未来最终产品的潜在状态的产品。潜在产品指出了现有产品可能的演变趋势和前景，如彩色电视机可发展为录放映机、电脑终端机等。

二、产品组合及其相关概念

产品是一个复合的、多维的、整体的概念。企业营销要设计一个优化的产品组合方案，首先要明确产品组合及其有关几个概念。

1. 产品组合、产品线和产品项目

(1) 产品组合，是指一个企业生产经营的所有产品线和产品品种的组合方式，即全部产品的结构。产品组合通常由若干条产品线组成。

(2) 产品线，也称产品系列或产品大类，是指在功能上、结构上密切相关，能满足同类需求的一组产品。每条产品线内包含若干个产品项目。

(3) 产品项目，是指产品线中各种不同品种、规格、型号、质量和价格的特定产品。产品项目是构成产品线的基本元素。例如，某企业生产电视机、电冰箱、空调器和洗衣机四个产品系列，即有 4 条产品线。其中，电视机系列中的 29 英寸彩色电视机就是一个产品项目。

2. 产品组合的广度、深度和关联性

(1) 产品组合的广度，是指一个企业生产经营的产品系列的多少，即拥有产品线的多少。产品线多，则产品组合广度宽，少则窄。

(2) 产品组合的深度，是指企业的每条生产线中产品项目的多少。产品项目多，则产品组合深度长，少则短。

(3) 产品组合的关联性，是指企业各条产品线在最终使用、生产条件、分销渠道或其他方面的相关程度。例如，一个企业生产牙膏、肥皂、洗涤剂、除臭剂，则产品组合的关联性较大；若这个企业同时又生产服装和儿童玩具，那么，这种产品组合的关联性就很小。

不同的产品组合的广度、深度和关联性，构成不同的产品组合方式。因此，企业的产品组合就是由这三个因素来描述的。表 7-1 是宝洁的产品组合关系。

表 7-1 宝洁公司产品组合(导入期)

	产品组合广度				
产品线深度	清洁剂 象 牙 汰 渍 快 乐 奥克雪多 德 希 波尔德 圭 尼 伊 拉	牙 膏 格 利 佳洁士	肥 皂 象 牙 科克斯 洗 污 佳 美 保洁净 海 岸 玉兰油	纸尿布 帮宝适 露 肤	纸 巾 媚 人 粉 扑 旗 帜 绝 顶

由此可见，产品组合的广度，表示企业生产经营的产品种类的多少和范围大小；产品组合的平均深度，表示企业生产经营的产品品种多少和复杂程度高低；产品组合的关联性，表示企业生产经营的产品之间相关性大小，以及对企业经营管理要求的高低。

三、产品组合策略

产品组合策略，是指企业根据市场需求和自身能力条件，确定生产经营规模和范围的决策。产品组合策略也就是企业对产品组合的广度、深度和关联性方面进行选择、调整的决策。企业在制定产品组合策略时，应根据市场需求、企业资源、技术条件、竞争状况等因素，经过科学分析和综合权衡，确定合理的产品结构。同时，随着市场因素的变化，适

时地调整产品组合，尽可能使其达到最佳化，为企业带来更多的利润。可供选择的产品组合策略一般有以下几种。

1. 扩大产品组合策略

扩大产品组合策略包括拓展产品组合的广度和加强产品组合的深度。

(1) 拓展产品组合的广度，是指在原产品组合中增加产品线，扩大经营范围。当企业预测现有产品线的销售额和利润率在未来一二年内可能下降时，就应考虑在现有产品组合中增加新的产品线，或加强其中有发展潜力的产品线，弥补原有产品线的不足。扩大产品组合的广度，有利于扩展企业的经营范围，实行多角化经营，可以更好地发挥企业潜在的技术和资源优势，提高经济效益，并可以分散企业的投资风险。在实施扩大产品组合广度策略时，要注重产品组合关联度研究，尽量选择关联度强的产品组合，这样可以增强企业在某一特定的市场领域内的竞争力和知名度。

(2) 加强产品组合的深度，是指在原有的产品线内增加新的产品项目，增加企业经营的品种。增加产品组合的深度，可以占领同类产品更多的细分市场，满足更广泛的市场需求，可以增强产品的竞争力。根据消费需求的变化，企业应该及时发展新的产品项目，增加产品项目可以通过发掘尚未被满足的那部分需求来确定。

2. 缩减产品组合策略

缩减产品组合，即指原产品组合中缩短产品线和减少产品项目，减少经营范围。市场繁荣时期，较长较宽的产品组合会为企业带来更多的盈利机会。但当市场不景气或原料、能源供应紧张时，缩减产品组合反而会使总利润上升。这是因为从产品组合中剔除了那些获利很少甚至亏损的产品线或产品项目，使企业可以集中力量发展那些获利多、竞争力强的产品线和产品项目。

3. 产品线延伸策略

产品线延伸是指部分或全部地改变企业原有产品线的市场定位。每一个企业生产经营的产品都有其特定的市场定位。例如，生产经营高级豪华的产品定位在高档市场，生产经营大众化的产品定位在低档市场，介于两者中间的产品定位在中档市场。产品线延伸策略可以分为以下三种。

(1) 向下延伸，即把企业原来定位于高档市场的产品线向下延伸，在高档产品线中增加低档产品项目。这种策略通常适用于下列几种情况：① 利用高档名牌产品的声誉，吸引购买力水平较低的顾客慕名购买这种产品线中的低档廉价产品；② 高档产品的销售增长速度下降，市场范围有限，且企业的资源设备利用不足；③ 企业最初进入高档产品市场的目的是建立品牌信誉，树立企业形象，然后再进入中、低档产品市场，以扩大销售增长率和市场占有率；④ 补充企业产品线上的空白，以填补市场空缺或防止新的竞争者进入。实行这种策略也会给企业带来一定的风险，如果处理不慎，很可能影响企业原有产品的市场形象及名牌产品的声誉。

(2) 向上延伸，即原来定位于低档产品市场的企业，在原有的产品线内增加高档产品项目。这种策略通常适用于下列几种情况：① 高档产品市场具有较高的销售增长率和毛利率；② 企业的技术设备和营销能力已具备进入高档市场的条件；③ 为了追求高、中、低档完备的产品线；④ 以较先进的产品项目来提高原有产品线的地位。采用这种策略的企业也要承担一定的风险，因为要改变产品在消费者心目中的地位是相当困难的，如果决策不当，不仅难以收回开发新产品项目的成本，还会影响老产品的市场声誉。

（3）双向延伸，即原定位于中档产品市场的企业，在掌握了市场优势以后，将产品项目逐渐向高档和低档两个方向延伸。这种策略在一定条件下有助于扩大市场占有率，加强企业的市场地位。但双向延伸策略在具体的实施中有相当的困难度，需要企业具有足够的实力。

知识链接

第二节　产品生命周期

一、产品生命周期的主要阶段

1．产品生命周期内涵

所谓产品生命周期，是指产品从投入市场开始，到退出市场为止所经历的全部时间。产品退出市场，并非是其本身质量或其他方面的原因，而是由于市场上出现了同种类型、同种用途的新产品，使老产品逐渐失去魅力，最终被市场淘汰。由于产品的具体情况不同，其生命周期的长短也不一致，有的跨越世纪，有的昙花一现。从总的趋势看，随着科学技术的加快发展，产品生命周期会日益缩短。

2．产品生命周期形态

典型的产品生命周期一般包括四个阶段：导入期、成长期、成熟期和衰退期，如图 7-2 所示。

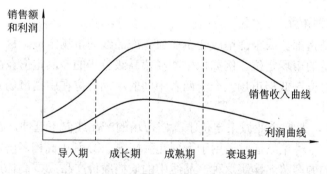

图 7-2　典型的产品生命周期曲线

并非所有产品的市场生命周期曲线都是标准型。它会随着外部营销环境的变化和产品本身的改变而发生变异。下面列出几种产品生命周期曲线的变化情况，如图 7-3、7-4 所示。

（1）增长—成熟—衰退—僵化型。当一个产品进入市场开始增长，随着销售量的增加，进入成熟期，使用的人越来越多，产品进入衰退期，但是并没有退出市场，而是进入僵化状态，一直发展下去。例如，电动剃须刀在首次引入时销售量增长迅速，然后跌落到"僵化"的水平，这个水平因不断有晚期采用者首次购买产品和早期采用者更新产品而得以维持。

（2）循环—再循环型。当一种产品进入衰退期，销量已经出现大幅下滑时，企业为延长产品的寿命，引入新技术、增添产品特色，或加大营销力度，采用更具吸引力的营销手段，以吸引、维护原有顾客继续使用，使产品进入一个新的循环周期。常用来说明新药品的销售，制药公司积极促销其新药品，从而产生了第一个循环；然后销售量下降，于是公司发动第二次促销活动，这就产生了第二个循环。

(3) 扇型。扇型也是一种常见的产品生命周期变异形态，它基于产品新特征、用途或用户的不断发现，使得产品的销售量不断呈现波浪式上升。

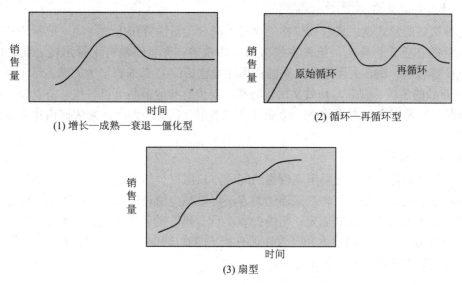

图 7-3　不规划产品生命周期形态

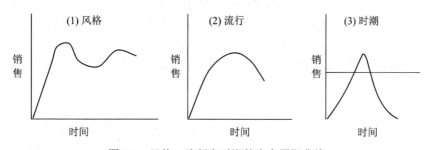

图 7-4　风格、流行和时潮的生命周期曲线

3. 风格、流行和时潮的产品生命周期

(1) 风格(style)是显示在人们努力的一个领域里所出现的一种基本的和独特的方式。风格会维持相当长的时间。

(2) 流行(fashion)是在既定的领域里被接受或流行的一种风格。

(3) 时潮(fad)是一种迅速进入公众眼睛的流行。它们被狂热地采用，很快地达到高峰，然后迅速衰退。

二、产品市场生命周期各阶段的特点和营销策略

1. 导入期的特点及营销策略

商品的导入期，一般是指新产品试制成功到进入市场试销的阶段。在商品导入期，由

于消费者对商品十分陌生，还不了解，只有少数追求新奇的顾客可能购买，销量很小，企业必须通过各种促销手段把商品引入市场，力争提高商品的市场知名度；另一方面，进入导入期的产品生产成本和销售成本相对较高，企业在给新产品定价时不得不考虑这个因素。所以，在导入期，企业营销的重点主要集中在促销和价格方面。一般由以下四种可供选择的市场战略：

1) 快速掠取策略

这种策略的形式是：采取高价格的同时，配合大量的宣传推销活动，把新产品推入市场。其目的在于先声夺人，抢先占领市场，并希望在竞争还没有大量出现之前就能收回成本，获得利润。适合采用这种策略的市场环境包括：① 必须有很大的潜在市场需求量；② 这种商品的品质特别高，功效又比较特殊，很少有其他商品可以替代。消费者一旦了解这种商品，常常愿意出高价购买；③ 企业面临着潜在的竞争对手，想快速地建立良好的品牌形象。

2) 缓慢掠取策略

这种策略的特点是：在采用高价格的同时，只用很少的促销努力。高价格的目的在于能够及时收回投资，获取利润；低促销的方法可以减少销售成本。这种策略主要适用于以下情况：① 商品的市场比较固定、明确；② 大部分潜在的消费者已经熟悉该产品，他们愿意出高价购买；③ 商品的生产和经营必须有相当的难度和要求，普通企业无法参加竞争，或优于其他原因使潜在的竞争不迫切。

3) 快速渗透策略

这种策略的方法是：在采用低价格的同时做出巨大的促销努力。其特点是可以使商品迅速进入市场，有效地限制竞争对手的出现，为企业带来巨大的市场占有率。该策略的适应性很广泛。适合该策略的市场环境包括：① 商品有很大的市场容量，企业渴望在大量销售的同时逐步降低成本；② 消费者对这种产品不太了解，对价格又十分敏感；③ 潜在的竞争比较激烈。

4) 缓慢渗透策略

这种策略的方法是：在新产品进入市场时采取低价格，同时不做大的促销努力。低价格有助于市场快速地接受商品；低促销又能使企业减少费用开支，降低成本，以弥补低价格造成的低利润或者亏损。适合这种策略的市场环境包括：① 商品的市场容量大；② 消费者对商品有所了解，同时对价格又十分敏感；③ 存在某种程度的竞争。

2．成长期的特点营销策略

商品的成长期是指新产品试销取得成功以后，转入成批生产和扩大市场销售额的阶段。在商品进入成长期后，有越来越多的消费者开始接受并使用，企业的销售额直线上升，利润增加。在此情况下，竞争对手也会纷至沓来，威胁企业的市场地位。因此，在成长期，企业的营销重点应该放在保持并且扩大自己的市场份额，加速销售额的上升。另外，企业还必须注意成长速度的变化，一旦发现成长的速度由递增变为递减时，必须适时调整策略。这一阶段可以适用的具体策略有以下几种：

(1) 积极筹措和集中必要的人力、物力和财力，进行基本建设或者技术改造，以利于迅速增加或者扩大生产批量。

(2) 改进商品的质量，增加商品的新特色，在商标、包装、款式、规格和定价方面做出改进。

(3) 进一步开展市场细分，积极开拓新的市场，创造新的用户，以利于扩大销售。

(4) 努力疏通并增加新的流通渠道，扩大产品的销售面。

(5) 改变企业的促销重点。例如，在广告宣传上，从介绍产品转为树立形象，以利于进一步提高企业产品在社会上的声誉。

(6) 充分利用价格手段。在成长期，虽然市场需求量较大，但有些适当的企业可以降低价格，以增加竞争力。当然，降价可能暂时减少企业的利润，但是随着市场份额的扩大，长期利润还可望增加。

3．成熟期的特点及营销策略

商品的成熟期是指商品进入大批量生产、而在市场上处于竞争最激烈的阶段。市场需求趋向饱和，潜在顾客已经很少，销售额增长缓慢转而下降。通常这一阶段比前两个阶段持续的时间更长，大多数商品均处在该阶段，因此管理层也大多数是在处理成熟产品的问题。

在成熟期，有的弱势产品应该放弃，以节省费用开发新产品；但是同时也要注意原来的产品可能还有其发展潜力，有的产品就是由于开发了新用途或者新的功能而重新进入新的生命周期的。因此，企业不应该忽略或者仅是消极地防卫产品的衰退，而是应有系统地考虑市场、产品及营销组合的修正策略。

(1) 市场修正策略，即通过努力开发新的市场来保持和扩大自己的商品市场份额。

① 通过努力寻找市场中未被开发的部分，例如使非使用者转变为使用者。

② 通过宣传推广，促使顾客更频繁地使用或每一次使用更多的量，以增加现有顾客的购买量。

③ 通过市场细分化，努力打入新的市场区划，例如地理、人口、用途的细分。

④ 赢得竞争者的顾客。

(2) 产品改良策略，即企业可以通过产品特征的改良来提高销售量。

① 品质改良，即增加产品的功能性效果，如耐用性、可靠性、速度及口味等。

② 特性改良，即增加产品的新的特性，如规格大小、重量、材料质量、添加物以及附属品等。

③ 式样改良，即增加产品美感上的需求。

(3) 营销组合调整策略，即企业通过调整营销组合中的某一因素或者多个因素以刺激销售。

① 通过降低售价来加强竞争力。

② 改变广告方式以引起消费者的兴趣。

③ 采用多种促销方式，如大型展销、附赠礼品等。

④ 扩展销售渠道、改进服务方式或者货款结算方式等。

4．衰退期的特点及营销战略

衰退期是指商品逐渐老化，转入商品更新换代的时期。当商品进入衰退期时，企业不能简单地一弃了之，也不应该恋恋不舍，一味维持原有的生产和销售规模。企业必须研究商品在市场的真实地位，然后决定是继续经营下去，还是放弃经营。

(1) 维持策略，即企业在目标市场、价格、销售渠道、促销等方面维持现状。由于这一阶段很多企业会退出市场，因此，对一些有条件的企业来说，并不一定会减少销售量和利润。使用这一策略的企业可配以商品延长寿命的策略，企业延长产品寿命周期的途径是多方面的，最主要的有以下几种：

① 通过价值分析，降低产品成本，以利于进一步降低产品价格。

② 通过科学研究，增加产品功能，开辟新的用途。

③ 加强市场调查研究，开拓新的市场，创造新的内容。

④ 改进产品设计，以提高产品性能、质量、包装、外观等，从而使产品寿命周期不断实现再循环。

(2) 缩减策略，即企业仍然留在原来的目标上继续经营，但是根据市场变动的情况和行业退出障碍水平在规模上做出适当的收缩。如果把所有的营销力量集中到一个或者少数几个细分市场上，以加强这几个细分市场的营销力量，也可以大幅度地降低市场营销的费用，以增加当前的利润。

(3) 撤退策略，即企业决定放弃经营某种商品以撤出该目标市场。在撤出目标市场时，企业应该主动考虑以下几个问题：

① 将进入哪一个新区域，经营哪一种新产品，可以利用以前的哪些资源。

② 品牌及生产设备等残余资源如何转让或者出卖。

③ 保留多少零件存货和服务以便在今后为过去的顾客服务。

知识链接

第三节　品牌与商标策略

一、品牌的基本概念

品牌是用以识别某个销售者或某群销售者的产品或服务，并使之与竞争对手的产品或服务区别开来的商业名称及其标志，通常由文字、标记、符号、图案和颜色等要素或这些要素的组合构成。就其实质来讲，它代表着销售者对交付给买者的产品特征、利益和服务的一贯性的承诺。具体包括：① 品牌名称，指品牌中可以用语言称谓表达的部分，如李宁、耐克、麦当劳；② 品牌标志，指品牌中可被认出、易于记忆但不能用言语称呼的部分。

二、品牌设计

在品牌的设计过程中，应该遵循以下原则：

1. 简练醒目，易读、易记、易认

品牌的文字内容要精练、醒目、易读、易记、易认，发音悦耳和谐，字数在2～5个字之间。

2. 构思巧妙，内涵丰富，具有超前意识

品牌在设计时，可以参照企业名称、姓氏、人名、产品功能、动植物名称、风景名胜、

数字和具有吉祥象征性意义的词汇，以引起消费者的遐想和对未来的向往。如一种便携式氧气发生器原来叫"高山牌"，市场反应冷淡，改名为"氧立得"后，使人一望而知其用处，销量大增。

3. 品牌设计需要符合法律规定，遵守品牌产品覆盖区域的要求

品牌设计不能使用与国际上通行的标识、国家名称、国旗、国徽、军旗、勋章相同或相近的文字图案。

三、品牌策略

企业常常面临的品牌决策有以下几种：

1. 品牌建立决策

有关品牌的第一个决策就是决定是否给产品加上一个品牌。一般来说，使用品牌具有积极的作用，既有对营销者的作用，也有对消费者和市场的作用。品牌所起的作用在商品经济高度发达的今天体现得十分突出，一切产品几乎都有品牌。一方面，越来越多传统上不用品牌的商品纷纷品牌化；另一方面，名牌也成为一种无形资产。名牌是产品质量的反映，是企业信誉的标志，它可以去收购、兼并别人的有形资产，从而扩大自己的声誉。世界一流企业无不是以名牌打天下，如美国的可口可乐、德国的奔驰、日本的丰田等。

2. 品牌归属决策

品牌归属决策是指使用哪家品牌，具体有三种方式可以选择：

1) 使用制造商品牌

若制造商具有良好市场信誉，拥有较大市场份额，则使用制造商品牌。制造商所拥有的注册商标是一种工业产权，它的价值由商标信誉的大小所决定。享有盛誉的著名商标可租借给别人使用，并收取一定的特许权使用费。

2) 使用中间商品牌

中间商在某一市场领域拥有良好品牌信誉及庞大完善的销售系统，那些新进入市场的中小企业往往借助于中间商商标。西方国家已有越来越多的中间商使用自己的品牌。美国著名的大零售商西尔斯公司已有90%以上的产品使用自己的品牌。

3) 制造商品牌与中间商品牌混合使用

(1) 制造商在部分产品上使用自己的品牌；另一部分以批量卖给中间商，使用中间商品牌，以求既扩大销路又能保持本企业品牌特色。

(2) 为进入新市场，可先采用中间商品牌，取得一定市场地位后改用制造商品牌。日本索尼公司的电视机初次进入美国市场时，在美国最大的零售商店西尔斯(S·R)出售，用的是 S·R 品牌，之后索尼公司发现其产品很受美国人的欢迎，就改用自己的品牌出售了。

(3) 制造商品牌与销售商品牌同时使用，兼收两种品牌单独使用的优点。许多大型零售商店，如上海中百一店、北京王府井百货大楼均出售数以万计的商品，有不少商品同时使用两种品牌。商品上除了使用制造商品牌外，还标明上海中百一店或北京王府井百货公司监制或经销。这种混合品牌策略对产品进入国外市场也很有帮助。

3. 品牌统分决策

制造商决定使用自己的品牌，但各产品分别使用不同的品牌，或是使用一个统一的品牌，或几个品牌。可供选择的策略有以下几种：

1) 个别品牌

企业各种不同的产品分别使用不同的品牌。① 有利于企业扩充高、中、低档各类产品，以适应市场不同需求。② 产品各自发展，在市场竞争中加大了安全感。如宝洁公司生产的各种日化产品，分别使用汰渍、奥妙、碧浪等不同品牌；并创造了飘柔、海飞丝、潘婷、沙萱、润妍等不同洗发水品牌。

2) 统一品牌

企业所有产品统一使用一个品牌，也称为整体的家族品牌。① 节省品牌设计和广告费用。② 有利于为新产品打开销路。如我国上海益民食品公司的所有产品都是"光明牌"；美国通用电气公司的所有产品都统一使用"GE"这个品牌名称。

3) 分类品牌

(1) 各产品线分别使用不同品牌，避免发生混淆。如西尔斯公司所经营的器具类产品、妇女服装类产品、主要家庭设备类产品分别使用不同的品牌名称；美国斯维夫特公司同时生产火腿和化肥两种截然不同的产品，分别使用普利姆和肥高洛的品牌名称。

(2) 生产或销售同类型的产品，但质量水平有差异也使用不同品牌以便于识别。巴盟河套酒业公司生产的白酒，一等品的品牌名称是河套王，以下依次是河套老窖、河套人家等 300 多个名称。

4) 企业名称加个别品牌

这是统一品牌与个别品牌同时并行的一种方式。在产品的品牌名称前冠以企业名称，可使产品正统化，既享有企业已有的信誉，又可使产品各具特色。如美国通用汽车公司(GM)所生产的各种小轿车分别使用不同的品牌：卡迪拉克、土星、欧宝、别克、奥斯莫比、潘蒂克、雪佛莱等，每个品牌上都另加"GM"两个字母，以表示通用汽车公司的产品。

四、商标及其作用

1. 商标的含义

商标是代表产品一定质量的标志，一般用图形、文字、符号注明在产品、产品包装及各种形式的宣传品上面。

商标是一个法律概念，是经过政府有关部门注册获得专用权而受法律保护的一个品牌或品牌的一部分。当品牌在政府有关部门依法注册并取得专用权后，称为商标。为此，商标不同于一般的营销术语，是企业产品名称的法律界定。商标必须经过国家权威机构，依法定程序审核通过后才能获取的。商标是国家依法授予企业并受到法律保护的一项重要的知识产权。

商标与品牌是密切相连的，它们都是以消费者为主导，由企业创造和培育的，是产品功能属性、情感诉求、商誉和企业形象的综合反映和体现。一个企业可以使用品牌，亦可使用商标，目的都是为显示企业产品的特性，以区别于其他同类产品，这是共同点。但是，商标并不等于品牌，商标是品牌的法律用语。商标必须进行注册，防止他人仿效，也就是说，商标是受法律保护的品牌，而没有进行注册的品牌不具有这一属性。商标属于企业的知识产权，商标权是企业的一种财产权，是构成企业的无形资产的一部分。在激烈的市场竞争中，商标不仅是消费购物的导向，也是成为企业走向市场的"护照"，是企业参与市场竞争的重要手段。

2．商标的作用

商标在人们日常生活中的地位和作用越来越重要。商标对消费者的作用具体表现在以下几个方面：

(1) 商标的市场旗帜作用。企业是以商标来区别不同竞争者的产品，以表明产品的归属。商标凝聚了企业产品的质量、性能、风格与服务的特点，是企业经营管理理念、管理水平、科技水平、人员素质的高度概括和集中反映。商标特别是名牌商标能为大众识别和认同，商标的市场导向是非常鲜明的。索尼、丰田、可口可乐、宝洁、麦当劳、宝马等都是高举著名商标大旗迈进中国市场，赢得消费者青睐的。

(2) 商标是质量和信誉的保证。不同的商标代表着不同的产品品质和利益，体现了企业的目标市场定位和自身的追求，因此，消费者可以根据自己的需要选择自己喜好商标的产品或服务。

(3) 商标的文化导向作用。商标具有不同于物质形态产品的情感表达、价值认同、社会识别等文化品位的内涵，企业在设计自己产品商标时，极力寻找商标的情感诉求焦点，塑造自己品牌的文化品位，从而潜移默化引导人们的消费。而消费者的认牌选购也是以选择商标来显示身份或为某一社会群体认同。随着社会经济的发展，商标的文化导向对人们的生活方式和消费理念的影响将越来越大。

3．商标的意义

商标不仅对一般消费者有如此重要的作用，对企业来说也同样具有重要的意义：

(1) 商标是维护企业权益的法律武器。商标是法律术语，产品商标是受法律保护的。商标的注册人对其商标拥有独占的权力，能够获得法律赋予的商标专用权、使用许可权、继承权、转让权和法律诉讼权。企业可以凭借商标的这些权力获取自身的利益，这种利益是受法律保护的。

(2) 商标是企业有力的竞争手段。商标特别是名牌商标具有巨大的市场开拓能力，可以形成超常的市场占有率和广泛的市场覆盖率；商标具有产品的组合效应，当商标有了知名度之后，即可以将主商标进行延伸和组合，来迅速占领市场。以宝洁公司为例，目前全世界一百多个国家和地区近五十亿人都在使用"宝洁"，旗下的各种品牌商标，在国际市场中居于领先地位。商标还可以作为市场扩张的手段，以品牌商标进行兼并、控股、联营，加大联盟，聚全优势，增强企业的竞争实力。

(3) 商标是企业重要的无形资产。商标是一种知识产权，凝聚着企业技术、管理、营销等方面的智力创造，受国际"马德里协定"保护。从经济角度讲，商标又是与企业有形资产相对应的无形资产。企业可利用这一无形资产在不花任何实物投资的情况下进行扩张和延伸，兼并他人的资产。在现代市场经济下，以商标这一无形资产进行虚拟经营来壮大自己、拓展市场已是屡见不鲜的战略举措。

（4）商标具有超值的创利能力。商标具有良好的形象和声誉，从而会大大提高产品的附加值，使产品在满足消费者物质需要的同时，增加消费者精神的满足感，能够减少价格上升对需求的抑制作用，使企业获得超值利益，如意大利的"老人头"牌真皮皮鞋，其价格是普通皮鞋的数倍，"金利来"领带价格是一般领带的几倍。

知识链接

第四节　包装和标签策略

一、包装的含义与作用

1．包装的含义

包装是指对某一品牌商品设计并制作容器或包扎物的一系列活动，其构成要素有以下几个方面：

（1）商标、品牌，是包装中最主要的构成要素，应占据突出位置。

（2）形状，是包装中必不可少的组合要素，有利于储运、陈列及销售。

（3）色彩，是包装中最具刺激销售作用的构成要素，对顾客有强烈的感召力。

（4）图案，在包装中，其作用如同广告中的画面。

（5）材料，包装材料的选择，影响包装成本，也影响市场竞争力。

（6）标签，含有大量商品信息，包括印有包装内容和产品所含的主要成分、品牌标志、产品质量等级、生产厂家、生产日期、有效期和使用方法等。

2．包装的作用

1) 保护商品

保证产品从出厂到消费整个过程中不致损坏、散失、溢出或变质。不仅要保护产品本身，还要注意环境安全保护。

2) 促进销售

包装具有识别和推销功能。美观大方、漂亮得体的包装不仅能够吸引顾客，而且能够刺激消费者的购买欲望。据美国杜邦公司研究发现，63%的消费者是根据商品包装作出购买决策的，因此可以说，包装是"沉默的推销员"。

3) 增加盈利

优良、美观的包装往往可抬高商品的身价，使顾客愿意付出较高的价格购买。如苏州生产的檀香扇，在香港市场上原价是65元一把，后来改用成本是5元钱的锦盒包装，售价达165元，结果销量还大幅度提高。

4) 便于储运

包装便于商品装卸，节约运力，加速流转，保护质量。

二、包装的设计

包装是产品的"外衣"，具有宣传产品，促进销售的功能。不同的产品有不同的包装设计要求，但都应遵循一定的基本原则。

1．安全原则

安全是包装设计最基本的原则，在包装过程中，所选择的包装材料以及包装物的制作，都必须适合被包装产品的物理、化学、生物性能，以保证产品不损坏、不变质、不变形、不渗漏、不串味，还要保护环境安全。

2．印象原则

产品包装要充分显示产品的特色和风格，造型新颖别致，图案生动形象，在众多的产品中具有强烈的标识感受和艺术性，给人留下深刻、美好的印象。高档商品和艺术品的包装要烘托出其高贵典雅的气氛，一般的低价商品也要精心设计，巧妙打扮，使人感到其价廉物美，与众不同。

3．沟通原则

包装要准确、鲜明、直观地传递产品的信息，并能显示涵义，引起联想。包装的文字与图案说明要全面反映产品的各项属性，便于顾客了解、比较和选择。

4．经济原则

包装材料的选择务求安全、牢固、价低，内部结构要科学合理，外观形状美观大方，既能保护产品，又无不良副作用，也不致造成成本过高，加重消费者不必要的负担。尤其要防止出现小商品大包装和低价商品豪华包装的浪费现象。

5．信誉原则

企业应从维护消费者利益出发，尽量采用新材料、新技术，为消费者着想，给消费者方便，树立企业良好的信誉。杜绝在包装上弄虚作假、欺骗蒙蔽等损害消费者利益的不道德行为。

6．尊重宗教信仰和风俗习惯

在包装设计中，必须尊重各国和各地区本土文化对包装的要求。包装的颜色、图案和文字不能有损消费者宗教情感和本地的风俗习惯。

三、包装策略

1．类似包装策略

类似包装策略也叫产品线包装，指企业生产的各种产品，在包装上采用相同的图案、相近的颜色，体现出共同的特点。类似包装策略有如下特点：

(1) 节约设计和印刷成本。

(2) 易树立企业形象，提高企业声誉及新产品推销。

(3) 某一产品质量下降会影响到类似包装的其他产品的销路。

2．等级包装策略

等级包装策略指企业为不同等级质量的产品分别设计和使用不同的包装。它可以适应不同的购买力水平或不同顾客的购买心理，从而扩大产品销售。

(1) 不同质量等级的产品分别使用不同包装，表里一致，高档产品为优质包装，普通产品用一般包装。

(2) 同一商品采用不同等级包装，以适应不同购买力水平或不同顾客的购买心理。

3．异类包装策略

异类包装策略指企业各种产品都有自己独特的包装，设计上采用不同风格、不同色调、不同材料。

(1) 不致因某一种商品营销失败而影响其他商品的市场声誉。

(2) 增加了包装设计费用，新产品进入市场时需更多的销售推广费用。

4．配套包装策略

配套包装策略指企业将几种相关的商品组合配套包装在同一包装物内。

(1) 方便消费者购买、携带与使用。

(2) 利于带动多种产品销售及新产品进入市场。

5．再使用包装策略

再使用包装策略指包装物内商品用完之后，包装物本身还可用作其他用途。

(1) 通过给消费者额外的利益而扩大销售，同时包装物再使用可起到延伸宣传的作用。

(2) 这种包装策略的刺激只能收到短期效果。

6．附赠品包装策略

附赠品包装策略指在包装物内附有赠品以诱发消费者重复购买，是一种有效的营业推广方式。

7．更新包装策略

更新包装策略指企业的包装策略随市场需求的变化而改变的做法，可以改变商品在消费者心目中的地位，进而收到迅速恢复企业声誉之佳效。

四、标签

标签是用作辨别证明的东西，尤指附于某物用于标明该物来源、所有者、内容、用途或目的地的一小片纸或布抑或其他材料。对产品来讲，只有包装而没有文字说明也不行。和包装一样，标签也要适合购买者的要求，使他们能从中了解和比较不同品牌的产品。在销售者看来，良好的标签可以起到包装所未起到的作用。当包装吸引住顾客并使他们发生兴趣后，标签则去刺激顾客的购买欲望，甚至说服他们去购买这些产品。标签上的信息一般包括与产品有关的制造厂家或零售商及其所在地、产品类型、品牌名称、质量、成分、产品使用说明、注意事项以及使用该产品的好处。标签有三种类型，即品牌、等级和描述性标签。

1．品牌标签

品牌标签是指说明品牌名称的标签，它不提供有关产品的更多的信息。例如，有些香蕉只标上"救济品"；服装或鞋的标签上只写着品牌名称。

2．等级标签

等级标签说明产品质量、功能、用途等，常用"1、2、3"这样的数字标注。倾向等级标签的人(包括保护消费者利益运动者)声称,这种标签清楚、简练、真实并容易理解,可以使消费者更明智地进行购买。等级标签的批评者则不同意这种观点,他们说,款式和味道、色彩与风味等方面不能以等级来划分。因为消费者各有所好,所以不存在一个唯一的通用的标准。

3. 描述性标签

描述性标签说明有关产品实体情况,产品所用的原料、结构、性能及用法等。不难猜想,生产商喜欢用描述性标签而不愿意用等级。某些描述性标签需要依照法律的要求来制作,如许多产品的标签必须列出成分;食品必须随附一个说明营养成分的标签。

知识链接

第五节 新产品策略

一、新产品及新产品开发的重要性

1. 新产品开发概念

市场营销学中的新产品含义与科技开发中的新产品含义并不完全相同,其内容要广泛得多。市场营销理论是从"产品整体概念"角度出发,强调消费者的观点,对新产品的定义是:凡是消费者认为是新的,并能从中获得新的满足、可以接受的产品都属于新产品。根据这一理解,新产品可以分为以下几种:

1) 全新产品

全新产品即科技型新发明的产品,是指采用新原理、新技术及新材料研制成功的前所未有的产品。这种产品往往代表了科学技术发展史上的一个新突破,甚至将改变人们的生活习惯和生活方式。例如,打字机、电话、汽车、飞机、尼龙、电视机、复印机、电子计算机等,就是 19 世纪 60 年代到 20 世纪 60 年代之间世界公认的最重要的新产品。每个新产品的诞生,都是科学技术的一项重大发明创造,因而极为难得,这不是一般企业能够胜任的。因为一个完全创新产品的出现,从理论到应用,从实验试制到组织大批量生产,不仅时间过程长,而且投资代价大。

2) 换代产品

换代产品即在原有产品的基础上,利用现代科学技术制成的具有新的结构和性能的产品。例如,黑白电视机革新为彩色电视机;电子计算机从最初的电子管,经历了晶体管、集成电器、大规模集成电路几个阶段,发展到现在的人工智能电脑。开发换代新产品较开发全新产品,技术上难度降低,效果好且风险小。

3) 改进产品

改进产品即对原有产品在品质、性能、结构、材料、花色、造型或包装等方面作出改进而形成的产品。这种新产品与原有产品差别不大,往往是在原有产品的基础上派生出来的变型产品。例如,自行车由单速改进为多速;牙膏由普通型改为药物型。这是企业较容易开发的新产品,因此,发挥余地大,竞争也相对激烈。

4) 仿制产品

仿制产品即对市场上已有产品进行模仿或稍作改变，而使用一种新牌号的产品。这种产品对较大范围的市场而言，已不是新产品，但对本地区或本企业来说，则可能是新产品。我国企业引进先进技术和设备，生产国外市场已经存在而国内市场还没有出现的产品；或者模仿生产从国外进口的产品和国内其他企业生产的产品，就属于仿制新产品。由于市场上有现成的样品和技术可供借鉴，为仿制产品提供了有利的客观条件。企业根据市场需求和自身条件，模仿生产某些有竞争力的新产品，能缩短开发时间，节省研制费用，提高产品质量。但应注意，仿制产品不能完全照搬照抄，应对原有产品尽可能有所改进，突出某些方面的特点，以提高产品的竞争力。另外，要妥善处理好产品的专利权和技术转让问题，防止发生违法行为。

以上四种新产品尽管"新"的角度和程度不同，科技含量相差悬殊，但都有一个共同特点，就是消费者在使用时，认为它与同类产品相比更具特色，能带来新的利益和获得更多的满足。

2. 新产品开发意义

1) 新产品开发是推动社会进步、促进生产力发展的重要条件

新产品开发，尤其是全新型新产品的出现，是科学技术进步和社会生产力发展的结果。新产品的出现又可以进一步促进科学技术和社会生产力的发展，推动社会不断前进。因为有些新产品本身就是先进生产力的要素，人们利用这些要素可以取得科学技术的更大进步，生产效率得以更快提高。

2) 新产品开发是满足消费需求、提高企业效益的根本途径

市场消费需求是变化的，不断产生的新消费需求，为企业提供了新的市场、新的获利机会。随着社会经济的发展，消费者的购买力水平不断提高，生活质量日益改善，消费需求的个性越来越突出，消费需求的变化周期也越来越短。这些市场变化，都要求企业不断地开发新产品，以适应消费需求新的变化，从而来扩大企业市场销售，提高企业盈利水平。

3) 新产品开发是巩固市场、保证市场占有率的主要手段

新产品的开发和研制，虽然是一项耗资巨大的支出，但从长远来看，这种支出可以使企业取得较为巩固的市场地位。当一种产品在市场上滞销时，可以立即转产另一种新产品，就不会因老产品的淘汰停产而导致企业发生经营困难。因此，有战略眼光的企业经营者都不惜代价，不断研制开发新产品，使企业同时拥有多种产品，做到生产一代，掌握一代，研制一代，设计一代，构思一代，由新产品不断补充老产品退出市场的位置。新产品开发的持续进行，能使企业的市场销售量和利润始终保持上升的势头，或至少保持平稳，避免生产经营上的大起大落。

4) 新产品开发是应对竞争、减少风险的有力武器

企业产品的竞争能力在很大程度上取决于企业能否及时向市场提供适销对路的新产品。在现代营销中，产品的更新换代往往是企业竞争的需要，更是应对竞争、减少风险的有力武器。一个企业如果不能经常不断地向市场推出技术先进的新产品，就无法与竞争对手较量，就会败下阵来。为此，要使企业在激烈的市场竞争中立于不败之地，就必须把新

产品开发作为最基本、最重要的竞争策略。一个有竞争能力的企业必须能够持续地开发新产品，使企业在某些产品面临衰退前，第二代产品已进入快速成长期；当第二代产品处在成熟期时，第三代产品已进入引入期；而第四、第五代产品又在构思酝酿之中。这样，新产品一代接一代，源源不断地推向市场，就会使企业充满活力，长盛不衰。

二、新产品开发遵循的原则

新产品开发应遵循以下原则：

(1) 从社会实际情况出发，依靠科技进步，不断创新，努力生产出适应市场需求的新产品。

(2) 保持新产品开发的连续性。开发新产品既要多样化，又要保持前后衔接，使企业能持续地以新颖、适销对路的产品供应市场。

(3) 提高产品开发通用化、标准化和系列化水平，这既能减少设计、制造的工作量，加速新产品开发和制造的进程，也便于使用、维护和保养，从而降低开发制造和使用过程的费用。

(4) 符合国家颁布的政策、法令和法规。企业若不注意相关的法令法规，会使其付出巨大人力和财力开发出的新产品，因不符合国家的能源、环保、安全卫生、技术等方面的规定而被扼杀在摇篮之中，使企业遭受难以弥补的损失。

三、新产品开发的过程

新产品开发是一项艰巨而又复杂的工作，它不仅需要投入大量的资金，而且其最终是否能被消费者所接受，存在很大的不确定性。因此，新产品开发具有一定的风险性。为了把风险降到最低程度，新产品开发应按科学的程序进行。一般需要经过以下几个阶段：

1. 新产品构思

新产品构思是指提出新产品的设想方案。一个成功的新产品，首先来自于一个有创见性的构思。企业应该集思广益，从多方面寻找和收集好的产品构思。新产品构思的来源有消费者和用户、科研机构、竞争对手、商业部门、企业职工和管理人员、大专院校、营销咨询公司、工业顾问、专利机构、国内外情报资料等。其中，调查和收集消费者和用户对新产品的要求，是新产品构思的主要来源。实践证明，在此基础上发展起来的新产品成功率最高。据有关调查显示，除军用品外，美国成功的技术革新和新产品有 60%～80% 来自用户的建议，或用户在使用中提出的改进意见。

2. 新产品构思方案筛选

新产品构思方案筛选是指对所有新产品构思方案，按一定评价标准进行审核分析、去粗取精的过程。企业收集的新产品构思不可能全部付诸实施，因而需通过筛选，淘汰那些不可行或可行性较低的构思，使企业有限的力量能集中用于少数几个成功机会较大的新产品开发。新产品构思方案选优的具体标准是因企业而异的。企业一般都要考虑两个因素：一是构思方案是否符合企业目标，包括利润目标、销售目标、销售增长目标以及企业形象目标等；二是构思方案是否适应企业的能力，包括开发新产品所需的资金、技术和设备等。

在筛选过程中，还要特别注意避免"误舍"和"误取"。"误舍"是指企业由于未能充分认识某一构思方案的潜力和作用，而将其舍弃，使企业痛失良机；"误取"是指企业错误估计一个没有前途的产品构思方案而付诸实施，使企业蒙受损失。因此，企业要对评审的构思方案作全面、正确的分析，选择市场有需求、资源有保证、投资有效益的新产品开发最优方案。

3．新产品概念的形成

新产品构思经过筛选，还需进一步形成比较具体、明确的产品概念。产品概念是指已经成型的产品构思。在将产品构思以文字、图案或模型描绘出明确的设计方案之后，再经由设计鉴定工作对各方面条件作综合分析，并听取顾客对有关方案的意见，最后选定一种最佳的设计方案，使企业获得一个较为清晰的产品概念。

4．新产品设计试制

新产品设计试制是指把选定的产品构思付诸实施，使之转变为物质性产品的过程。经过筛选和可行性分析，具有开发价值的新产品构思方案则进入产品形体的设计试制阶段，包括产品设计、样品试制、产品鉴定等步骤。

1）产品设计

在对新产品的原理、结构进行分析研究的基础上，具体规定产品的基本特征、主要用途、使用范围、技术规格、结构形式、主要参数、费用预算、目标成本以及产品品牌名和包装，确定制造产品的材料、工艺等，并制定各种相应的技术文件。新产品的设计，应符合国情民意，贯彻国家有关的政策法令，适应消费要求，做到技术先进、结构合理、使用方便、经济安全。

2）样品试制

由研制部门按设计方案制作出新产品的实体样品，并对其功能、结构、型号、尺寸、颜色、包装、价格等内涵和外观进行多种组合，制成不同的样品模型，再提供给科研部门或消费者作实地试验和使用，全面考核了解产品的质量、性能、结构、工艺和消费者的偏好，广泛征询意见，及时发现问题，以便优化设计方案，提高工艺水平。新产品试制是一个多次反复的过程，要根据多种渠道所反馈的信息，使之不断完善、合理，然后挑选技术上、经济上都切实可行的样品作为定型产品。

3）产品鉴定

检验新产品是否达到设计要求，各项技术经济指标是否符合规定标准，通常由专业机构或企业自身对产品作出总体评价，以确定是否正式投产。对于医疗卫生、食品饮料和电工电气等类产品，还须经有关部门检验，批准许可后才能生产销售。

5．拟定新产品营销规划

拟定新产品营销规划是指企业在选定新产品开发方案后，拟定该产品进入市场的基本营销计划。它一般包括三部分内容：① 确定将来新产品目标市场的规模、特点、消费者购买行为、新产品的市场定位、可能的销售量、市场占有率和利润率等；② 确定新产品的市场价格、分销渠道和市场营销费用；③ 新产品中、长期的销售额和目标利润，以及产品不同生命周期的市场营销组合策略。

6．商业分析

商业分析，即新产品的经济效益分析，也就是根据企业的利润目标，对新产品进行财务上的评价。商业分析主要包括以下内容：① 预测新产品的市场销售额和可能的生命周期；② 预测新产品可能的市场价格和开发新产品总的投资费用及其风险程度；③ 对新产品预期的经济效益作出综合性的分析和评价。

7．新产品试销

新产品试销是指新产品基本定型后，投放到经过挑选的有代表性的一定市场范围内进行销售试验。其目的是检验在正式销售条件下，市场对新产品的反应，以便具体了解消费者的喜爱程度、购买力状况和不同的意见要求，为日后批量生产提供参考依据。通过试销，一方面可以进一步改进产品的品质；另一方面能帮助企业制订出有效的营销组合方案。

根据新产品试销的不同结果，企业可以作出不同的决策。试销结果良好，可全面上市；试销结果一般，则应根据顾客意见修改后再上市；试销结果不佳，应修改后再试销，或停止上市。当然，并非所有的新产品都要经过试销，成功把握较大的新产品就不必试销，以免失去市场机会。还有价格昂贵的特殊品、高档消费品和少量销售的工业品，通常也不经过试销而直接推向市场。

8．新产品正式上市

新产品正式上市是指经过试销获得成功的新产品，进行大批量生产和销售。这是新产品开发的最后一个程序。至此，新产品也就进入了商业化阶段。为了使新产品顺利上市，企业应对其入市时机和地点进行慎重决策。在入市时机上，如果新产品是替代本企业老产品的，应在原有产品库存较少时上市，以避免对原有产品销路产生影响；如果新产品的需求具有较强的季节性，应在需求旺季上市，以争取最大销量；如果新产品需要改进，则应等到其进一步完善后再上市，切忌仓促上市。在入市地点上，一般采用"由点到面、由小到大"的原则，先在某一地区市场上集中搞好新产品的促销活动，逐步扩大市场份额，取得消费者的信任，然后再向更广的市场扩展。但实力雄厚并拥有庞大销售网络的大企业，也可将新产品直接推向国内外市场。

四、新产品的扩散

新产品一旦进入市场，企业的任务就是抓住时机进行推广，达到使消费者普遍接受的目的。在这个阶段，要考虑消费者的心理因素，具体地研究消费者接受新产品在心理上的一般规律。在采用新产品的过程中，消费者接受商品具有"阶段性"，这些阶段既是相互联系的又是有序的。

1．认知或知晓

这是消费者获取关于新产品信息的第一步。消费者开始知道了有某种新产品存在，企业应想方设法吸引消费者的注意，建立初步印象。消费者的"知晓"往往通过多条渠道获得。

2．兴趣

产品或服务不但引起了消费者的注意，而且使消费者产生了一定的兴趣。产生兴趣的消费者会自然地成为"信息寻求者"的角色，查找有关商品和服务的资料，进行各种对比分析。

3. 欲望

在发生兴趣、对商品进一步了解的基础上，消费者产生了对商品或服务的渴求。企业若在这个阶段能适时、适地地让消费者了解产品的优点，进一步诱发购买是水到渠成的事。

4. 确信

通过前几个阶段，消费者确信商品对自己是适用的，购买的决心已下。

5. 成交

消费者从思想观念到行动，接受了新产品，正式付诸购买行动。

以上介绍了一般的心理活动过程，但不同的消费者对新产品的态度不同，因此，还得研究不同的消费者。有的市场学者做了一些调查，将消费者采用新产品的情况按其态度分为以下五类：

(1) 最早采用者，又叫革新型的购买者，这类人对新产品敏感，消息灵通，喜欢创新，占消费者群的 2.5%，被称作"消费先驱"，这类消费者在购买中起示范作用，是企业推广新产品的极好目标。

(2) 早期采用者，这类人喜欢评论，好鉴赏，以领先为荣，占消费者群的 13.5%。

(3) 中期采用者，这类人性格上较稳重，接触外界的事物多，一般经济条件较好，愿用新产品，占消费者群的 34%。

(4) 晚期采用者，他们与外界接触少，经济条件差些，一般不主动采用新产品，而是待大多数人证实其效用后方才采用，这种人占消费者群的 34%。

(5) 最晚采用者又称保守型的消费者，他们为人拘谨，对新产品总是持怀疑与反对态度，只有待新产品已成传统式产品才采用，这种人占消费者群的 16%。

知识链接

模块二　技　能　训　练

案例分析 ✐

润妍：三年准备，一年败北

2002 年宝洁在中国市场打了败仗，所推出的第一个针对中国市场的本土品牌——润妍洗发水一败涂地，短期内就黯然退市。

润妍洗发水的推出，是为了应对竞争对手对其持续不断发动的"植物""黑发"概念进攻。在"植物""黑发"等概念的进攻下，宝洁旗下产品被竞争对手贴上了"化学制品""非黑发专用产品"的标签。因为这些概念根植于部分消费者的头脑中，无法改变，所以面对这种攻击，宝洁无法还击。

为了改变这种被动的局面，宝洁从 1997 年调整了其产品战略，宝洁决定为旗下产品引入"黑发"和"植物"概念品牌。在新策略的指引下，宝洁按照其一贯流程开始研发新产品。从消费者到竞争对手，从名称到包装，宝洁处处把关，花费三年时间完成。

在产品特点上，润妍采用和主流产品不同的剂型，需要经过洗发和润发两个步骤，比起"2合1"产品，消费者洗头时间拖长一倍。润妍把目标消费群体定位于高知识城市白领女性，然而这个群体对黑头发并不感兴趣。

在价格上，润妍沿袭了飘柔等旧有强势品牌的价格体系，在这种价格体系下，经销商没有利润，又不能不做，润妍的价格政策，导致经销商对其采取了抵制态度。

在促销上，润妍在传播时，黑发概念强调不足。而夏士莲黑芝麻洗发水强调黑芝麻成分，让消费者由产品原料对产品功能产生天然联想，从而事半功倍，大大降低了概念传播难度。

宝洁推出的第一个本土品牌就这样夭折了。

思考：

1. 指出润妍在市场上失败的原因。

2. 如果你是润妍产品经理，你将采取什么措施挽救该产品？

实训练习

1. 内容：针对某所培训学校进行其产品整体概念分析，指出该产品中哪部分是属于核心产品、哪部分是属于形式产品、哪部分是属于附加产品，并说明对自己有何启迪。

2. 要求：

(1) 指认复述准确，印象深刻。

(2) 能举一反三，对各类商品均能指认分析到位。

模块三 复习与思考

一、单项选择题

1. 形式产品是指(   )借以实现的形式或目标市场对某一需求的特定满足形式。

　　A．期望产品　　　　B．延伸产品　　　C．核心产品　　　D．潜在产品

2. 产品组合的宽度是指产品组合中所拥有(   )的数目。

　　A．产品项目　　　　B．产品线　　　　C．产品种类　　　D．产品品牌

3. 新产品开发的(   )阶段，营销部门的主要责任是寻找、激励及提高新产品构思。

　　A．概念形成　　　　B．筛选　　　　　C．构思　　　　　D．市场试销

4. 处于市场不景气或原料、能源供应紧张时期，(   )产品线反而能使总利润上升。

　　A．增加　　　　　　B．扩充　　　　　C．延伸　　　　　D．缩减

5. (   )是指消费者不了解或即便了解也不想购买的产品。

　　A．便利品　　　　　B．非渴求商品　　C．选购品　　　　D．特殊品

二、简答题

1. 什么是产品组合？产品组合的调整策略有哪些？

2. 什么是产品生命周期？产品生命周期各阶段的营销策略是什么？

第八章 价格策略

知识点 ✍

1. 企业定价的依据和影响因素
2. 企业定价的目标
3. 企业定价策略

技能要求 📖

1. 能运用价格策略的方法和技巧
2. 能运用价格调整策略的方法

 案例导入

什么样的价格策略最有前景

哪种价格策略最有前景？我的回答是：任何一种定价策略都可能让一家公司大获成功，也能让一家公司一败涂地。价格策略没有好坏之分。

向不同的细分群体销售产品需要经理人具备不同的技能组合。事实上，一家公司在某一价格细分领域屡试不爽的技能组合和策略，在另一个细分领域却可能成为障碍。

奢侈品公司需要在产品设计、质量以及服务等各方面都保持最高水平，同时有能力在所有业务环节维持一致的形象和标准，这就对企业文化提出了一定的要求。相比之下，控制成本的技巧和能力并非此价格细分领域的成功要素。

溢价定位将成本和价值的平衡推向了最重要的位置。一家公司在提供高质量产品的同时又不能让成本失去控制。要想靠低价策略，尤其是超低价策略取得成功的企业，必须具有一定的技巧和能力，将价值链各个环节的成本控制在尽可能低的水平。这些公司的企业文化往往和奢侈品企业一样，都是冷酷且毫不留情的，但两种企业的关注焦点则恰好相反。相较于奢侈品企业，采用低价策略的公司必须恪守朴素和节俭的原则，甚至需要锱铢必较。这种工作环境并不适合所有人。不过即便处于低价和超低价细分市场中，企业也需要具有完备的营销知识，并吸引合适的人才。这些价格细分市场的企业必须清楚地知道，怎么做才不会导致消费者拒绝自己的产品或者转向竞争对手。

可见，在同一家公司内实施高价和低价两种策略有多么困难，同时执行两种价格策略对企业文化的要求截然不同。不过如果能成功构建分散的企业结构，还是有可能战胜这些困难的，比如斯沃琪公司，就成功地让自己的品牌涵盖了从便宜的斯沃琪手表到非常昂贵的宝玑和宝珀腕表系列产品。

我们还可以从定量研究的角度来回答"什么样的价格策略最有前景"这个问题。德勤咨询公司的迈克尔·雷纳(Michael Raynor)和蒙塔兹·艾哈迈德(Mumtaz Ahmed)最近接受了这一挑战。他们分析了25000多家美国上市公司1966年到2010年期间的财务数据，采用资产收益率(ROA)作为测评指标。两位作者将上市后每一年都位列资产收益率前10%的公司称为"奇迹创造者"(MiracleWorkers)。被分析的25 000多家公司中，只有174家，也就是0.7%的公司获得这一资格。第二类公司称作"长跑健将"(Long Runners)，即每一年的资产收益率表现都位居前20%到40%。他们发现这一类公司数量更少，仅有170家。其他公司被归入"普通人"(AverageJoe)。

这些有趣的发现表明，成功实施溢价策略的公司比例高于依靠低价策略取得持续成功的公司比例。正如我们看到的，企业界确实有些依靠低价策略取得巨大成功的公司，但可谓凤毛麟角。之所以如此，是因为大部分市场都只能容得下一个、最多两个成功的"低价格—高销量"公司。这个结论与两位作者的另一个发现一致：成本领导(costleadership)成为超强赢利能力的驱动因素颇为罕见。

经历了40年的定价博弈后，我非常确信，只有极少数的公司能凭借低价策略长期立于不败之地。这样的公司规模一定会变得异常庞大，而且成本极具竞争力。更多的企业则可以靠产品差异化和溢价策略实现可持续成功，但不会增长到低价竞争对手那种规模。至于奢侈品公司，我们看到成功的公司的数量同样很少，该类企业在三个类别中是规模最小的。

(资料来源：世界经理人网，赫尔曼·西蒙、艾鲁)

模块一　理　论　知　识

第一节　影响定价的主要因素

一、企业定价的目标

1. 生存导向定价目标

生存导向定价目标又称为维持生存的目标，是特定时期过渡性目标。当企业经营不善，或由于市场竞争激烈、顾客需求偏好突然变化时，会造成产品销路不畅，大量积压，资金周转不灵，甚至面临破产危险时，企业应以维持生存作为主要目标。短期而言，只要售价高过产品变动成本，足以弥补部分固定成本支出，则可继续经营。企业长期目标还是要获得发展。

2. 利润导向定价目标

利润目标是企业定价目标的重要组成部分，获取利润是企业生存和发展的必要条件，是企业经营的直接动力和最终目的。因此，利润导向定价目标为大多数企业所采用。

1) 以利润最大化为定价目标

以最大利润为定价目标是指企业在一定时期内综合考虑各种因素后，以总收入减去总成本的最大差额为基点，确定单位产品的价格，以获得最大利润总额。最大利润有长期和短期之分，还有单一产品最大利润和企业全部产品综合最大利润之别。一般而言，企业追求的应该是长期的、全部产品的综合最大利润，企业就可以取得较大的市场竞争优势，占领和扩大更多的市场份额。对于一些中小型、产品生命周期较短、产品在市场上供不应求的企业来说，也可以谋求短期最大利润。价格太高会导致销售量下降，利润总额可能因此而减少。高额利润是可以通过采用低价策略，待占领市场后再逐步提价来获得的；同时企业也可以通过对部分产品定低价、甚至亏本销售以招徕顾客，带动其他产品的销售，进而谋取最大的整体效益。因此通过高价策略而达到的利润最大化只能是一种短期行为，最大利润应以公司长期最大利润和全部产品的总利润为目标。

2) 以投资收益为定价目标

投资收益定价目标是指使企业实现在一定时期内能够收回投资，并能获取预期的投资报酬的一种定价目标。投资收益率又称为投资报酬率，是衡量企业经营实力和经营成果的重要标志，它等于净利润与总投资之比，一般以一年为计算期，其值越高，企业的经营状况就越好。采用这种定价目标的企业，一般是根据投资额规定的收益率，计算出单位产品的利润额，加上产品成本作为销售价格。但必须注意两个问题：第一，要确定适度的投资收益率。一般来说，投资收益率应该高于同期的银行存款利息率。但不可过高，否则消费者难以接受。第二，企业生产经营的必须是畅销产品。与竞争对手相比，产品具有明显的优势。

3) 以合理利润为定价目标

合理利润定价目标是指企业为避免不必要的价格竞争，在补偿正常情况下的社会平均成本的基础上，适当地加上一定量的利润作为产品价格，以适中、稳定的价格获得长期利润的一种定价目标。采用这种定价目标有各种原因：以适度利润为目标使产品价格不会显得太高，从而可以阻止激烈的市场竞争；某些企业为了协调投资者和消费者的关系，树立良好的企业形象；不仅使企业可以避免不必要的竞争，又能获得长期利润，而且由于价格适中，消费者愿意接受，还符合政府的价格指导方针，因此这是一种兼顾企业利益和社会利益的定价目标。但实际运用时常常会受到各种限制，必须充分考虑产销量、投资成本、竞争格局和市场接受程度等因素。临时性的企业一般不宜采用这种定价目标。

3. 销售导向定价目标

销售导向定价目标，又称为市场占有率目标，是在保证一定利润水平的前提下，谋求某种水平的销售量或市场占有率而确定的目标。以销售额为定价目标具有获取长期较好利润的可能性。

采用销售额目标时，确保企业的利润水平尤为重要，销售额和利润必须同时考虑。因为某种产品在一定时期、一定市场状况下的销售额由该产品的销售量和价格共同决定，销售额的增加，并不必然带来利润的增加。有些企业的销售额上升到一定程度，利润就很难上升，甚至销售额越大，亏损越多。因此，对于需求的价格弹性较大的商品，降低价格而导致的损失可以由销量的增加而得到补偿，因此企业宜采用薄利多销策略，保证在总利润不低于企业最低利润的条件下，尽量降低价格，促进销售，扩大盈利；反之，若商品的需求价格弹性较小时，降价会导致收入减少，而提价则使销售额增加，企业应该采用高价、厚利、限销的策略。

4. 竞争导向定价目标

在产品的营销竞争中，价格竞争是最有效、最敏感的手段。企业在设定定价前，一般要广泛搜集信息，把自己产品的质量、特点和成本与竞争者的产品进行比较，然后制定本企业的产品价格。根据企业的不同条件，一般有以下决策目标可供选择。

1) 稳定价格目标

稳定价格目标是指以保持价格相对稳定、避免正面价格竞争为目标的定价。稳定的价格通常是大多数企业获得一定目标收益的必要条件。其实质是通过本企业产品的定价来左右整个市场价格，可以使市场价格在一个较长的时期内相对稳定，减少企业之间因价格竞争而发生的损失。为达到稳定价格的目的，通常情况下是由那些拥有较高的市场占有率、经营实力较强或具有竞争力和影响力的领导者企业采用的定价目标，其他企业的价格则与之保持一定的距离或比例关系。这样，对大企业是稳妥的价格保护政策，中小企业也以此避免因价格竞争带来的风险。在钢铁、采矿业、石油化工等行业内，稳定价格目标得到最广泛的应用。

2) 追随定价目标

企业有意识地通过给产品定价主动应付和避免市场竞争。企业价格的制定，主要以对市场价格有影响的竞争者的价格为依据，根据具体产品的情况稍高或稍低于竞争者。竞争者的价格不变，实行此目标的企业也维持原价，竞争者的价格变动，此类企业也相应地参照调整价格。一般情况下，中小企业的产品价格定得略低于行业中占主导地位的企业的价格。

3) 挑战定价目标

如果企业具备强大的实力和特殊优越的条件，可以主动出击，挑战竞争对手，获取更大的市场份额。一般常用的策略目标有以下几种：① 打击定价，实力较强的企业主动挑战竞争对手，扩大市场占有率，可采用低于竞争者的价格出售产品；② 特色定价，实力雄厚并拥有特殊技术或产品品质优良或能为消费者提供更多服务的企业，可采用高于竞争者的价格出售产品；③ 阻截定价，为了防止其他竞争者加入同类产品的竞争行列，在一定条件下，往往采用低价入市，迫使弱小企业无利可图而退出市场或阻止竞争对手进入市场。

二、产品成本

产品从原材料到成品要经过一系列复杂的过程，在这个过程中必定要耗费一定的资金和劳动，这种在产品的生产经营中所产生的实际耗费的货币表现就是成本，它是产品价值的基础，也是制定产品价格的最低经济界限，是维持简单再生产和经营活动的基本前提。产品的价格必须能够补偿产品生产、分销和促销的所有支出，并能补偿企业为产品承担风险所付出的代价。低成本的企业能设定较低的价格，从而取得较高的销售量和利润额。因此，企业想扩大销售或增加利润，就必须降低成本，从而降低价格，提高产品在市场上的竞争力。如果企业生产和销售产品的成本大于竞争对手，那么企业将不得不设定较高的价格或减少利润，从而使自己处于竞争劣势。

三、市场状况

与成本决定价格的下限相反，市场和需求决定价格的上限。在设定价格之前，营销人员必须理解产品价格与产品需求之间的关系。

在市场经济条件下，市场结构不同，即企业及其产品在市场上的竞争状况不同，企业的定价策略也不同。企业价格决策面临的竞争主要来自同行业生产者、经营者之间的竞争，尤其是市场处于买方市场的势态下，卖方间的竞争十分激烈，企业价格决策者必须熟悉本企业产品在市场竞争中所处的地位，分析市场中竞争对手的数量，它们的生产、供应能力及市场行为，从而作出相应的价格策略。不同的市场结构采用的定价策略是不同的。根据市场竞争程度的具体因素，我们可以把市场结构划分为完全竞争市场、垄断竞争市场、完全垄断市场和寡头垄断市场四种类型。

市场供求状况也是企业价格决策的主要依据之一。企业对产品的定价，一方面必须补偿经营所耗费的成本费用并保证一定的利润；另一方面也必须适应市场对该产品的供求变化，能够为消费者所接受。例如，企业的产品是哪个人群使用，是儿童、老人、男性、女性，还是用于家庭消费、团体消费，或是奢华型消费、普通消费？一般来讲，用于儿童、女性、团体消费或奢华型消费的产品价格都相应高，企业采用多是高价位，反之亦然；否则，企业的价格决策会陷入一厢情愿的境地。企业需考虑整体消费水平、消费习性、市场规模和容量以及市场发展趋势几个因素来对产品进行综合评价制定价格。

四、消费心理

消费者的心理行为因其随机性较大，是营销者制定价格时最不易考察的一个因素，但又是企业定价必须考虑的重要因素之一。消费者一般根据某种商品能为自己提供的效用大小来判定该商品的价格，他们对商品一般都有客观的估价，即在消费者心目中该商品值多少钱，这种估价被称为期望价格。期望值一般不是一个固定的具体金额，而是一个价格范围。如果企业定价高于消费者心理期望值，就很难被消费者接受；反之，低于期望值，又会使消费者对商品的品质产生误解，甚至拒绝购买。消费者的心理行为存在着"便宜无好货，好货不便宜"的价值判断与追求价廉物美商品的最大利益的矛盾，既想购买价廉物美的商品，又担心吃亏上当。企业定价时，应充分把握这一购买心理的矛盾，制定适宜的定价策略。当商品的品质难以直观判断时，消费者常以价格高低评判商品的品质。在炫耀性消费心理的驱使下，某些消费者为获得优质产品而不介意价格的高低。企业应充分利用这一心理来制定某些产品的价格。

知识链接

第二节　企业定价的方法

一、成本导向定价

基于成本的定价法是以产品成本为基础，加上目标利润来确定产品价格的成本导向定价法，是企业最常用、最基本的定价方法，主要有总成本加成定价法、目标收益定价法、边际成本定价法、盈亏平衡定价法等几种具体的定价方法。

1．总成本加成定价法

总成本加成定价法是指按照单位成本加上一定百分比的加成来制定产品的销售价格，即把所有为生产某种产品而发生的耗费均计入成本的范围，计算单位产品的变动成本，合理分摊相应的固定成本，再按一定的目标利润率来决定价格。其计算公式为

$$单位产品价格 = 单位产品总成本 \times (1 + 目标利润率)$$
$$= 单位产品固定成本 + 单位产品可变成本 \times (1 + 目标利润率)$$

例题：某皮具厂生产 1000 个皮箱，固定成本 3000 元，每个皮箱的变动成本 45 元，企业确定的成本利润率为 30%，请用总成本加成定价法进行定价。

解： $P = \dfrac{TC}{Q} \times (1 + R) = \left(\dfrac{FC}{Q} + VC\right) \times (1 + R) = \left(\dfrac{3000}{1000} + 45\right) \times (1 + 30\%) = 62.4 (元)$

采用成本加成定价法，关键问题是确定合理的成本利润率。而成本利润率的确定，必须考虑市场环境、行业特点等多种因素。这种方法的优点有：简化了定价工作，便于经济核算；价格竞争就会减到最少；在成本加成的基础上制定出来的价格对买卖双方来说都比较公平。

2．目标收益定价法

目标收益定价法又称投资收益率定价法，是根据企业的总成本或投资总额、预期销量和投资回收期等因素来确定价格，如图 8-1 所示。

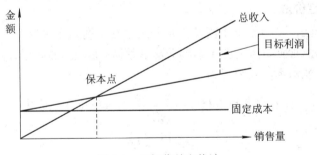

图 8-1　目标收益定价法

企业试图确定能带来它正在追求的目标投资收益。它是根据估计的总销售收入(销售额)和估计的产量(销售量)来制定价格的一种方法，其公式为

$$单位产品价格 = \frac{总成本 + 目标收益额}{预期销量} \tag{1}$$

或

$$目标利润价格 = 单位成本 + \frac{目标利润率 \times 投资成本}{销售量} \tag{2}$$

其中目标利润率或目标收益率 = 1 / 投资回收期。

例题：某企业预计其产品的销量为 10 万件，总成本 740 万元，决定完成的目标利润为 160 万元，求单位产品的价格是多少？

解：
$$P = \frac{TC + TR}{Q} = \frac{740 + 160}{10} = 90\,(元)$$

与成本加成定价法相类似，目标收益定价法也是一种生产者导向的产物。其缺陷表现为以下几个方面：很少考虑到市场竞争和需求的实际情况，只是从保证生产者的利益出发制定价格；另外，先确定产品销量，再计算产品价格的做法完全颠倒了价格与销量的因果关系，把销量看成是价格的决定因素，在实际上很难行得通。尤其是对于那些需求的价格弹性较大的产品，用这种方法制定出来的价格，无法保证销量的必然实现。

3. 边际成本定价法

边际成本是指每增加或减少单位产品所引起的总成本的变化量。边际成本定价法又称边际贡献法，其基本思想是只考虑变动成本，不考虑固定成本，以预期的边际贡献补偿固定成本并获得盈利。采用边际成本定价法时是以单位产品变动成本作为定价依据和可接受价格的最低界限。在价格高于变动成本的情况下，企业出售产品的收入除完全补偿变动成本外，尚可用来补偿一部分固定成本，甚至可能提供利润。其公式为

单位产品价格 = 单位产品变动成本 + 单位产品边际贡献

其中，单位产品边际贡献是指企业增加一个单位的销售，所获得的收入减去边际成本的数值。其公式为

边际贡献 = 销售收入 − 变动成本

若边际贡献大于固定成本，企业就有盈利；若边际贡献小于固定成本，企业就会亏本；若边际贡献等于固定成本，企业盈亏平衡。只要边际贡献≥0，企业就可以考虑生产。这种定价方法适合于企业存在生产能力过剩、市场供过于求等情况。

4. 盈亏平衡定价法

盈亏平衡定价法，又称收支平衡法，是利用收支平衡点来确定产品的价格，即在销量达到一定水平时，企业应如何定价才不至于发生亏损；反过来说，已知价格在某一水平上，应销售多少产品才能保本。其公式为

$$盈亏平衡点价格 = \frac{固定总成本}{销量} + 单位变动成本$$

$$P = \frac{FC}{Q} + VC$$

例题：某产品生产的固定成本是 150 000 元，单位变动成本为 15 元，若销量为 3000 件，则价格应定多少企业才不会亏损？若销售价格为 40 元，则企业必须销售多少，才能保本？

解：
$$P = \frac{FC}{Q} + VC = \frac{150\,000}{3000} + 15 = 65\,(元)$$

$$Q = \frac{FC}{P - VC} = \frac{150\,000}{40 - 15} = 6000\,(件)$$

实际上，这种定价法的实质就是确定总收入等于总支出时的价格，以盈亏平衡点确定价格只能使企业的生产耗费得以补偿，而不能得到收益。若实际价格超过收支平衡价格，企业就可盈利。科学地预测销量和已知固定成本、变动成本是盈亏平衡定价的前提。有时，为了开展价格竞争或应付供过于求的市场格局，企业采用这种定价方式以取得市场竞争的

主动权。

从本质上说，成本导向定价法是一种卖方定价导向。它忽视了市场需求、竞争和价格水平的变化，有时候与定价目标相脱节。此外，运用这一方法制定的价格均是建立在对销量主观预测的基础上，从而降低了价格制定的科学性。因此，在采用成本导向定价法时，还需要充分考虑需求和竞争状况，来确定最终的市场价格水平。

二、需求导向定价

市场营销观念要求企业的一切生产经营必须以消费者需求为中心，并在产品、价格、分销和促销等方面予以充分体现。

基于需求定价方法是根据市场需求状况和消费者对产品的感觉差异来确定价格的方法，又称"市场导向定价法"。需求导向定价法主要包括认知价值定价法、需求差别定价法和逆向定价法。

1. 认知价值定价法

认知价值定价法是根据顾客对产品价值的认知程度，即产品在顾客心目中的价值观念为定价依据，运用各种营销策略和手段，影响顾客对产品价值的认知的定价方法。作为定价的关键，不是卖方的成本，而是购买者对价值的认知。企业如果过高地估计认知价值，便会定出偏高的价格；相反，则会定出偏低的价格。

2. 需求差别定价法

所谓需求差别定价法，是指产品价格的确定以需求为依据，首先强调适应消费者需求的不同特性，而将成本补偿只放在次要的地位。这种定价方法，对同一商品在同一市场上制定两个或两个以上的价格，或使不同商品价格之间的差额大于其成本之间的差额。其好处是可以使企业定价最大限度地符合市场需求，促进商品销售，有利于企业获取最佳的经济效益。根据需求特性的不同，需求差异定价法通常有以下几种形式：以用户为基础的差别定价、以地点为基础的差别定价、以时间为基础的差别定价、以产品为基础的差别定价、以流转环节为基础的差别定价。

企业采取差别定价必须具备的条件：

(1) 市场必须是可以细分的，而且各个细分市场须表现出不同的需求程度。

(2) 以较低价格购买某种产品的顾客没有可能以较高价格把这种产品倒卖给别人。

(3) 竞争者没有可能在企业以较高销售产品的市场上以低价竞销。

(4) 细分市场和控制市场的成本费用不得超过因实行价格歧视而得到的额外收入，这就是说，不能得不偿失。

(5) 价格歧视不会引起顾客反感而放弃购买，影响销售。

(6) 采取的价格歧视形成不能违法。

3. 逆向定价法

逆向定价法也称零售价格定价法，是依据消费者能够接受的最终销售价格，逆向推算出中间商的批发价和生产企业的出厂价。这种定价方法主要不是考虑产品成本，而重点考虑需求状况。逆向定价法的特点是：价格能反映市场需求情况，有利于加强与中间商的

良好关系，保证中间商的正常利润，使产品迅速向市场渗透，并可根据市场供求情况及时调整，定价比较灵活。其公式为

$$批发价格 = 市场可销价格 \times (1 - 批零差率)$$
$$出厂价格 = 批发价格 \times (1 - 销进差率)$$
$$= 市场可销价格 \times (1 - 销进差率) \times (1 - 批零差率)$$

三、竞争导向定价

对于一些市场竞争十分激烈的产品，许多企业制定价格时，往往不是根据成本和需求，而是以竞争者的价格水平为基础进行定价。

竞争导向定价法是指通过研究竞争对手同类产品的商品价格、生产条件、服务状况等，结合企业自身的发展需求，以竞争对手的价格为基础进行产品定价的一种方法。其特点是价格与成本和市场需求不发生直接关系。当然，为实现企业的定价目标和总体经营战略目标，谋求企业的生存或发展，企业可以在其他营销手段的配合下，将价格定得高于或低于竞争者的价格，并不一定要求和竞争对手的产品价格完全保持一致。竞争导向定价主要包括有随行就市定价法、主动竞争定价法、竞争投标定价法和拍卖定价法。

1. 随行就市定价法

随行就市定价法，又称流行水准定价法，是指在一个竞争比较激烈的行业或部门中，某个企业根据市场竞争格局，跟随行业或部门中主要竞争者的价格，或各企业的平均价格，或市场上一般采用的价格，来确定自己产品的价格的方法，即企业按照行业的平均现行价格水平来定价。采用随行就市定价法，企业就不必去全面了解消费者对不同价差的反应，也不会引起价格波动，从而为营销、定价人员节约了很多时间。

在以下情况下往往采取随行就市定价法：

(1) 难以估算成本。

(2) 主要适合同质产品市场，其目的是为了与同行业企业和平共处，避免发生激烈的竞争。

(3) 如果另行定价，很难了解购买者和竞争者对本企业的价格的反应。

(4) 在完全竞争与寡头竞争的条件下，这种定价方法经常使用。

但值得注意的是，这种定价法以竞争对手的价格为依据，并不否认本企业商品的成本、质量等因素对价格形成的直接作用。

2. 主动竞争定价法

主动竞争定价法又称价格领袖定价法或寡头定价法，是指在某个行业或部门中，由一个或少数几个大企业首先定价，其余企业参考定价或追随定价的方法。这一个或少数几个大企业就是价格领袖。他们的价格变动往往会引起其他企业的价格随之变动。其实，这种定价法与前一种定价法有相通之处。不追随竞争者的价格，而是根据本企业产品的实际情况给予竞争对手产品的差异来确定产品的价格。

3. 竞争投标定价法

竞争投标定价法又称为密封投标定价法，是指一个企业根据招标方的条件，主要考虑

竞争情况来确定标的价格的一种方法。在国内外，许多大宗商品、原材料、成套设备和建筑工程项目的买卖和承包以及征招经营协作单位、出租出售小型企业等，往往采用发包人招标、承包人投标的方式来选择承包者，确定最终承包价格。

一般说来，招标方只有一个，处于相对垄断地位，而投标方有多个，处于相互竞争地位。一个企业能否中标，在很大程度上取决于该企业与竞争者投标报价水平的比较。标的物的价格是由参与投标的各个企业在相互独立的条件下确定，在买方招标的所有投标者中，报价最低的投标者通常中标，他的报价就是承包价格，这种竞争性的定价方法就是密封投标定价法。

4. 拍卖定价法

拍卖定价法是由卖方预先发表公告，展示拍卖物品，买方预先看货，在规定时间公开拍卖，由买方公开叫价，不再有人竞争的最高价格即为成交价格，卖方按此价格拍板成交。拍卖式定价越来越被广泛地使用，其作用之一是处置积压商品或旧货。有三种主要的拍卖形式：

(1) 英国式拍卖：一个卖方和多个买方，是一种加价拍卖方式。卖方出示一个商品，买方不断加价竞标，直到达到最高价格。英国式拍卖经常被用来出售古董、家畜、不动产和旧设备、车辆。

(2) 荷兰式拍卖：一个卖方多个买方，或者一个买方多个卖方，是一种降价拍卖方式。在一个卖方多个买方情况下，拍卖人宣布一个最高的价格然后逐渐降低价格直至出价人接受为止；在一个买方多个卖方情况下，买方宣布他想买的商品，多个卖方不断压低价格以寻求最后中标。每个卖方都能看到当前最低价格，从而决定是否继续降价。

(3) 封闭式投标拍卖：供应商只能提供一份报价，并且不知道其他人的报价如何。供应商不会低于自己的成本报价，但是考虑到可能失去订单也不会报得太高。政府部门经常利用这种方法采购。

知识链接

第三节 企业定价的策略

一、新产品定价

新产品定价关系到新产品能否顺利进入市场，企业能否站稳脚跟，能否取得较大的经济效益。常见的新产品定价策略主要有三种，即撇脂定价策略、渗透定价策略和满意定价策略。

1. 撇脂定价策略

撇脂定价策略又称取脂定价策略，指新产品上市之初，将其价格定得较高，以便在短期内获取厚利，迅速收回投资，减少经营风险，待竞争者进入市场，再按正常价格水平定价。这一定价策略有如从鲜奶中撇取其中所含的奶油一样，取其精华，所以称为撇脂定价策略。

（1）一般而言，对于全新产品、受专利保护的产品、需求价格弹性小的产品、流行产品、未来市场形势难以测定的产品等，可以采用取脂定价策略，其优点表现为以下几个方面：

① 新产品上市之初，顾客对其尚无理性认识，此时的购买动机多属于求新求奇，利用较高价格可以提高产品身份，适应顾客求新心理，创造高价、优质、名牌的印象，有助于开拓市场。

② 主动性大，先制定较高的价格，在其新产品进入成熟期后可以拥有较大的调价余地，不仅可以通过逐步降价保持企业的竞争力，而且可以从现有的目标市场上吸引潜在需求者，甚至可以争取到低收入阶层和对价格比较敏感的顾客。

③ 在新产品开发之初，由于资金、技术、资源、人力等条件的限制，企业很难以现有的规模满足所有的需求，利用高价可以限制需求的过快增长，缓解产品供不应求状况，并且可以利用高价获取的高额利润进行投资，逐步扩大生产规模，使之与需求状况相适应。

④ 在短期内可以收回大量资金，用作新的投资。

（2）撇脂定价策略也存在着以下某些缺点：

① 高价产品的需求规模毕竟有限，过高的价格不利于市场开拓、增加销量。

② 不利于占领和稳定市场，容易导致新产品开发失败。

③ 高价高利容易引来大量的竞争者，仿制品、替代品迅速出现，从而迫使价格急剧下降。此时若无其他有效策略相配合，则企业苦心营造的高价优质形象可能会受到损害，从而失去一部分消费者。

④ 价格远远高于价值，在某种程度上损害了消费者利益，容易招致公众的反对和消费者抵制，甚至会被当作暴利来加以取缔，诱发公共关系问题。

2．渗透定价策略

这是与撇脂定价相反的一种定价策略，即企业在新产品上市之初将其价格定得较低，吸引大量的购买者，借以打开产品销路，扩大市场占有率，谋求较长时期的市场领先地位。当新产品没有显著特色，竞争激烈，需求弹性较大时宜采用渗透定价法。

（1）渗透定价策略的优点有以下几个方面：

① 低价可以使产品迅速为市场所接受，并借助大批量销售来降低成本，获得长期稳定的市场地位。

② 微利可以阻止竞争对手的进入，减缓竞争，获得一定市场优势。

（2）渗透定价策略的缺点为投资回收期较长，见效慢，风险大。

利用渗透定价的前提条件有新产品的需求价格弹性较大、新产品存在着规模经济效益等。对于企业来说，采取撇脂定价还是渗透定价，需要综合考虑市场需求、竞争、供给、市场潜力、价格弹性、产品特性，企业发展战略等因素。

3．满意定价策略

满意定价策略又称为适中定价策略，是一种介于撇脂定价与渗透定价之间的定价策略，以获取社会平均利润为目标。它既不是利用价格来获取高额利润，也不是让价格制约占领市场，而是尽量降低价格在营销手段中的地位，重视其他在产品市场中更有效的营销手段，是一种较为公平、正常的定价策略。当不存在适合于采用取脂定价或渗透定价的环境时，企业一般采取满意定价。

（1）优点：①产品能较快为市场接受且不会引起竞争对手的对抗；②可以适当延长产品的生命周期；③有利于企业树立信誉，稳步调价并使顾客满意。

（2）缺点：虽然与取脂定价或渗透定价相比，满意定价策略缺乏主动进攻性，但并不是说正确执行它就非常容易。满意定价没有必要将价格定的与竞争者一样或者接近平均水平。与取脂价格和渗透价格类似，满意价格也是参考产品的经济价值决定的。当大多数潜在的购买者认为产品的价值与价格相当时，纵使价格很高也属适中价格。

二、心理定价

心理定价是根据消费者不同的消费心理而制定相应的产品价格，以引导和刺激购买的价格策略。常用的心理定价策略有尾数定价、声望定价、招徕定价、习惯定价等。

1. 尾数定价策略

尾数定价策略又称零数定价、奇数定价、非整数定价，指企业利用消费者求廉的心理，制定非整数价格，而且常常以零数作尾数。例如，某种产品价格定价为 9.99 元而不是 10元。使用尾数定价，可以使价格在消费者心中产生三种特殊的效应，即便宜、精确、中意，一般适应于日常消费品等价格低廉的产品。与尾数定价相反，整数定价针对的是消费者的求名、自豪心理，将产品价格有意定为整数。对于那些无法明确显示其内在质量的商品，消费者往往通过其价格的高低来判断其质量的好坏。但是，在整数定价方法下，价格的高并不是绝对的高，而只是凭借整数价格来给消费者造成高价的印象。整数定价常以偶数，特别是"0"作尾数。整数定价策略适用于需求的价格弹性小、价格高低不会对需求产生较大影响的中高档产品，如流行品、时尚品、奢侈品、礼品、星级宾馆、高级文化娱乐城等。整数定价的好处：可以满足购买者显示地位、崇尚名牌、炫耀富有、购买精品的虚荣心；利用高价效应，在顾客心目中树立高档、高价、优质的产品形象。愿望数字定价策略，由于民族习惯、社会风俗、文化传统和价值观念的影响，某些数字常常会被赋予一些独特的涵义，企业在定价时如能加以巧用，则其产品将因之而得到消费者的偏爱。当然，某些为消费者所忌讳的数字，如西方国家的"13"、日本国的"4"，企业在定价时则应有意识地避开，以免引起消费者的厌恶和反感。

2. 声望定价策略

声望定价策略指根据产品在顾客心中的声望、信任度和社会地位来确定价格的一种定价策略。例如一些名牌产品，企业往往可以利用消费者仰慕名牌的心理而制定大大高于其他同类产品的价格，国际著名的欧米茄手表，在我国市场上的销价从一万元到几十万元不等。消费者在购买这些名牌产品时，特别关注其品牌，标价所体现出的炫耀价值，目的是通过消费获得极大的心理满足。声望定价的目的是可以满足某些顾客的特殊欲望，如地位、身份、财富、名望和自我形象，可以通过高价显示名贵优质。声望定价策略适用于一些知名度高、具有较大的市场影响、深受市场欢迎的驰名商标的产品。

3. 招徕定价策略

招徕定价又称特价商品定价，是指企业将某几种产品的价格定得非常之高，或者非常之低，在引起顾客的好奇心理和观望行为之后，带动其他产品的销售，加速资金周转。这一定价策略常为综合性百货商店、超级市场甚至高档商品的专卖店所采用。

值得企业注意的是，用于招徕的降价品，应该与低劣、过时商品明显地区别开来，必须是品种新、质量优的适销产品，而不能是处理品。否则，不仅达不到招徕顾客的目的，反而可能使企业声誉受到影响。北京地铁有家"每日商场"，每逢节假日都要举办"一元拍卖活动"，所有拍卖商品均以 1 元起价，报价每次增加 5 元，直至最后定夺。但这种由每日商场举办的拍卖活动由于基价定得过低，最后的成交价就比市场价低得多，因此会给人们产生一种"卖得越多，赔得越多"的感觉。岂不知，该商场用的是招徕定价术，它以低廉的拍卖品活跃商场气氛，增大客流量，带动了整个商场的销售额上升，这里需要说明的是，应用此术所选的降价商品，必须是顾客都需要而且市场价为人们所熟知的才行。

4．习惯定价策略

习惯定价策略是指根据消费市场长期形成的习惯性价格定价的策略。对于经常性、重复性购买的商品，尤其是家庭生活日常用品，在消费者心理上已经"定格"，其价格已成为习惯性价格，并且消费者只愿付出这么大的代价。有些商品，消费者在长期的消费中，已在头脑中形成了一个参考价格水准，个别企业难于改变。降价易引起消费者对品质的怀疑，涨价则可能受到消费者的抵制。企业定价时常常要迎合消费者的这种习惯心理。

三、产品组合定价

当产品只是某产品组合的一部分时，企业必须对定价方法进行调整。这时候，企业要研究出一系列价格，使整个产品组合的利润实现最大化。因为各种产品之间存在需求和成本的相互联系，而且会带来不同程度的竞争，所以定价十分困难。产品组合定价是指企业为了实现整个产品组合(或整体)利润最大化，在充分考虑不同产品之间的关系，以及个别产品定价高低对企业总利润的影响等因素基础上，系统地调整产品组合中相关产品的价格。产品组合定价主要的策略有产品线定价、任选品定价、连带品定价、分级定价、副产品定价、产品捆绑定价。

1．产品线定价

产品线定价(产品大类定价)指企业为追求整体收益的最大化，为同一产品线中不同的产品确立不同的角色，制定高低不等的价格。若产品线中的两个前后连接的产品之间价格差额小，顾客就会购买先进的产品，此时若两个产品的成本差额小于价格差额，企业的利润就会增加，若价格差额大，顾客就会更多地购买较差的产品，如某品牌西服有 300 元、800 元、1500 元三种价格。产品线定价策略的关键在于合理确定价格差距。

2．任选品定价

任选品是指那些与主要产品密切相关的可任意选择的产品，如饭菜是主要产品，酒水为任选品。不同的饭店定价策略不同，有的可能把酒水的价格定得高，把饭菜的价格定得低；有的把饭菜的价格定得高，把酒水的价格定得低。

3．互补品定价

互补品是指必须与主要产品一同使用的产品，如胶卷是相机的连带品，磁带与录音机、隐形眼镜与消毒液、饮水机与桶装水等。许多企业往往是将主要产品(价值量高的产品)定价较低，连带品定价较高，这样有利于整体销量的增加，从而增加企业利润。

4．分级定价

分级定价又称分部定价或两段定价法。服务性企业经常收取一笔固定的费用，再加上可变的使用费，如游乐园一般收门票，如果游玩的地方超过规定，就再交费。

5．副产品定价

在生产加工肉类、石油产品和其他化工产品的过程中，经常有副产品。如果副产品过低，处理费用昂贵，就会影响主产品的定价。制造商确定的价格必须能够弥补副产品的处理费用。如果副产品对某一顾客群有价值，就应该按其价值定价。副产品如果能带来收入，将有助于公司在迫于竞争压力时制定较低的价格。

6．产品捆绑定价

产品捆绑定价又称组合产品定价。企业经常将一些产品组合在一起定价销售。完全捆绑是指公司仅把它的产品捆绑在一起。在一个组合捆绑中，卖方经常比单件出售要少收很多钱，以此来推动顾客购买。如对于成套设备、服务性产品等，为鼓励顾客成套购买，以扩大企业销售，加快资金周转，可以使成套购买的价格低于单独购买其中每一产品的费用总和。

四、差别定价

1．顾客差别定价

顾客差别定价是指企业按照不同的价格把同一种产品或服务卖给不同的顾客。这种价格歧视表明，顾客的需求强度和商品知识有所不同。但在实际操作中要注意反不正当竞争法的限制。

2．产品形式差别定价

产品形式差别定价是指企业对不同型号或形式的产品分别制定不同的价格，但是不同型号或形式产品的价格之间的差额和成本费用之间的差额并不成比例。

3．产品部位差别定价

产品部位差别定价是指企业对于处在不同位置的产品或服务分别制定不同的价格，即使这些产品或服务的成本费用没有任何差异。例如剧院，虽然不同座位的成本费用都一样，但是不同座位的票价却有所不同，这是因为人们对剧院的不同座位偏好有所不同的缘故。

4．销售时间差别定价

销售时间差别定价是指企业对于不同季节、不同时期甚至不同种类产品或服务分别制定不同的价格。例如，美国公用事业对商业用户(如旅馆、饭馆等)在一天中某些时间、周末和平常日子的收费标准有所不同。

五、折让折扣定价

大多数企业为了鼓励顾客及早付清货款，或鼓励大量购买，或为了增加淡季销售量，还常常需酌情给顾客一定的优惠，这种价格的调整叫作价格折扣或折让。折扣定价是指对基本价格作出一定的让步，直接或间接降低价格，以争取顾客、扩大销量。其中，直接折扣的形式有数量折扣、现金折扣、功能折扣、季节折扣；间接折扣的形式有回扣和津贴。

1．数量折扣

数量折扣指按购买数量的多少，分别给予不同的折扣，购买数量愈多，折扣愈大，其目的是企业给那些大量购买某种产品的顾客的一种减价，鼓励大量购买或集中向本企业购买。数量折扣包括累计数量折扣和一次性数量折扣两种形式。数量折扣的优点：促销作用非常明显，企业因单位产品利润减少而产生的损失完全可以从销量的增加中得到补偿；销售速度的加快，使企业资金周转次数增加，流通费用下降，产品成本降低，从而导致企业总盈利水平上升。例如，顾客购买某种商品 100 单位以下，每单位 10 元；购买 100 单位以上，每单位 9 元。

2．现金折扣

现金折扣是给予在规定的时间内提前付款或用现金付款者的一种价格折扣，其目的是鼓励顾客尽早付款，加速资金周转，降低销售费用，减少财务风险。采用现金折扣一般要考虑三个因素：折扣比例、给予折扣的时间限制与付清全部货款的期限。例如"2/10，n/30"，表示付款期是 30 天，但如果在成交后 10 天内付款，给予 2% 的现金折扣。许多行业习惯采用此法以加速资金周转，减少收账费用和坏账。

3．功能折扣

功能折扣也叫贸易折扣或交易折扣，是指中间商在产品分销过程中所处的环节不同，其所承担的功能、责任和风险也不同，企业据此给予不同的折扣，即制造商给某些批发商或零售商的一种额外折扣，促使他们执行某种市场营销功能如推销、储存、服务等。其目的是鼓励中间商大批量订货，扩大销售，争取顾客，并与生产企业建立长期、稳定、良好的合作关系；对中间商经营的有关产品的成本和费用进行补偿，并让中间商有一定的盈利。功能折扣的比例，主要考虑中间商在分销渠道中的地位、对生产企业产品销售的重要性、购买批量、完成的促销功能、承担的风险、服务水平、履行的商业责任以及产品在分销中所经历的层次和在市场上的最终售价等。

4．季节折扣

季节折扣是企业鼓励顾客淡季购买的一种减让，以使企业的生产和销售一年四季能保持相对稳定。有些商品的生产是连续的，而其消费却具有明显的季节性。为了调节供需矛盾，生产企业对在淡季购买商品的顾客给予一定的优惠，使企业的生产和销售在一年四季能保持相对稳定。例如，啤酒生产厂家对在冬季进货的单位给予大幅度让利，羽绒服生产企业则为夏季购买其产品的客户提供折扣，旅馆和航空公司在它们经营淡季期间也提供优惠。季节折扣比例的确定，应考虑成本、储存费用、基价和资金利息等因素。季节折扣有利于减轻库存，加速商品流通，迅速收回资金，促进企业均衡生产，充分发挥生产和销售潜力，避免因季节需求变化所带来的市场风险。

5．回扣和津贴

回扣是间接折扣的一种形式，它是指购买者在按价格目录将货款全部付给销售者以后，销售者再按一定比例将货款的一部分返还给购买者。津贴又称为折让，是根据价目表给顾客以价格折扣的另一种类型。津贴是企业为特殊目的，对特殊顾客以特定形式所给予的价格补贴或其他补贴。如零售商为企业产品刊登广告或设立橱窗，生产企业除负担部分广告费外，还在产品价格上给予一定优惠。旧货折价折让就是当顾客买了一件新品目的商品时，允许交还同类商品的旧货，在新货价格上给予折让；促销折让是卖方为了报答经销商参加广告和支持销售活动而支付的款项或给予的价格折让。

知识链接

第四节 价格变动与企业对策

一、价格调整的原因

企业在产品价格确定后，由于客观环境和市场情况的变化，往往会对现行价格进行修改和调整。企业产品价格调整的动力既可能来自于内部，也可能来自于外部。倘若企业利用自身的产品或成本优势，主动地对价格予以调整，将价格作为竞争的利器，这称为主动调整价格。有时，价格的调整出于应付竞争的需要，即竞争对手主动调整价格，而企业也相应地被动调整价格。

二、价格调整的形式

无论是主动调整，还是被动调整，其形式不外乎是削价和提价两种。

1. 发动价格改变策划

企业常面临是否需要降低或提高价格问题。

(1) 企业提价。企业提价一般会遭到消费者和经销商反对，但在以下情况下企业可能会提价：

① 产品已经改进。

② 应付产品成本增加，减少成本压力。

③ 适应通货膨胀，物价普遍上涨，企业生产成本必然增加，为保证利润，减少企业损失，不得不提价。

④ 产品供不应求，遏制过度消费。一方面买方之间展开激烈竞争，争夺货源，为企业创造有利条件；另一方面也可以抑制需求过快增长，保持供求平衡。

⑤ 利用顾客心理，创造优质高价效应。

⑥ 政府或行业协会的影响。

(2) 企业降价。这是定价者面临的最严峻且具有持续威胁力量的问题。企业在以下情况须考虑降价：

① 生产能力过剩，产品供过于求，急需回笼资金，企业以降价来刺激市场需求。

② 市场份额下降，通过降价来开拓新市场。

③ 决策者决定排斥现有市场的竞争者。

④ 由于技术的进步而使行业生产成本大大降低、费用减少，使企业降价成为可能，并

预期降价会扩大销售。

⑤ 政治、法律环境及经济形势的变化迫使企业降价。

三、顾客对价格调整的反应

不同市场的消费者对价格变动的反应是不同的，即使处在同一市场的消费者对价格变动的反应也可能不同。顾客对提价的可能反应：产品很畅销，不赶快买就买不到了；产品很有价值；卖主想赚取更多利润。顾客对降价可能有以下看法：产品样式老了，将被新产品代替；产品有某些缺点，销售不畅；企业财务困难，难以继续经营；价格还要进一步下跌；产品质量下降了。

购买者对价值不同的产品价格的反应也有所不同，对于价值高，经常购买的产品的价格变动较为敏感；而对于价值低，不经常购买的产品，即使单位价格高，购买者也不大在意。此外，购买者通常更关心取得、使用和维修产品的总费用，因此卖方可以把产品的价格定得比竞争者高，取得较多利润。

四、竞争者对价格调整的反应

竞争者对调价的反应有以下几种类型：

(1) 相向式反应。你提价，他涨价；你降价他也降价。这样一致的行为，对企业影响不太大，不会导致严重后果。企业坚持合理营销策略，不会失掉市场和减少市场份额。

(2) 逆向式反应。你提价，他降价或维持原价不变；你降价，他提价或维持原价不变。这种相互冲突的行为，影响很严重，竞争者的目的也十分清楚，就是乘机争夺市场。对此，企业要进行调查分析，首先摸清竞争者的具体目的，其次要估计竞争者的实力，最后要了解市场的竞争格局。

(3) 交叉式反应。众多竞争者对企业调价反应不一，有相向的，有逆向的，有不变的，情况错综复杂。企业在不得不进行价格调整时应注意提高产品质量，加强广告宣传，保持分销渠道畅通等。

五、价格调整技巧

竞争对手在实施价格调整策略之前，一般都要长时间地深思得失，仔细权衡调价的利害，但是，一旦调价成为现实，则这个过程相当迅速，并且在调价之前大多要采取保密措施，以保证发动价格竞争的突然性。企业在作出反应时，先必须分析竞争者调价的目的是什么？调价是暂时的，还是长期的？能否持久？企业面临竞争者应权衡得失。是否应作出反应？如何反应？另外还必须分析价格的需求弹性，产品成本和销售量之间的关系等复杂问题。企业要作出迅速反应，最好事先制定反应程序，到时按程序处理，提高反应的灵活性和有效性，如图8-2所示。

一般说来，在同质产品市场上，如果竞争者降价，企业必随之降价，否则企业会失去大部分顾客。但面对竞争者的提价，本企业既可跟进，也可以暂且观望。如果大多数企业都维持原价，则最终迫使竞争者把价格降低，从而使竞争者涨价失败。

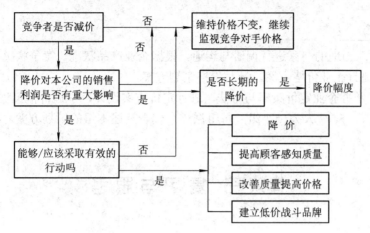

图 8-2 对竞争者调价的估计和反应

在异质产品市场，由于每个企业的产品质量、品牌、服务和消费者偏好等方面有着明显的不同，因而面对竞争者的调价策略，企业有较大的选择余地：① 价格不变，任其自然；② 价格不变，加强非价格竞争，如广告、售后服务、销售网点等；③ 部分或完全跟随竞争者的价格变动；④ 以优越于竞争者的价格跟进并结合非价格手段进行反击，如比竞争者更大的降价幅度、更小的提价幅度。

知识链接

模块二 技能训练

案例分析

价 格 竞 争

Phoenix 的一家本地(指美国)薯片生产商与全国品牌 Lay's 薯片的二次较量；相比较而言，Phoenix 薯片风味独特，口感更好；而 Lay's 薯片则生产规模大，是全国品牌，知名度高。

第一轮：由于食用油及马铃薯价格上涨，导致生产成本增加，公司决定提价。Lay's：1.59～1.89；相应的，Phoenix：1.29～1.59。结果：尽管本地的 Phoenix 薯片维持了 30 美的价格差距，但 Lay's 薯片获得了更大的市场份额。

第二轮：当 Lay's 薯片产品升级(改进口味、提高份量)时，Phoenix 认为应当以某种方式进行回应，它选择了降低质量(比如份量从 200 g 降到 150 g)并降低价格的方式来回击。结果，本地企业 Phoenix 在一年内就被挤出市场。

思考：

1. 为什么两种产品上涨同样的价格会导致消费者更多地购买价格较高的产品，而较少购买价格相对较低的产品呢？

2. 一家企业的产品拥有比竞争对手产品更低的价格，为什么还会败在对方手里呢？

实训练习

1. 内容：对当地的一家进行调研与沟通，根据企业产品状况、竞争状况、企业实际选择价格策略，制订企业价格方案，撰写价格策划方案。

2. 要求：掌握企业定价策略与方法，进行定价方案设计，掌握价格策划的流程方法，学会撰写策划书。5～7人为一小组，每组派一个代表阐述本组的策划方案。

模块三 复习与思考

一、填空题

1. 由于不同顾客对同一种商品或服务的需求强度和商品知识有所不同，企业可采用_____定价策略，以不同的价格卖给不同的顾客。

2. _____是企业对于卖给不同地区顾客的某种产品，都按照相同的厂价加相同的运费定价。

3. 企业对于不同季节、不同时期甚至不同钟点的产品或服务分别制定不同的价格称之为_____定价。

4. 为使消费者产生价格低廉和卖主经过认真的成本核算才定价的感觉，企业往往采用_____定价心理策略。

5. 撇脂定价与渗透定价均适合于产品生命周期的_____阶段。

二、单项选择题

1. (   )是企业把全国分为若干价格区，根据卖给不同价格区顾客的某种产品，分别制定不同的地区价格。

    A. FOB原产地定价　　　　　　　　B. 分区定价

    C. 统一交货定价　　　　　　　　　D. 基点定价

2. 某服装店售货员把相同的服装以800元卖给顾客A，以600元卖给顾客B，该服装店的定价属于(   )。

    A. 顾客差别定价　　　　　　　　　B. 产品形式差别定价

    C. 产品部位差别定价　　　　　　　D. 销售时间差别定价

3. 为鼓励顾客购买更多物品，企业给那些大量购买产品的顾客的一种减价称为(   )。

    A. 功能折扣　　　　　　　　　　　B. 数量折扣

    C. 季节折扣　　　　　　　　　　　D. 现金折扣

4. 统一交货定价就是我们通常说的(   )定价。

    A. 分区定价　　　　　　　　　　　B. 运费免收定价

    C. 基点定价　　　　　　　　　　　D. 邮资定价

5. 企业利用消费者具有仰慕名牌商品或名店声望所产生的某种心理，对质量不易鉴别的商品的定价最适宜用(　　)法。

  A．尾数定价   B．招徕定价

  C．声望定价   D．反向定价

三、简答题

1．简述定价的主要方法有哪些？

2．简述撇脂定价及其适用条件。

3．简述价格折扣的主要类型及其影响折扣策略的主要因素。

4．简述企业在哪些情况下可能需要采取降价策略？

营销前沿

第九章 分销渠道策略

知识点 ✍

1. 分销渠道、分销渠道的功能
2. 影响分销渠道设计的因素
3. 批发商、零售商的含义与类型
4. 分销渠道的类型及其设计

技能要求 📖

1. 掌握分销策略运用的实践技能
2. 利用渠道相关知识为企业设计渠道

 案例导入

"高开低走"做中端

中国的市场结构一直以低端为主体，这是中国消费者的整体收入水平决定的。已经实现产业集中的行业龙头企业，其规模也主要是由低端产品支撑的。

所以，随着中国整体收入水平的提高和多数产业逐步走向成熟，中国企业的主要问题不再是规模问题，而是结构问题。企业的结构必须与市场结构一致，越是大企业，只要以国内为目标市场，越是不可能超越整体市场结构。

刚刚解决了温饱的消费者，正在进入以中端为主的消费结构。中国的中端市场正在成为世界最大的中端市场，做中端的能力将成为龙头企业基本的生存能力。但从低端向中端升级，不仅需要实力，更需要智慧。

结构升级从中产入手

中国企业从低端向中端升级，往往经历这样的路径：低端—高端(伪高端)—中端，而不是简单地走"低端—中端"的路径，这是由中国中端市场的特殊性决定的。

中国是个典型的 M 型社会(或者说是心理上的 M 型社会)，其典型特征就是中端消费者缺失。所以，中国企业的市场营销面临这样的困境：中国企业占领低端市场，而高端市场在相当长的时间内仍然是跨国品牌的天下。中端市场的缺失，使中国企业的升级面临着无路可走的窘境。

李宁公司就是个典型的例证。原来的低端品牌想转型，结果遭遇"中产阶级"陷阱。中产阶级的消费，不是趋高消费，就是趋低消费。中端消费是个"泥泞的中间地带"。

中端消费者的缺失，既表现为收入的缺失，也表现为心理的缺失。中国企业的升级，

必须从认知中国的中产阶级入手，他们才是中端消费的主力。

尽管调查数据显示有三成中国家庭已跨入中产行列，但很多人感觉自己"被中产"了，说明多数中国人不认同自己属于中产阶级，这与身份认同的心理有关。

中产既是一种收入划分，更是一种消费心态。见识和消费过高端甚至奢侈品，不以消费高端为喜；有足够的购买力消费附加值较高的中端产品，是中端消费的主流；即使购买物美价廉的低端产品，也不以为耻。因而，中国企业的升级，首先面临的不是收入问题(消费能力问题)，而是身份认同问题。

中国消费者的消费行为，一部分满足基本的生活或生存需要，低端产品多数属于此类消费，附加值低，物美价廉，属于理性消费；另一部分满足社会认同需要，通过消费获得社会认同，属于感性消费，甚至是狂躁型消费。比如，香烟在中国呈现两极分化现象，普通消费者的低端消费，以及大量的高端"面子消费"——社交性消费。

电视刚进入中国市场时，按照当时的消费水平，专家们预测 14 寸电视应该是主流。但当收入极低的中国消费者跳过 14 寸、18 寸，直接购买 21 寸电视的时候，专家们才发现预测失误。这种现象在中国很常见。当消费者购买属于身份认知性的产品时，往往会跨越一个消费层次。奢侈品在中国的消费者，除了部分高收入者外，也包括很多中低收入的消费者。

满足"身份认同消费"

身份认同消费有两种情况：一是自我身份认同，比如，因为我是中产阶级，所以有着中产阶级的消费方式；二是社会认同，比如，因为我敢消费高端商品或奢侈品，证明我有钱、有品位、有身份，炫耀性消费就是如此。

成熟社会的价值消费通常是第一种身份认同消费。追赶型国家的消费者个人身份的变化很快，第二种身份认同消费很普遍。所以，中国人在价值消费领域总是表现出一种与收入不相称的消费行为。中国人在国外旅行人均消费几乎是世界最高的，这并不证明中国人特别有钱。实际上日本的旅行者同样曾经表现出这种消费方式，但现在的消费反而更加理性。

一个有着自我身份认同的人，心理是强大的，消费不容易受环境影响，消费是因为自己需要。一个寻求社会认同的人，很在乎其他人的看法，消费是为了"表演"给别人看。

如此分析，就能发现中国消费者有三个特点：第一，收入水平整体提高，有着价值消费的能力和意识；第二，自我身份认同不高，自我身份认同低于收入水平，并且有着改变身份认同的愿望和收入能力；第三，价值消费最好能够带来有利的社会身份认同。

根据上述特点，可以发现曾经被认为不理性的消费行为有着理性的理由：一是低收入消费者购买与收入明显不对应的奢侈品消费(偶尔)；二是中产阶级消费的不是中端价值型产品，而是有着高端形象的中端产品。

有着高端形象的中端产品包含两层意思：一是品牌或产品形象有高端印迹；二是价位属于中端价位。中国企业的升级，必须满足消费者这种由于身份认同带来的价值需求。

这就意味着从低端向中端的直接升级是很危险的。因为这种升级有两个特点：第一，价格上属于中端；第二，品牌或产品形象属于低端。比如，如果伊利、华龙、白象、双汇等企业把自己的产品改造成金伊利、金双汇、金华龙、金白象，即使产品品质真的不错，但由于这些品牌在形象上整体属于低端，这样的升级也很难被中国的消费者接受。

瞄着月亮打飞机

打造一个看起来像高端的品牌或产品，然后"高开低走"，稳定在中端价位。这样的产品，形象高(价值型、身份认同)、价位合适(与购买力相对应)，这才是中国企业升级的正确做法。这种做法被戏称为"瞄着月亮打飞机"，或者"求乎其上，得乎其中"。很多企业升级成功，采取的就是这种方法。比如，华龙没有升级为"金华龙"，而是"今麦郎"，最初感受像高端产品，现在已经是中端价位。双汇的升级产品不是"金双汇"，而是"王中王"，"双汇王中王"最初定位于高端，初期销量也不大。但蒙牛的升级产品"特仑苏"，看似高端产品，却位居中端价位。雪花啤酒，最初是高端定位，但随着价位下调，销量迅速扩大，已经成为中国单一品牌销量最大的啤酒。

这种升级方式，能够给刚进入价值型消费的消费者带来更多的心理利益，也更利于消费者获得社会认同。

这些事实告诉我们，中国消费者从价格型消费转向价值型消费，并不是循序渐进的，在心理上是跨越式的。但受制于消费能力，又无法实现真正的跨越，所以就会树立一个"伪高端"的价值标杆，同时满足消费者的价值诉求与支付能力这对看似矛盾的需求。

结构升级，不是简单的直线升级，而是"高开低走到中端"，这需要企业极其熟悉中国消费者心理，也需要营销智慧。

当中国企业采取这种模式进行结构升级时，一直盘踞高端的跨国品牌也在追逐中端市场。阿迪进军二三线城市，耐克卖出"李宁价"，都是在追逐未来中国庞大的中端市场。

(资料来源：《中外管理》，刘春雄)

模块一 理论知识

第一节 分销渠道概述

一、分销渠道

1. 分销渠道的概念

所谓分销渠道也叫"销售渠道"或"通路"，指产品或服务从企业向消费者转移过程中，所有取得产品所有权或协助产品所有权转移的组织和个人。它主要包括商人中间商、代理中间商，以及处于分销渠道起点和终点的企业和消费者。

2. 分销渠道的特征

(1) 分销渠道的起点是企业，终点是消费者或用户。

(2) 第二分销渠道是由一系列参加产品流通过程的、相互依存的、具有一定目标的各类型机构结合起来的网络体系。

(3) 在分销渠道，产品或服务从生产领域转移到消费者领域的前提是所有权的转移，并且所有权至少转移一次。

(4) 在分销渠道中，除产品所有权转移方式外，在生产者与消费者之间还隐含其他的物质流动形式，如物流、信息流、货币流等，它们相辅相成，但在时间和空间上并非完全一致。

二、分销渠道功能

分销渠道的主要功能在于完成从生产者到消费者的转移，调节现代市场经济下生产与消费之间的矛盾，即调节生产和消费在数量、品种、时间和地点等方面的矛盾。具体来讲，分销渠道成员执行的功能有：

(1) 所有权转移。分销渠道承担的最本质功能就是完成产品从生产到消费者的所有权转移。在这个过程中，生产者出售了他的产品，获得了销售收入；消费者付出了货币，取得了所需要的产品。

(2) 沟通信息。收集并发布关于市场营销环境中现有的和潜在的消费者、竞争者及其他影响者和影响力量的信息。

(3) 促进销售。通过人员推销、广告、公关活动及其他促销方式吸引和说服顾客和潜在顾客。

(4) 洽谈生意。渠道成员之间达成有关产品的价格、采购条件、进货条件以及售后服务的协议，并提出订单。

(5) 资金融通。中间商购进产品并保持存货需要投入资金，这部分投入在产品实际抵达消费者之前就已经垫支，保证了厂商的再生产活动。所以，中间商购进产品行为实际是融资。

(6) 实体分配。分销渠道除了完成产品交易过程外，同时，还要完成产品实体从生产者到消费者的空间移动，消费才能成为现实的消费。

(7) 风险承担。产品从生产领域到消费领域转移过程中会面临许多不确定因素和物质实体的损耗，如市场需求变动、不可抗拒的天灾人祸、运输和存储及装卸过程中的商品破损等，这些风险均要由分销渠道成员承担。

产品在转移过程中，上述七项功能都必须完成，承担这些功能的组织或个人就是分销渠道成员。分销渠道决策，其实质就是选择什么渠道成员来完成这些功能更有效的问题。随着市场经济的深入发展，各种新型渠道成员在不断地涌现，企业选择渠道成员就是寻找能高效率完成以上功能的中介组织或个人。

三、分销渠道结构

1. 直接渠道和间接渠道

根据企业在营销环节中是否设置中间商，可将营销渠道分为直接渠道和间接渠道。

1) 直接渠道

直接渠道也称为零级渠道，它是由生产企业直接将其产品销售给消费者或用户，没有中间商介入。直接销售的三种主要形式是上门推销、邮购和生产企业开设自销商店等。

2) 间接渠道

间接渠道是指企业通过一个以上的中间商向消费者销售产品的分销渠道。间接渠道是消费品销售的主要渠道，却非生产资料销售的主要渠道。

2. 长渠道与短渠道

对于间接渠道来讲，根据介入的中间商层次的多少可分为长渠道和短渠道。一般根据中间商介入的层次，将分销渠道按级数来进行划分。

(1) 零级渠道。零级渠道是指生产企业直接将产品销售给消费者，无任何中间商介入，实际上属于直接渠道。

(2) 一级渠道。一级渠道是指生产者直接将产品卖给零售商，再由零售商转卖给消费者，其中只有一个层次的中间商介入。

(3) 二级渠道。二级渠道是生产企业和消费者(或用户)之间，含有两个营销中介机构。在消费者市场，一般是批发商和零售商；在产业市场，通常是销售代理商与批发商。

(4) 三层渠道。三层渠道是生产企业和消费者(或用户)之间，含有三个营销中介机构。

此外，还有层次更多的渠道，但不太常见。从生产企业的立场来看，层次数越少越好控制；相反，层次数越多，渠道就越复杂。

3. 宽渠道与窄渠道

从横向来分析，根据企业在同一层次上使用的同类中间商的多少，企业的分销渠道又可分为宽渠道与窄渠道。

产品生产者通过两个或两个以上的中间商来销售自己的产品，称为宽渠道。一般日用消费品，如毛巾、牙刷、洗涤用品、内衣等都是通过宽渠道进行销售的，由多家批发商经销，再转给多家零售商后进行销售，大面积接触消费者，能大量销售产品。一些专业技术性强、生产批量小、贵重耐用的产品，如大型设备、专用机械等都采用窄渠道销售。分销渠道的宽与窄是和生产企业所采取的分销战略相关联的，一般有以下三种类型：

(1) 密集分销。这是一种最宽的销售渠道，即在同一渠道环节层次上，生产企业尽量通过众多的中间商来推销其产品。

(2) 选择分销。它是指生产企业在某一地区仅通过几个最合适的中间商推销产品。

(3) 独家分销。它是指生产企业在某一市场对一种产品仅选择一家批发商或零售商销售，通过双方协商签订独家经销合同，规定生产企业不得让第三方承担购销业务。

四、分销渠道模式

1. 以生产制造商为主导的营销渠道

产品由生产制造商的推销人员、销售部或代理商从生产制造商的仓库直接提供给消费者或用户。有时，也通过批发商媒介交换，不过产品是直接从生产制造商的仓库提出来的。

(1) 生产制造商下属批发渠道。产品全权由批发商代理，但批发商也可代理销售其他制造商的产品。

(2) 生产制造商的零售渠道。制造商自己设置零售网点，销售自己的产品。

(3) 生产制造商特许渠道。通过特许协议，在一定的时期和区域内，生产制造商给予中间商其产品的专营权。

(4) 制造商寄售。制造商把产品运达消费地，而产品的所有权直到消费时才转移。

(5) 经纪人渠道。经纪人是买卖双方介绍交易以获取佣金的中间商人。经纪人一方面与多家制造商签订协议，代理销售它们的类似产品；另一方面专注于向某一个比较窄的细分市场进行营销活动。

2．以零售商为主导的营销渠道

产品或产品组合与经营方法经过零售商标准化。

(1) 零售商特许渠道。授权商在特许商的指导下，以特许商的名义在某一区域经营，并向特许商付费，如加盟店。

(2) 采购俱乐部渠道。采购俱乐部只向自己的会员提供各种购买服务，消费者只有成为会员才能通过俱乐部购买相关产品或服务。这种渠道适合特定群体，如音乐影碟俱乐部、读书俱乐部等。

(3) 仓储式零售商或批发俱乐部。仓储与零售同地，经营面积较大，有点像在仓库里面搞零售，批量销售，以低价取胜，如沃尔玛的山姆俱乐部。

(4) 邮购目录零售。无店铺零售的一种，零售商通常设置一配送中心，先将商品目录邮寄给潜在购买者，然后再根据回购订单或订购电话把商品直接送到购买者手中。

(5) 零售的连锁经营渠道。一个零售商在不同的地区拥有多个零售分店，各分店销售基本相同的商品与商品种类，有相同的建筑风格，以公司为单位集中采购与决策。

(6) 零售的各种主流业态所构成的营销渠道，如百货商场、购物广场(中心)、便利店等。

3．以服务提供者为主导的营销渠道

(1) 仓储运营商。仓储运营商根据合同为用户提供仓储服务，用户则需要交一定的费用。

(2) 跨码头运营商。以运输公司为主导的营销渠道，运输公司通过提供仓储与回运服务，专为那些运量大又互为顾客的企业服务。

(3) 联运商。运输公司之间结成联盟，将陆陆运输或海陆运输衔接起来。

(4) 采购商。采购商根据合同，专为用户提供某一类或几类商品的采购服务与管理，一方面在更大的范围内为用户寻找适用的产品，另一方面负责产品从生产者到用户整个流程管理。

(5) 直邮广告商。直邮广告商利用信息方面的优势，进行直销活动。

(6) 易货商。专门组织物物交易的服务提供者。

(7) 增值再售商。通过设计，使商品升值，然后再将其售出，其实质是将服务与商品打包卖出。

(8) 金融服务提供商。生产制造商与金融机构组成的联盟，最初的目的是便于为顾客或中间商提供融资服务。

4．其他形式的营销渠道

(1) 上门推销。

(2) 购买者合作采购(合作社)。

(3) 机器自动售货。

(4) 目录与技术支持渠道，包括目录销售、直复营销、展销会和数据库营销等。

知识链接

第二节　　分销渠道环节

一、批发商

批发商主要有三类：商人批发商、经纪人和代理商、自营批发机构。

1. 商人批发商

商人批发商又称独立批发商，自己进货，取得产品所有权后再出售，是批发商中最主要的部分。

2. 经纪人和代理商

经纪人和代理商是从事采购或销售或两者兼备，但不取得商品所有权的商业单位。与商人批发商不同，他们对所经营的商品没有所有权，所提供的服务比商人批发商还少，其主要职能在于促成产品的交易，借此赚取佣金作为报酬。与商人批发商相似的是，他们通常专注于某些产品种类或某些顾客群。经纪人和代理商主要可分为商品经纪人、制造代理商、销售代理商、采购代理商和佣金商。

3. 自营批发机构

自营批发机构指由制造商和零售商自设机构经营批发业务，主要类型有制造商与零售商的分销部和办事处。分销部有一定的商品储存，其形式如同商人批发商，只不过隶属关系不同；办事处没有存货，是企业驻外的业务代办机构，有些零售商在一些中心市场设立采购办事处，主要办理本公司的采购业务，也兼做批发业务，其功能与经纪人和代理商相似。

二、零售商

从经营形式上看，目前零售商的类型主要分为商店零售、无店铺零售和零售组织三种。

1. 商店零售

商店零售又称有店铺零售，特点是在店内零售商品与服务。最主要的类型有专用品商店、百货商店、超级市场、便利店、超级商店、折扣店和仓储商店等七种。

2. 无店铺零售

无店铺零售是指不经过店铺销售商品的零售形式。由于科技发展及竞争关系，越来越多的生产商采用无店铺零售的方式出售商品，其中最普遍的有直销、直复营销、自动售货等。

3. 零售组织

零售组织是以多店铺联盟的组织形式来开展零售活动的，主要有连锁商店、特许经营。

1) 连锁商店

连锁商店指在同一个总公司的控制下，统一店名、统一管理、统一经营，实行集中采购和销售，还可能有相似的建筑风格和标志的由两个或两个以上分店组成的商业集团。连锁店可分为直营连锁店、自愿连锁店和零售合作组织几种。其中，直营连锁店为同一所有者，统一店名，统一管理；自愿连锁商店是由批发商牵头组成的以统一采购为目的的联合组织；零售合作组织是独立零售商按自愿、互利原则成立的统一采购组织。

2) 特许经营

特许经营被誉为当今零售和服务行业最有潜力和效率的经营组织形式，特别适合那些规模小而且分散的零售和服务业。与其他经营方式相比，特许经营有以下特点：

(1) 特许经营中，受许人对自己的店铺拥有自主权，人事和财务均是独立的，特许人无权干涉。这不同于连锁商店。

(2) 根据契约规定，在特许期间提供受许人开展经营活动所必需的信息、技术、知识和训练，同时授予受许人在一定区域内独家使用其商号、商标或服务项目等权利。

(3) 受许人在特定期间、特定区域享有特许人商号、商标、产品或经营技术的权利，同时又须按契约的规定从事经营活动。如麦当劳要求受许人定期到公司的汉堡包大学接受培训；对所出售的食品有严格的质量标准和操作程序的要求，还有严格的卫生标准和服务要求，如工作人员不准留长发、女士必须带发罩等。

(4) 特许关系中明确规定一点就是特许人的代理人或伙伴，没有权力代表特许人行事，受许人要明确自己的身份，以便在同消费者打交道时不致发生混淆。这使得特许经营关系与代理有着本质的不同。

(5) 特许经营中，契约规定特许人按照受许人营业额的一定百分比收取特许费，分享受许人的部分利润，同时也要分担部分费用。如麦当劳收取的特许费用约为受许人营业额的 12%，同时承担培训员工、管理咨询、广告宣传、公共关系和财务咨询等责任。

三、代理商

代理商是受生产者委托，从事商品交易，不拥有商品的所有权的中间商。代理商根据自己的销售业绩，按照和企业约定好的比例提取一定的佣金。代理商对自己代理的产品既可以选择批量销售，也可以采用零售的方式。

知识链接

第三节　分销渠道的设计

一、影响分销渠道设计的因素

有效的渠道设计以确定企业所要达到的目标市场为起点。原则上讲，目标市场的选择并不是渠道设计的问题。然而事实上，市场选择与渠道选择是相互关联的，有利的市场加上有利的渠道才能使企业获得利润。渠道设计问题的中心环节，是确定到达目标市场的最佳途径。

影响渠道设计的主要因素有以下几方面：

1. 顾客特性

渠道设计受顾客人数、地理分布、购买频率、平均购买数量以及对不同促销方式的敏感性等因素影响。当顾客人数多时，生产者倾向于利用每一层次都有许多中间商的长渠道。购买者人数的重要性，又受到地理分布程度的修正。例如，生产者直接销售给集中于同一地区的 500 个顾客所花的费用，远比给分散在 500 个地区的 500 个顾客要少。购买者的购买方式，又修正购买人数及地理分布的影响。如果顾客经常小批量购买，则需较长的分销渠道供货。因此，购买者少量而频繁的订货，常使得制造商依赖于批发商为其销货。同时，这些制造商也可能越过批发商，直接向订货量大且订货次数少的大客户供货。购买者对不同促销方式的敏感性，也影响渠道选择。例如，越来越多的家具零售商喜欢在展销会选购，从而使得这种渠道迅速发展。

2. 产品特性

产品特性也影响渠道的选择，具体如下：

(1) 产品的单价。产品的价格和产品的形象、利润等直接相关，而分销渠道的选择有直接影响到产品的档次形象等。通常，产品的单价低，分销渠道就可以长一些；产品单价高，分销渠道就要短些。如我们用的日用百货就要经过一个以上的批发商，主要是为了扩大销量和广阔的市场覆盖，使得企业薄利多销、有利可图。

(2) 产品的体积和重量。产品的体积过大或者过重，运输起来就比较困难，运输费用也比较高，对于这样的产品，选择分销商时，要尽量考虑短渠道，最好是零级渠道，避免中间储存和反复的运输；产品的体积较小或者重量较轻的，运输储存都比较方便，费用就比较小，可以考虑渠道长些。

(3) 产品的款式。式样多变、时尚程度较高的产品，比如时装，其分销渠道一定要短，这样可以避免因为中间环节过多而影响产品的上市。对于款式变化较小的产品，分销渠道可以适当长些。

(4) 产品的理化功能。对于易碎、易爆的物品，尽量减少中间环节，减少因时间延误和重复搬运造成产品的损坏。这类产品主要有玻璃、水产、牛奶等。

(5) 产品的通用性和专用性。对于通用产品，一般都有一定的规格和质量，适合较多用户的需要，所以分销渠道可以长些；对于一些技术比较专业、使用面窄的产品最好由企业自己销售，这样可以减少中间环节的偏差，同时可以为用户进行安装、调试和售后服务等，这样可以提高顾客满意，达到顾客忠诚。

(6) 产品生命周期。在产品的引入初期，中间商对产品了解很少，甚至不感兴趣，为了尽快打开销路，企业不惜花费大量的人力、物力和财力组成强有力的销售队伍向消费者或者中间商推销产品，在此阶段，企业的分销渠道一般比较短；在产品的成熟期以后，企业产品已经在市场上站稳了脚跟并大批量投放市场，此时则可以考虑借助中间商的势力，将产品全面铺向市场，以取得规模经济效益。

3. 市场特性

一般情况下，如果市场容量大、顾客购买的量少，可以考虑宽渠道、长渠道，以尽量扩大产品的销量；市场容量大、顾客购买的量也大的则可考虑短渠道，尽量减少中间费用，提高企业效益。

4. 中间商特性

设计渠道时必须考虑执行不同任务的中间机构的优、缺点，在成本、可获得性以及可提供的服务三方面对中间商进行评估。例如，由制造商代表与顾客接触，花在每一顾客身上的成本较低，因为总成本由若干顾客分摊。一般来讲，中间商在执行运输、广告、储存及接纳顾客等方面，以及信用条件、退货特权、人员训练和送货频率方面，都有不同特点和要求。

5. 竞争特性

生产者的渠道设计受竞争者所使用渠道的影响。某些行业的生产者希望在与竞争者相同或相近的经销处与竞争者的产品抗衡，例如，在食品行业中，经常将竞争品牌摆在一起销售。有时竞争者使用的分销渠道，又成为其他企业避免使用的渠道。

6. 企业特性

若企业的资金雄厚，有丰富的营销经验，开拓市场能力很强，对渠道有很强的控制欲望，那么企业可以靠自己的实力建立分销网络；相反，如果企业实力较弱，则可以借助中间商的实力发展壮大。

7. 环境因素

经济、法律、科技、政治等大环境也对企业的分销渠道模式有不同程度的影响。当经济繁荣、企业需求上升时，企业会利用中间商的力量迅速将产品推向市场，将销售网络布全；相反，企业会更多考虑借势。

二、分销渠道的设计

企业的分销渠道是在考虑上述影响因素基础上设计的，包括确定渠道模式、确定中间商数目和规定渠道成员彼此的权利和责任等内容。

1. 确定渠道模式

确定渠道模式，即决定渠道的长度。企业分销渠道设计首先要决定采取什么类型的分销渠道，是派推销人员上门推销或以其他形式自销，还是通过中间环节分销。如果决定利用中间商分销，还要进一步决定选用什么类型和规模的中间商。

2. 确定中间商数目

确定中间商的数目，即决定渠道的宽度。这主要取决于产品本身的特点、市场容量的大小和需求面的宽窄。通常有三种可供选择的形式，即密集分销、选择分销、独家分销，企业可以从中选择适合自身特点的渠道策略。

3. 规定渠道成员彼此的权利和责任

在确定了渠道的长度和宽度之后，企业还要规定与中间商彼此之间的权利和责任，如对不同地区、不同类型和不同购买量的中间商给予不同的价格折扣，提供质量保证和跌价保证，以促使中间商积极进货。还要规定交货和结算条件，以及规定彼此为对方提供哪些服务，如产方提供零配件、代培技术人员、协助促销，销方提供市场信息和各种业务统计资料等。

知识链接

第四节　分销渠道的管理

在渠道设计确定后，企业还要对渠道进行管理。渠道管理包括选择和激励各个中间商，并对他们的推销活动进行评估。

1. 选择渠道成员

制造商对中间商的吸引力，取决于制造商本身的声誉好坏和产品销路的大小。有些企业很容易找到合适的中间商，有些企业则很困难。对一个有吸引力的制造商来说，主要的问题是如何选择渠道成员。一般说来，选择的标准应包括中间商的历史长短、信誉好坏、经营范围以及销售和获利能力、收现能力、协作精神、业务人员的素质，开设地点、未来的销售增长潜力，顾客属于什么类型、购买力大小和需求特点等。

2. 激励渠道成员

为了更好地与中间商合作，生产商必须采取各种措施对中间商给予激励，以此来调动其经营企业产品的积极性。激励中间商的方式主要有：

(1) 提供促销费用。特别在新产品刚刚上市之初，为了激励中间商多进货，多销售，生产商在促销上应大力扶植中间商，包括提供广告费用、公关礼品、营销推广费用。

(2) 价格扣率运用。在制定价格时，充分考虑中间商的利益，满足中间商所提出的要求，并根据市场竞争的需要，将产品价格制定在一个合理的浮动范围，主动让利于中间商。

(3) 年终返利。对中间商完成销售指标后的超额部分按照一定的比例返还利益。

(4) 实施奖励。对于销售业绩好，真诚合作的中间商成员给予奖励；奖励可以是现金，也可以是实物，还可以是价格扣率的加大。

(5) 陈列津贴。企业产品在商场展示和陈列期间，给予中间商经济补偿，可以用货铺底，也可给予适当的现金津贴，其目的是降低中间商经销产品的风险。

3. 评估渠道成员

对渠道成员定期进行评价，可以及时发现渠道中存在的问题，为渠道的调整与改进提供依据。每隔一段时间，制造商就必须考查和评估中间商的配额完成情况、平均库存水平、装运时间、对受损货物的处理、促销方面的合作，以及为顾客提供服务的情况。对表现好的予以奖励；对表现不好的予以批评，必要时可更换渠道成员，以保证营销活动顺利而有效地进行。在渠道管理过程中，有时由于情况的变化，需要增加或减少渠道成员，局部修正某些渠道，或全面修正分销渠道系统。

1) 增减渠道成员

根据企业整体战略规划和对中间商的评估，对那些不能完成生产商的分销定额、影响生产商的市场形象的个别中间商，终止与他们的购销关系。

2）增减销售渠道

销售渠道有许多种，随着形势的发展和变化，原有的销售渠道会在很多方面表现出不适应，而仅增减个别的渠道成员已经不能解决问题，这时，往往需要对渠道进行大的调整，增加一些新的渠道，或减少一些老的、不适应形势要求的渠道。

4．渠道冲突

不管渠道设计如何精良，渠道成员如何优秀，总会存在冲突，因为存在利益不同的主体。解决渠道冲突是渠道管理的重要内容。

渠道冲突指的是渠道成员发现其他渠道成员从事的活动阻碍或者不利于本组织实现自身的目标。

1）渠道冲突的原因

（1）价格原因。各级批发价的价差常是渠道冲突的诱因。制造者常抱怨分销商的销售价格过高或过低，从而影响其产品形象与定位；而分销商则抱怨给其的折扣过低而无利可图。

（2）存货水平。制造商和分销商为了自身的经济效益，都希望把存货水平控制在最低。而存货水平过低又会导致分销商无法及时向用户提供产品而引起销售损失甚至使用户转向竞争者。同时，分销商的低存货水平往往会导致制造商的高存货水平，从而影响制造商的经济效益。此外，存货过多还会产生产品过时的风险。因此，存货水平也是容易产生渠道冲突的问题。

（3）大客户原因。制造商与分销商之间存在着持续不断的矛盾，其来源是制造商与最终用户建立直接购销关系，这些直接用户通常是大用户，其购买量大或有特殊的服务要求。不同的客户对企业的利润贡献差异很大，20%的大客户贡献了企业 80%的利润，分销商担心大客户直接向制造商购买而威胁其生存。

（4）争占对方资金。制造商希望分销商先付款、再发货，而分销商则希望能先发货、后付款。尤其是在市场需求不确定的情况下，分销商希望采用代销等方式，即货物卖出去后再付款，而这种方式增加了制造商的资金占用，加大了其财务费用支出。

（5）技术咨询与服务问题。分销商不能提供良好的技术咨询和服务，常作为制造商采用直接销售方式的重要理由。对某些用户来说，一些技术标准比较固定的产品，仍需要通过技术咨询来选择最适合其产品性能的产品以满足生产过程的需要。

（6）分销商经营竞争对手产品。制造商显然不希望他的分销商同时经营竞争企业同样的产品线。尤其在当前的工业品市场上，用户对品牌的忠诚度并不高，经营第二产品线会给制造商带来较大的竞争压力。另一方面，分销商希望经营第二甚至第三产品线，以扩大其经营规模，并免受制造商的控制。

2）渠道冲突的类型

（1）水平渠道冲突，指的是同一渠道模式中，同一层次中间商之间的冲突。产生水平冲突的原因大多是生产企业没有对目标市场分管区域的中间商数量做出合理的规划，使中间商为各自的利益互相倾轧。这是因为在生产企业开拓了一定的目标市场后，中间商为了获取更多的利益必然要争取更多的市场份额，在目标市场上展开"圈地运动"。例如，某一地区经营 A 企业产品的中间商，可能认为同一地区经营 A 企业产品的另一家中间商在定价、促销和售后服务等方面过于进取，抢了他们的生意。如果发生了这类矛盾，生产企业应及时采取有效措施缓和并协调这些矛盾，否则，就会影响渠道成员的合作及产品的销售。另外，生产企业应未雨绸缪，采取相应措施防止这类情况的出现。

(2) 垂直渠道冲突，指在同一渠道中不同层次企业之间的冲突，这种冲突较之水平渠道冲突要更常见。例如，某些批发商可能会抱怨生产企业在价格方面控制太紧，留给自己的利润空间太小，而提供的服务(如广告、推销等)太少；零售商对批发商或生产企业，可能也存在类似的不满。

垂直渠道冲突也称作渠道上下游冲突。一方面，越来越多的分销商从自身利益出发，采取直销与分销相结合的方式销售商品，这就不可避免要同下游经销商争夺客户，因此大大挫伤了下游渠道的积极性；另一方面，当下游经销商的实力增强以后，不满足目前所处的地位，希望在渠道系统中有更大的权利，于是向上游渠道发起了挑战。在某些情况下，生产企业为了推广自己的产品，越过一级经销商直接向二级经销商供货，使上下游渠道间产生矛盾。因此，生产企业必须从全局着手，妥善解决垂直渠道冲突，促进渠道成员间更好地合作。

(3) 不同渠道间的冲突。随着顾客细分市场，可利用的渠道不断增加，越来越多的企业采用多渠道营销系统。不同渠道间的冲突指的是生产企业建立多渠道营销系统后，不同渠道服务于同一目标市场时所产生的冲突。例如，美国的李维斯牌牛仔裤原来通过特约经销店销售，当它决定将西尔斯百货公司和彭尼公司也纳为自己的经销伙伴时，特约经销店则表示了强烈的不满。

因此，生产企业要重视引导渠道成员之间进行有效的竞争，同时防止过度竞争，并加以协调。不同渠道间的冲突在某一渠道降低价格(一般发生在大量购买的情况下)或降低毛利时，表现得尤为强烈。

3) 渠道冲突解决方案

(1) 渠道一体化。渠道一体化是解决渠道冲突的根本方法。在我国，由于缺乏明确的代理方面的法律，从而导致经销商无法从事代理行为。因此，厂方在各个地区设立的非法人地位的办事处，实际上就是在行使代理职能。厂方为了加强对市场的控制，降低厂商之间因签订合同、履行合同所产生的交易费用，降低终端零售价格，必然缩短销售渠道，从而逐步缩短直至取消批发环节。在这种情况下，如果某批发商建立起自己庞大的销售网络，一旦我国的代理法正式实施，就可以与厂方建立获取佣金的代理关系。随着代理关系的发展，厂方为了进一步降低交易成本，将具有较大销售网络的代理公司购买过来或控股，从而建立资本关系。只有拥有了自己的销售网络，企业才可能真正控制市场，并彻底解决窜货乱价问题。

因此，对处于过剩经济期的生产型企业来讲，今后投资的重点应从设备等固定资产的硬投资转到市场网络建设的软投资。对商业企业来讲，尽快建立自己的销售网络是适应我国市场经济代理时代的重要生存方式。

(2) 渠道扁平化。厂家→总经销商→二级批发商→三级批发商→零售店→消费者，此种渠道层级可谓传统销售渠道中的经典模式。传统的销售渠道呈金字塔式的体制，因其广大的辐射能力，为厂家产品占领市场发挥了巨大的作用。但是，在供过于求、竞争激烈的市场营销环境下，传统渠道存在着许多不可克服的缺点，对厂家来讲，多层次的渠道格局不仅使厂家难以有效地控制销售渠道，多层次渠道中各层次价差，更是垂直冲突的主要诱因。在许多产品可实现高利润、价格体系不透明、市场缺少规则的情况下，传统销售网络中普遍存在的"灰色地带"，使许多经销商实现了所谓的超常规发展。多层次的销售网络不仅进一步瓜分了渠道利润，而且经销商不规范的操作手段如竞相杀价、跨区销售等常常造成严重的网络冲突。

企业面临的市场瞬息万变，消费者需求在改变，竞争愈演愈烈，技术不断创新，这些无疑使企业面临挑战，营销渠道也不例外。为迎合消费者偏好的变化，需对渠道结构进行调整，企业争夺主要渠道的竞争在不断升级。这就要求厂商作为产品或服务的供给者，应顺应渠道变化的趋势，制定符合企业发展目标的渠道策略。因而，许多企业正将销售渠道改为扁平化的结构，即销售渠道越来越短、销售网点则越来越多。销售渠道短，增加了企业对渠道的控制力；销售网点多，则增加了产品的辐射面和销售量。如一些企业由多层次的批发环节变为一层批发，即厂家→经销商→零售商。一些企业在大城市设置配送中心，直接向经销商、零售商提供服务。美国通用汽车公司斥巨资构建自己的电子商务、渠道体系，目标是建立一种国际标准。这些都表明了渠道创新的扁平化趋势。

(3) 约束合同化。在合同中，尤以"总经销合同"最为重要，它是用来约束总经销商市场行为的工具。

首先，在合同中明确加入"禁止跨区销售"的条款，将总经销商的销售活动严格限定在自己的市场区域之内。

其次，为使各地总经销商都能在同一价格水平上进货，应确定厂家出货的总经销价格为到岸价，所有在途运费由厂方承担，以此来保证各地总经销商具备相同的价格基准。

再次，在合同中载明级差价格体系，在全国执行基本统一的价格表，并严格禁止超限定范围浮动。

最后，将年终给各地总经销商的返利与是否发生跨区销售行为相结合，使返利不仅成为一种奖励手段，而且成为一种警示工具。同时，对所窜货物的价值，可累计到被侵入地区的经销商的销售额中，作为奖励基数，并从窜货地区的业务员和客户已完成的销售额中，扣减等值销售额。

(4) 包装差别化，即厂方对相同的产品，采取不同地区不同外包装的方式，可以在一定程度上控制冲货，主要措施有以下几种：

一是通过文字标识，在每种产品的外包装上，印刷"专供 XX 地区销售"。可以在产品外包装箱上印刷，也可以在产品商标上加印。这种方法要求这种产品在该地区的销量达到一定程度，并且外包装必须无法回收利用，才有效果。

二是商标颜色差异化，即在不同地区，将同种产品的商标，在保持其他标识不变的情况下，采用不同的色彩加以区分。该方法也要求在某地区的销量达到足够大时，厂方才有必要采取该措施。但同样，只要达到一定销售量，成为该地区畅销的主导商品，窜货就有可能制假商标(某些商品除外，如啤酒等)。

三是外包装印刷条形码，不同地区印刷不同的条形码。这样一来，厂方必须给不同地区配备条形码识别器。采用代码制，就可使厂家在处理窜货问题上掌握主动权。首先，由于产品实行代码制，能对产品的去向进行准确无误的监控，避免经销商有恃无恐，使他不敢贸然采取窜货行动；其次，即使发生了窜货现象，也可以明白产品的来龙去脉，有真凭实据，处理起来相对容易。但有的经销商会将条码撕掉。

这些措施都只能在一定程度上解决不同地区之间的窜货乱价问题，而无法解决本地区内不同经销商之间的价格竞争。

模块二　技　能　训　练

案例分析

B 公司是某国化妆品市场上彩色化妆品的领导者，占据着 16% 的市场份额。在过去，B 公司的彩色化妆品主要通过百货商店的专柜进行销售，取得了很好的业绩。但是随着零售业态的发展，大型卖场和超市的重要性显得越来越突出。在 2015 年前，B 公司开始向百货商店以外的分销渠道发展，逐渐地进入了大型卖场和化妆品专营店。在大型卖场，销售呈现出了稳健的上升趋势。但是在超市，销售情况却不容乐观。

第一，超市主要经营食品，化妆品区比较小，有些甚至只有日化区而没有化妆品区。

第二，消费者还没有习惯在卖场和超市买化妆品，即使是 10000 平方米以上的大卖场，销售也远远低于百货商店。

问题还不仅如此，B 公司作为市场领导者，给予分销商的贸易条件也越来越苛刻，随着品牌的成熟，市场支持的费用也在逐年减少。下面是在超市销售的一个大概情况：

(1) 在超市的销售额一般每月 3000 元。

(2) 陈列方式是平柜和陈列架的组合。

(3) 分销商的毛利一般在 12% 左右。如果聘用一名促销小姐，就立刻会导致亏损。促销小姐的平均工资应该是 1000 元左右。

(4) 不用促销小姐，销售就很低迷，甚至 2000 元都达不到；用促销小姐，分销商的利润又不够支付人员工资。

(5) 如果陈列在日化区的货架上，偷窃情况就会变得很严重，商店则要把这些失窃商品算在分销商的头上，分销商显然也无法承担。

思考：

1. 在 B 公司的渠道选择中，卖场和超市各有什么优点？

2. 导致彩色化妆品容易被盗的原因之一是简易包装或无包装，B 公司是否可以考虑改用盒子包装？

3. 针对该公司在超市销售模式中所存在的问题，请提出你的合理化解决对策。

实训练习

1. 内容：设计一种产品销售渠道。通过企业产品渠道实地参观访问，了解某产品销售的结构、特点，特别要掌握现代分销的新模式、新策略，培养学生进行产品销售渠道策划的初步能力。

学生分组分别到约定的工商企业、大卖场、电子网络商店参观访问。访问的具体内容如下：

(1) 一般企业产品销售渠道的结构类型、主要特点、成员数量、管理策略以及物流系统的作业与设计等。

(2) 超市、连锁店、配送中心、大卖场、仓储等的经营范围、配货模式、物流运行、仓储管理等。

(3) 电子网络商店的设备、机制、送货、运行、虚拟、交易、管理等。

要求：每位学生撰写访问报告，即对企业产品销售渠道进行评析、建议，并模拟设计一种产品销售渠道；进行全班交流。

完成一份产品销售渠道的实训报告，并进行答辩。

模块三　复习与思考

一、单项选择题

1. 制造商在某一地区通过最合适的几家中间商分销其产品，这种分销策略是(　　　)。

    A. 密集分销　　　　B. 选择分销　　　C. 独家分销　　　D. 区域分销

2. 制造商在某一地区通过选择一家中间商为其经销产品的策略，称为(　　　)。

    A. 密集分销　　　　B. 选择分销　　　C. 独家分销　　　D. 区域分销

3. 如果顾客经常小批量购买，则须采用(　　　)渠道为其供货。

    A. 长　　　　　　　B. 短　　　　　　C. 宽　　　　　　D. 窄

4. 生产者在某一地区仅通过少数几个精心挑选的中间商来分销产品，这是(　　　)分销策略。

    A. 广泛　　　　　　B. 密集　　　　　C. 强力　　　　　D. 选择性

5. 营销渠道的宽度是指(　　　)。

    A. 中间商总数　　　　　　　　　　B. 批发商总数

    C. 零售商总数　　　　　　　　　　D. 同一层次中间商数

二、简答题

1. 分销渠道的层级有哪些？它是如何划分的？

2. 哪些因素影响了渠道设计？

3. 如何选择中间商的数目？

4. 如何进行分销渠道的管理？

5. 怎样激励渠道成员？

营销前沿

第十章 促销策略

知识点 ✍

1. 促销的实质与作用
2. 促销组合方式及其决策内容
3. 人员推销策略
4. 广告促销策略
5. 营业推广策略
6. 公关促销策略

技能要求 📖

1. 能运用广告促销策略设计一幅广告作品
2. 掌握促销策略实践运用的技能

 案例导入

屈臣氏促销策略案例

能让都市时尚白领一族以逛屈臣氏商店为乐趣,并在购物后仍然津津乐道,有种"淘宝"后莫名喜悦的感觉,这可谓达到了商家经营的最高境界。经常可以听到"最近比较忙,好久没有去逛屈臣氏了,不知最近又出了什么新玩意⋯⋯",逛屈臣氏淘宝,竟然在不知不觉中成了时尚消费者一族的必修课。作为城市高收入代表的白领丽人,她们并不吝惜花钱,物质需求向精神享受的过渡,使她们往往陶醉于某种获得小利后成功的喜悦,祈望精神上获得满足。屈臣氏正是捕捉了这个微妙的心理细节,成功地策划了一次又一次的促销活动。

屈臣氏的促销活动每次都能让令顾客获得惊喜,在白领丽人的一片"好优惠呦""好得意呦""好可爱啊"声中,商品被"洗劫"一空,积累了屈臣氏单店平均年营业额高达2000万的战绩。在屈臣氏工作过的人应该都知道,屈臣氏的促销活动算得上是零售界最复杂的,不但次数频繁,而且流程复杂,内容繁多,每进行一次促销活动更是需要花很多的时间去策划与准备。策划部门、采购部门、行政部门、配送部门、营运部门都围绕着这个主题运作。为超越顾客期望,屈臣氏所有员工都乐此不疲。屈臣氏在促销活动方面的造诣,笔者认为值得零售连锁企业借鉴。

1. 丰富多彩

屈臣氏一年24期常规促销活动,形式非常独特,与其他零售店的方式完全不一样,"自

有品牌商品免费加量 33% 不加价""60 秒疯狂抢购""买就送"更是丰富多彩，促销商品品种繁多，如滋润精选、如丝秀发、沐浴新体验、皓齿梦工场、维有新健康、营养街、清亮新视界、知足便利店、关爱自己、完美纸世界、小工具课堂、优质生活、开心美味园、健康情报站、潮流点缀、旅游自助魔法、美丽港……非常多的趣味主题，介绍众多的个人护理用品，引导着消费。

2. 优惠实效

根据国人消费习惯，实惠才是硬道理，屈臣氏促销讲究的就是"为消费者提供物超所值"的购物体验，从"我敢发誓"到"冬日减价""10 元促销""SALE 周年庆""加 1 元多一件""全线八折""买一送一""自有品牌商品免费加量 33% 不加价""买就送"等，降价幅度非常大，每一次都会引起白领丽人的惊呼。每期都有的三个"10 元超值换购"商品、9 个"震撼低价"商品每次都会给抢购一空。

3. 震撼低价

屈臣氏经常推出系列震撼低价商品，这些商品以非常优惠的价格销售，并且规定每个店铺必须陈列在店铺最前面、最显眼的位置，以吸引顾客。

4. 剪角优惠券

在指定促销期内，一次性购物满 60 元(或者 100 元)，剪下促销宣传海报的剪角，可以抵 6 元(或者 10 元)使用，相当于额外再获得九折优惠。

5. 购某个系列产品满 88 元送赠品

例如，购护肤产品满 88 元、或购屈臣氏品牌产品满 88 元、或购食品满 88 元，送屈臣氏手拎袋或纸手帕等活动。

6. 购物 2 件，额外九折优惠

购指定的同一商品 2 件，额外享受九折优惠，例如，买营养水一支要 60 元，买 2 支的话，就一共收 108 元。

7. 赠送礼品

屈臣氏经常也会举行一些赠送礼品的促销活动，一种是供应商本身提供的礼品促销活动，另外一种是屈臣氏自己举行的促销活动，如赠送自有品牌试用装，或者购买某系列产品送礼品装，或者是当天前 30 名顾客赠送礼品一份。

8. VIP 会员卡

屈臣氏在 2006 年 9 月开始推出自己的会员卡，顾客只需去屈臣氏门店填写申请表格，就可立即办理屈臣氏贵宾卡，办卡时仅收取工本费一元，屈臣氏会每两周推出数十件贵宾独享折扣商品，低至额外八折，每次消费有积分。

9. 感谢日

5 月份母亲节，屈臣氏举行为期 3 天的感谢日小型主题促销活动，推出系列重磅特价商品，单价商品低价幅度在 10 元以上。

10. 销售比赛

"销售比赛"也是屈臣氏一项非常成功的促销活动，每期指定一些比赛商品，分各级别店铺(屈臣氏的店铺根据面积、地点等因素分为 A、B、C 三个级别)之间进行推销比赛，销售排名在前三名的店铺都将获得奖励，每次参加销售比赛的指定商品的销售业绩都会奇迹般地速度增长，供货厂家非常乐意参与这样有助于销售的活动。

模块一 理 论 知 识

第一节 促 销 概 述

一、促销与促销方式

1. 促销的概念

促销是指企业通过各种有效的方式向目标市场传递有关企业及其产品(品牌)的信息，以启发、推动或创造目标市场对企业产品和服务的需求，并引起购买欲望和购买行为的一系列综合性活动。因此，促销的实质是企业与目标市场之间的信息沟通，促销的目的是诱发购买行为。

2. 促销方式

1) 广告宣传

广告宣传是指工商企业通过一定的媒介物，公开而广泛地向社会介绍企业的营销形式和产品品种、规格、质量、性能、特点、使用方法以及劳务信息的一种宣传方式。

2) 公共关系

公共关系是指工商企业通过种种活动使社会各界公众了解本企业，以取得他们的信赖和好感，从而为企业创造一种良好的舆论环境和社会环境。

3) 营业推广

营业推广是指工商企业在比较大的目标市场中，为刺激早期需求而采取的能够迅速产生鼓励作用、促进商品销售的一种措施。

4) 人员推销

人员推销是一种既传统又现代的促销方式。它是指企业派出人员或委托推销人员，亲自向目标顾客对商品或服务进行介绍、推广宣传和销售。

二、促销组合与促销策略

1. 促销组合的概念

促销组合，就是企业根据产品的特点和营销目标，综合各种影响因素，对各种促销方式的选择、编配和运用。促销组合是促销策略的前提，在促销组合的基础上，才能制订相应的促销战略。

企业在制订促销组合和促销策略时，主要应考虑以下几个因素：

1) 促销目标

贯彻促销组合策略的首要任务是明确企业在一定时期内的促销目标，因为促销目标是制订促销预算、选择促销方式及设计促销组合的重要前提。在企业营销的不同阶段和适应市场营销活动的不断变化，要求有不同的促销目标，无目标的促销活动收不到理想的效果。因此，促销组合和促销策略的制定，要符合企业的促销目标，并根据不同的促销目标采用不同的促销组合和促销策略。

2) 产品因素

(1) 产品的性质。对于不同性质的产品，购买者和购买目的就不相同，因此，对不同性质的产品必须采用不同的促销组合策略。一般说来，在消费者市场，因市场范围广而更多地采用拉式策略，尤其以广告和营业推广形式促销为多；在生产者市场，因购买者购买批量较大，市场相对集中，则以人员推销为主要形式。

(2) 产品的市场寿命周期。在产品生命周期的不同阶段，促销工作具有不同效益。促销目标在产品市场生命周期的不同阶段是不同的，这决定了在产品生命周期各阶段要相应选配不同的促销组合，采用不同的促销策略。

(3) 市场条件。由于市场条件不同，促销组合与促销策略也有所不同。从市场地理范围大小看，若促销对象是小规模的本地市场，应以人员推销为主；而对广泛的全国甚至世界市场进行促销，则多采用广告形式。从市场类型看，消费者市场因消费者多而分散，多数靠广告等非人员推销形式；而对用户较少、批量购买、成交额较大的生产者市场，则主要采用人员推销形式。

(4) 促销预算(费用)。企业在选择促销组合时，首先要考虑两个主要问题：一是促销预算费用有多少？二是促销预算费用在众多促销手段中如何分配？也就是说，综合分析比较各种促销工具的费用与效益，以尽可能低的促销费用取得尽可能多的促销效益是决定促销费用分配的原则。企业要在"销景+价格+利润"的综合评价中确定企业的整体促销费用。企业开展促销活动，必然要支付一定的费用，费用是企业经营十分关心的问题，并且企业能够用于促销活动的费用总是有限的。因此，在满足促销目标的前提下，要做到效果好而费用省。企业确定的促销预算额应该是企业有能力负担的，并且是能够适应竞争需要的。

2．促销策略

企业在开展促销活动时采用的促销策略，按其作用方向分类，可归纳为两种情况：从企业开始逐级向前的推动作用和企业促使消费者的逐级向后的拉动作用。为此，人们通常称之为推进策略和拉引策略。

1) 推进策略

推进策略是指用人员推销手段，把产品推进到目标市场的一种策略，即生产者采取积极措施把产品推销给批发商，批发商采取积极措施把产品推销给零售商，零售商再采取积极措施把产品推销给消费者。推进策略是以中间商为主要促销对象，通常通过销售队伍促销、对中间商的营业推广等形式，说服中间商购买企业产品，再层层渗透给消费者。

2) 拉引策略

拉引策略是指企业用非人员促销方式，特别是用广告宣传的方式刺激消费者的需求和购买欲望的策略，即企业通过刺激最终消费者对产品的兴趣和需求，使得他们向零售商要求购买这一产品，零售商就会向批发商要求购买该产品，批发商又会向生产者要求购买该产品。拉引策略以最终消费者为主要促销对象，通常采用大规模广告轰炸和营业推广的方式使顾客产生需求，层层拉动购买。

知识链接

第二节　人员推销策略

一、人员推销及其特点

人员推销主要指通过推销人员直接向中间商或消费者进行宣传、说服以推销商品为目的的促销方式，它是一种双向沟通的直接推销方法。人员推销作为古老的促销手段，同非人员推销相比，其最大的特点是具有直接性。

人员推销的特点主要表现在以下几方面。

1. 人员推销的针对性强

采取广告方式等非人员推销手段，面对的是广泛的社会公众，他们可能是也可能不是该产品的顾客，而人员推销是通过推销人员对顾客事先进行调查研究，选择潜在顾客，而后有针对性地直接对潜在顾客采取不同的解说和介绍，乃至说服顾客购买的一种促销活动。

2. 人员推销具有很大的灵活性

在人员推销过程中，买卖双方直接联系或交流，推销人员和买主可以面对面地看货、议价、交谈等，这样有利于推销人员及时根据消费者对产品的不同欲望、要求、反应，灵活机动地解答消费者的各种问题，及时交换意见，尽可能促成交易。

3. 人员推销有利于加强服务

现代科学技术的发展，使商品的结构、性能、使用和保养日益复杂化。采用人员推销，可以让推销员在推销商品的同时做好一系列服务工作，从而既方便了消费者，又加强了销售服务，从而创造出更多的销售机会。

4. 人员推销可以满足多样的需求

人员推销不仅是激发顾客需求、引起顾客购买欲望的引导过程，还是一个了解顾客需求、为顾客提供服务以满足需求的过程。推销人员通过宣传、展示商品来引导顾客，引起顾客的注意和兴趣，激发顾客的需求，从而引起顾客的购买欲望和购买行为；通过销售商品及提供信息服务、技术服务和销售服务(包括售前、售中、售后的服务)，来满足顾客的需求。

5. 人员推销有利于信息反馈

人员推销的双向沟通方式，使得企业在向顾客介绍商品、提供信息的同时，及时得到消费者的信息反馈，使企业及时掌握市场动态，修正营销计划，并促使商品的更新换代。

6. 人员推销的成本相对较高

由于实施人员推销对推销人员的素质要求较高，也要求比较严格，一般都要经过培训，所以实施人员推销的成本比其他促销方式的成本要高得多。在发达国家采用人员推销的成本一般是广告费的 1～3 倍。

二、人员推销过程

人员推销一般经过以下七个步骤：

1. 寻找潜在顾客

寻找潜在顾客，即寻找有可能成为潜在购买者的顾客。潜在顾客是一个"MAN"，即具有购买力(Money)、购买决策权(Authority)和购买欲望(Need)的人。寻找潜在顾客线索方法主要有：① 向现有顾客打听潜在顾客的信息；② 培养其他能提供潜在顾客线索的来源，如供应商、经销商等；③ 加入潜在顾客所在的组织；④ 从事能引起人们注意的演讲与写作活动；⑤ 查找各种资料来源(工商企业名录、电话号码黄页等)；⑥ 用电话或信件追踪线索等。

2. 访问准备

在拜访潜在顾客之前，推销员必须做好必要的准备，具体包括了解顾客、了解和熟悉推销品、了解竞争者及其产品、确定推销目标、制定推销的具体方案等方面。不打无准备之仗，充分的准备是推销成功的必要前提。

3. 接近顾客

接近顾客是推销员征求顾客同意接见洽谈的过程。接近顾客能否成功是推销成功的先决条件。推销接近要达到三个目标：给潜在顾客一个良好的印象；验证在准备阶段所得到的信息；为推销洽谈打下基础。

4. 洽谈沟通

洽谈沟通是推销过程的中心。推销员向准客户介绍商品，不能仅限于让客户了解你的商品，最重要的是要激起客户的需求，产生购买的行为。养成 JEB 的商品说明习惯，能使推销事半功倍。

"JEB"，简而言之，就是首先说明商品的事实状况(just fact)，然后将这些状况中具有的性质加以解释说明(explanation)，最后再阐述它的利益(benefit)及带给客户的利益。熟练掌握商品推销的三段论法，能让推销变得非常有说服力。

营销人员在向潜在顾客展示介绍商品时可采用五种策略：① 正统法，主要强调企业的声望和经验；② 专门知识，主要表明对产品和对方情况有深刻了解；③ 影响力，可逐步扩大自己与对方共有的特性、利益和心得体会；④ 迎合，可向对方提供个人的善意表示，以加强感情；⑤ 树立印象，指在对方心目中建立良好的形象。

5. 应付异议

推销员应随时准备应付不同意见。顾客异议表现在多方面，如价格异议、功能异议、服务异议、购买时机异议等。有效地排除顾客异议是达成交易的必要条件。一个有经验的推销员面对顾客争议，既要采取不蔑视、不回避、注意倾听的态度，又要灵活运用有利于排除顾客异议的各种技巧。

6. 达成交易

达成交易是推销过程的成果和目的。在推销过程中，推销员要注意观察潜在顾客的各种变化。当发现对方有购买的意思表示时，要及时抓住时机，促成交易。为了达成交易，推销员可提供一些优惠条件。

7. 事后跟踪

现代推销认为，成交是推销过程的开始。推销员必须做好售后的跟踪工作，如安装、退换、维修、培训及顾客访问等。对于 VIP 客户，推销员特别要注意与之建立长期的合作关系，实行关系营销。

三、人员推销的形式、对象

一般来说，人员推销有以下三种基本形式：

1. 上门推销

上门推销是最常见的人员推销形式。它是由推销人员携带产品样品、说明书和订单等走访顾客，推销产品。这种推销形式可以针对顾客的需要提供有效的服务，方便顾客，故为顾客广泛认可和接受。

2. 柜台推销

柜台推销又称门市，是指企业在适当地点设置固定门市，由营业员接待进入门市的顾客，推销产品。门市的营业员是广义的推销员。柜台推销与上门推销正好相反，它是等客上门式的推销方式。由于门市里的产品种类齐全，能满足顾客多方面的购买要求，为顾客提供较多的购买方便，并且可以保证产品完好无损，故顾客比较乐于接受这种方式。

3. 会议推销

会议推销是指利用各种会议向与会人员宣传和介绍产品，开展推销活动。譬如，在订货会、交易会、展览会、物资交流会等会议上推销产品，这种推销形式接触面广、推销集中，可以同时向多个推销对象推销产品，成交额较大，推销效果较好。

人员推销的对象主要有三类人群：消费者、生产用户、中间商。

四、人员推销技巧

1. 上门推销技巧

(1) 找好上门对象，可以通过商业性资料手册或公共广告媒体寻找重要线索，也可以到商场、门市部等商业网点寻找客户名称、地址、电话、等资料。

(2) 做好上门推销前的准备工作，尤其要对本公司的发展状况和产品、服务的内容材料十分熟悉、充分了解并牢记，以便推销时有问必答；同时对客户的基本情况和要求应有一定的了解。

(3) 掌握"开门"的方法，即要选好上门时间，以免吃"闭门羹"，可以采用电话、传真、电子邮件等手段事先交谈或传送文字资料给对方并预约面谈的时间、地点；也可以采用请熟人引见、名片开道、与对方有关人员交朋友等策略，赢得客户的欢迎。

(4) 把握适当的成交时机。应善于体察顾客的情绪，在给客户留下好感和信任时，抓住时机发起"进攻"，争取签约成交。

(5) 学会推销的谈话艺术。

2. 洽谈艺术

首先注意自己的仪表和服饰打扮，给客户一个良好的印象；同时，言行举止要文明、懂礼貌、有修养，做到稳重而不呆板、活泼而不轻浮、谦逊而不自卑、直率而不鲁莽、敏捷而不冒失。在开始洽谈时，推销人员应巧妙地把谈话转入正题，做到自然、轻松、适时。可采取以关心、赞誉、请教、炫耀、探讨等方式入题，顺利地提出洽谈的内容，以引起客户的注意和兴趣。在洽谈过程中，推销人员应谦虚谨言，注意让客户多说话，认真倾听，表示关注与兴趣，并做出积极的反应。遇到障碍时，要细心分析，耐心说服，排除疑虑，争取推销成功。在交谈中，语言要客观、全面，既要说明优点所在，也要如实反映缺点，切忌高谈阔论、"王婆卖瓜"，让客户反感或不信任。洽谈成功后，推销人员切忌匆忙离去，这样做会让对方误以为上当受骗了，从而使客户反悔违约。应该用友好的态度和巧妙的方法祝贺客户做了笔好生意，并指导对方做好合约中的重要细节和其他一些注意事项。

3. 排除推销障碍的技巧

(1) 排除客户异议障碍。若发现客户欲言又止，主方应主动少说话，直截了当地请对方充分发表意见，以自由问答的方式真诚地与客户交换意见。对于一时难以纠正的偏见，可将话题转移。对恶意的反对意见，可以"装聋扮哑"。

(2) 排除价格障碍。当客户认为价格偏高时，应充分介绍和展示产品、服务的特色和价值，使客户感到"一分钱一分货"；对低价的看法，应介绍定价低的原因，让客户感到物美价廉。

(3) 排除习惯势力障碍。实事求是地介绍客户不熟悉的产品或服务，并将其与他们已熟悉的产品或服务相比较，让客户乐于接受新的消费观念。

五、人员推销策略

推销人员能力的高低，除了推销人员自身素质差别外，能否掌握和成功地运用推销策略，也是十分重要的因素。人员推销策略主要有以下三种。

1. 试探性策略

试探性策略，即"刺激—反应"策略。这是推销人员对顾客了解不够充分的情况下采取的。推销人员可充分利用双方沟通的有利条件，了解顾客，根据其反应进行刺激、诱导，以期敦促顾客购买行为的实现。

2. 针对性策略

针对性策略，即"配方—成效"策略。推销人员在已基本掌握了顾客的需求状况、购买意图时，有针对性地积极推销，以引起顾客兴趣，投其所好，实现交易。

3. 诱导性策略

诱导性策略，即"诱发—满足"策略。推销人员通过运用能激起顾客某种欲望的说服方法，诱导顾客采取购买行为。使用此种策略的关键在于推销人员须掌握较高的推销艺术，善于捕捉洽谈时机，善于因势利导，诱发兴趣，又称为创造性推销策略。

知识链接

第三节 广 告 策 略

一、广告的概念与作用

1. 广告的概念

广告是广告主以付费的方式，通过一定的媒体有计划地向公众传递有关商品、劳务的其他信息，借以影响受众的态度，进而诱发或说服其采取购买行动的一种大众传播活动。从以上定义可以看出，广告主要具有以下特点：

(1) 广告是一种有计划、有目的的活动。

(2) 广告的主体是广告主，客体是消费者或用户。

(3) 广告的内容是商品或劳务的有关信息。

(4) 广告的手段是借助广告媒体直接或间接传递信息。

(5) 广告目的是促进产品销售或树立良好的企业形象。

2. 广告的作用

1) 传递信息，沟通产需

传递信息，沟通产需，这是广告在促进销售中最基本的作用。在市场经济中，谁掌握了市场信息谁就掌握了市场的主动权，这既适用于企业，也适用于消费者。如果消费者掌握到了必要的产品信息，就可以根据产品信息进行购买决策，选择物美价廉的商品，使购买效用达到最大化。对于企业来说，要想使自己的产品尽快地让顾客知道，必须借助于广告向消费者传递自己产品的性能、特点、质量、使用方法、购买地点、购买手续以及售后服务等信息，使消费者对企业产品在留下深刻的印象，为顾客购买选择提供信息需要。

2) 激发需求，促进销售

激发需求，促进销售是广告的最终目的。消费者的需求开始一般处于潜在状态，这种需求并不能形成直接的购买行为，必须对其进行宣传说服。在促销组合中，广告较人员推销具有更广泛的宣传说服作用，人员推销只能进行个别说服，而广告则可以在较大市场范围，针对众多的潜在顾客进行说服。通过广告宣传，可以引起人们的注意，进行购买说服，促使人们产生兴趣，使人们处于潜在状态的需求被激发起来，促成其购买行为产生。无数实践证明，一则生动活泼、具有说服力的广告，能够激发消费者的购买欲望，明确选择目标，促使其产生购买行为，从而有利于扩大企业的产品销售。

3) 介绍商品，指导消费

在浩瀚的商品世界中，商品的数量、种类之多，一个消费者是很难说清楚的。因此，他们购买商品往往带有盲目性。据有关资料介绍，我国牙膏的种类就有 700 余种。消费者都有过这样的经历，面对琳琅满目的商品，不知买什么好。企业可以运用广告来介绍产品，指导消费。广告是无声的推销员，它比人员推销所接触的市场范围要大得多，具有广泛的传播范围。可以运用多种广告媒体向消费者介绍产品的种类、功能、款式、使用方法等，帮助消费者来选择商品，就有可能扩大企业的产品销售，扩展自己的目标市场。

4) 树立形象，赢得市场

广告是企业开展市场竞争的重要手段。企业的产品进入市场，通过广告宣传产品的特色、企业的质量保证和服务措施，树立良好的企业形象，提高产品的知名度，从而赢得市场。广告不仅对消费者具有激发购买的作用，对中间商还能起到鼓励作用，争取更多的中间商分销本企业产品。在同类产品竞争激烈的市场条件下，中间商的进货具有很大的选择性，他们一般不愿意经营那些市场知名度低的产品。只有那些经过有效广告攻势，建立一定市场知名度的产品，他们才愿意进货。

二、广告媒体的种类与特点

1. 视听广告

(1) 电视广告。它的最大特点是直观地、真实地把商品信息传递给观众，通过艺术形象和声音的结合充分发挥广告诉求的效果；其缺点是费用高、时间短、目标市场的选择较差。

(2) 电影广告。传统的电影广告有两种，一种是纪录片，另一种是幻灯广告。两种效果均好，但局限性大，广告费用较高。随着广告业的不断发展，电影广告的形式也变得多样化，例如植入式电影广告、微电影广告等。

(3) 广播广告。广播广告能以最快的速度把广告信息传递到各地，收听方便。但广播广告给人的印象不如视觉媒体深刻和容易理解，且需反复收听才能给听众留下记忆。

2. 印刷广告

印刷广告是指在纸张上通过文字说明和图案介绍商品知识。它的形式较多，主要有以下两种：

(1) 报纸广告。报纸广告是现代传播广告信息的重要手段。报纸具有新闻性、可读性、指导性、知识性和记录性等显著特点，报纸广告最大的优点是读者比较稳定，宣传覆盖率高；传播迅速，反映及时；可自由选择刊登日期；能对产品进行较详细的介绍；制作简单，费用较低。但也有一定的局限性：它的保存性较差；报纸内容庞杂，易分散注意力。由于各类报纸的读者对象不同，发行数量和范围不同，其广告效果也不同。因此，企业必须有选择地登载广告。

(2) 杂志广告。杂志广告是指利用各种杂志做各类专用产品广告。杂志的优点是促销对象明确，收效率高；保存率和阅读率也较报纸高；广告画面鲜明，易引人注意。杂志广告最大的缺点是传递信息延迟期较长，读者面具有较大的局限性。不同杂志有不同的读者和不同的发行范围。因此，企业在选择杂志做广告时必须研究目标读者。

另外，印刷广告还有图书、包装纸盒等。

3. 户外广告

户外广告通常有招贴、广告牌、交通广告以及霓虹广告等。户外广告经常作为辅助性推广媒体，也有助于开拓营销渠道，地点多选择在闹市、交通要道或公共场所，一般比较醒目。它的主要优点是利用灯光色彩、美术造型等艺术手段，显得鲜明、醒目、美观；内容简明易记，使人印象深刻，既宣传产品，又美化环境。局限性是受空间的限制，不易表达复杂内容，不能动态化。

4．交通广告

交通广告是指在交通工具上设置的广告，例如车、船、飞机上的广告。

5．网上广告

网上广告是指广告主在网上发布有关产品、服务或观念的信息的传播活动。网上广告的形式一般分为两类：文字广告和图形广告。网上广告的出现为广告业拓展了新天地。在互联网高速发展的过程中，企业掌握了网上广告的优缺点，选择好网络广告代理商，扬长避短，定会为自己及广告公司带来无限的商机。

三、选择广告媒体

广告促销方案设计的第四步是对广告媒体的选择。不同的广告媒体有不同的特征，这决定了企业广告必须对广告媒体进行正确的选择，否则将影响广告效果。正确地选择广告媒体，一般要考虑下列影响因素。

(1) 广告产品的特征。一般生产资料适合选择专业性的报纸、杂志、产品说明书；而生活资料则适合选择生动形象、感染力强的电视媒体和印刷精美的彩色杂志等媒体。

(2) 目标市场的特征。其一，目标市场的范围。全国性市场适合选择全国性媒体，如中央电视台、经济日报等；区域性市场适合选择地区性媒体，如广州日报、广州电视台等；其二，目标市场的地理区域。农村市场需要选择适合农民的媒体，如《南方农村报》等；城市市场则适合选择都市类媒体，如《南方都市报》等；其三，目标市场的媒体习惯。每种媒体都有自己独特的定位，每类消费者也都有自己的媒体习惯。所以，媒体选择要有针对性。如针对中产阶级的广告，适合选择《新快报》等时尚类媒体。

(3) 广告目标。以扩大市场销售额为目的的广告应选择时效性快、表现性强、针对性强的媒体；树立形象的广告则适合选择覆盖面广、有效期长的媒体。

(4) 广告信息的特征。情感诉求的广告适合选择广播、电视等媒体；理性诉求的广告适合选择报纸、杂志等印刷类媒体。

(5) 竞争对手的媒体使用情况。一般情况下，应尽可能避免与竞争对手选择同一种媒体，特别是同种媒体的同一时段或同一版面。如果中国移动和中国联通的广告登在同一种报纸的同一版面上，或者在电视的同一时段投放，效果就可能大打折扣。

(6) 广告媒体的特征。各类广告媒体都有各自的广告适应性，如电视的优势是生动形象，时效性强，多手段传播，但不易保存，费用高；报纸价格便宜，易保存，但不生动等。选择广告媒体一定要对各类媒体的广告属性进行充分的把握。

(7) 国家广告法规。广告法规关于广告媒体的规定是选择广告媒体的重要依据。

四、广告效果测定

广告的效果主要体现在三方面，即广告的传播效果、广告的促销效果和广告的社会效果。广告的传播效果是前提和基础，广告的销售效果是广告效果的核心和关键，企业的广告活动也不能忽视对社会风气和价值观念的影响。

1. 广告传播效果的评估

广告传播效果的评估主要评估广告是否将信息有效地传递给目标受众。这种评估传播前和传播后都应进行。传播前，既可采用专家意见综合法，由专家对广告作品进行评定；也可以采用消费者评判法，聘请消费者对广告作品从吸引力、易读性、好感度、认知力、感染力和号召力等方面进行评分。传播后，可再邀请一些目标消费者，向他们了解对广告的阅读率或视听率，对广告的回忆状况等。

2. 广告促销效果的评估

促销效果是广告的核心效果。广告的促销效果，主要测定广告所引起的产品销售额及利润的变化状况。测定广告的促销效果，一般可以采用比较的方式。在其他影响销售的因素一定的情况下，比较广告后和广告前销售额的变化；或者其他条件基本相同的甲和乙两个地区，在甲地做广告而在乙地不做广告，然后比较销售额的差别，以此判断广告的促销效果等。

3. 广告的社会效果的评估

社会效果的评估主要评定广告的合法性以及广告对社会文化价值观念的影响。一般可以通过专家意见法和消费者评判法进行。

知识链接

第四节　营业推广策略

一、营业推广及其特点

营业推广又称销售促进，是指企业在短期内为了刺激需求而进行的各种促销活动。这些活动可以诱发消费者和中间商大量的购买，从而促进企业产品销售的迅速增长。营业推广对促进销售的效果显著，为此，它是促销组合的重要方式，是促销策略研究的重点。

营业推广具有以下特点：

(1) 针对性强，促销效果明显。营业推广是一种以激励消费者购买和经销商经营为主要目标的辅助性、短期性的促销方式。营业推广的对象直接针对消费者、中间商或推销员，一般都是通过提供某些优惠条件调动所针对对象的积极性，因此，营业推广见效快，对促销对象有一定吸引力。

(2) 非规则性和非经常性。人员推销和广告都是连续的、常规的促销形式，营业推广是一种非人员促销形式，但其活动方式与广告、公共关系不同，大多数营业推广方式是非经常性的和非规则性的，其使用具有不确定性，它只是起辅助作用，是广告推销、人员推销等促销手段的一种补充措施。

(3) 促销效果易于察觉。由于营业推广这种形式的使用限定了一定的时间和地点，而且这种促销方式必须限定时间和地点，否则就失去了促销的意义。因此，它的促销效果短期内即可觉察，短期效果非常明显。一旦消费者对企业产品产生偏好，这种好的促销效果还会延续。

二、营业推广形式

根据目标市场的不同，企业推广可分为面向消费者、面向中间商、面向企业内部员工的推广，三种推广方式有着不同的促销方式。

1. 面向消费者的营业推广方式

面向消费者的营业推广主要作用包括鼓励老顾客继续使用；促进新顾客使用；培养竞争对手顾客对本企业的偏爱等。其方式有以下几种：

(1) 赠送促销。向消费者赠送样品或试用品，赠送样品是介绍新产品最有效的方法，缺点是费用高。样品可以选择在商店或闹市区散发，或在其他产品中附送，也可以公开广告赠送或入户派送。

(2) 折价券。在购买某种商品时，持券可以免付一定金额的钱。折价券可以通过广告或直邮的方式发送。

(3) 包装促销。包装促销指以较优惠的价格提供组合包装和搭配包装的产品。

(4) 抽奖促销。顾客购买一定的产品之后可获得抽奖券，凭券进行抽奖获得奖品或奖金，抽奖可以有各种形式。

(5) 现场演示。企业派促销员在销售现场演示本企业的产品，向消费者介绍产品的特点、用途和使用方法等。

(6) 联合推广。企业与零售商联合促销，将一些能显示企业优势和特征的产品在商场集中陈列，边展销边销售。

(7) 参与促销。通过消费者参与各种促销活动，如技能竞赛、知识比赛等活动，能获取企业的奖励。

(8) 会议促销。会议促销指各类展销会、博览会、业务洽谈会期间的各种现场产品介绍、推广和销售活动。

2. 面向中间商的营业推广方式

这种推广方式主要目的是鼓励中间商积极进货和推销，引导零售商扩大经营。其常用的方式有以下几种：

(1) 批发回扣。企业为争取批发商或零售商多购进自己的产品，在某一时期内给经销本企业产品的批发商或零售商加大回扣比例。

(2) 推广津贴。企业为促使中间商购进企业产品并帮助企业推销产品，可以支付给中间商一定的推广津贴。

(3) 销售竞赛。根据各个中间商销售本企业产品的实绩，分别给优胜者以不同的奖励，如现金奖、实物奖、免费旅游、度假奖等，以起到激励的作用。

(4) 扶持零售商。生产商对零售商专柜的装潢予以资助，并提供POP广告，以强化零售网络，促使销售额增加；可派遣厂方信息员或代培销售人员。生产商这样做的目的是提高中间商推销本企业产品的积极性和能力。

3. 面对企业内部员工的营业推广方式

这种推广方式主要是针对企业内部的销售人员，鼓励他们热情推销产品或处理某些老产品，或促使他们积极开拓新市场。一般可采用方法有销售竞赛、免费提供人员培训、技术指导等形式。

三、营业推广方案制订

在企业促销活动中，一个有效的营业推广方案一般要考虑以下五个因素：

(1) 确定推广目标。营业推广目标的确定，就是要明确推广的对象是谁以及要达到的目的是什么。只有知道推广的对象是谁，才能有针对性地制定具体的推广方案。

(2) 选择推广工具。营业推广的方式方法很多，但如果使用不当，则适得其反。因此，选择合适的推广工具是取得营业推广效果的关键因素。企业一般要根据目标对象的接受习惯和产品特点、目标市场状况等来综合分析选择推广工具。

(3) 推广的配合安排。营业推广要与营销沟通其他方式如广告、人员销售等整合起来，相互配合，共同使用，从而形成营销推广期间的更大声势，取得单项推广活动达不到的效果。

(4) 确定推广时机。营业推广的市场时机选择很重要，如季节性产品、节日、礼仪产品，必须在季前、节前做营业推广，否则就会错过了时机。

(5) 确定推广期限。确定推广期限即营业推广活动持续时间的长短。推广期限要恰当，过长，消费者新鲜感丧失，产生不信任感；过短，一些消费者还来不及接受营业推广的实惠。

知识链接

第五节　公共关系策略

一、公共关系及其职能

1. 公共关系的概念

公共关系是企业通过公关传播和对特殊事件的处理，使自己与公众保持良好关系的活动。企业的公共关系分为内部公共关系和外部公共关系。运用公共关系促进销售也是企业促销的主要策略之一，但公关促销并不是要推销某个具体的产品，而是企业利用公共关系，可以把企业的经营目标、经营理念、政策措施等传递给社会公众，使公众对企业有充分的了解；对内协调各部门的关系，对外建立广泛的社会联系，密切企业与公众的关系，树立企业的良好形象，扩大企业的知名度、信誉度与美誉度。目的是为企业的营销活动创造一个和谐、亲善、友好的营销环境，从而间接地促进产品的销售。为此，企业促销必须研究公共关系。

2. 公共关系的职能

公共关系的职能包括以下几种：

(1) 守望功能。守望功能是公共关系中最基本的功能。在社会经济飞速发展的今天，社会环境的变化越来越快，越来越使企业不可捉摸，因此掌握社会环境的变化动向及信息对企业更显得至关重要，公共关系部门就承担着这个重要的任务，收集信息，监察环境的变化，使企业的发展始终顺应环境的变化，真正起到公共关系的守望作用。

（2）协调功能。协调功能主要通过传播沟通、影响舆论、咨询建议、参与决策和协调咨询、争取谅解等方法实现其与各方面相互协调的目的，企业的危机公关即是如此。企业在经营过程中常常会出现意料不到的情况，处理不当，会对企业形象造成很大影响，利用公共关系的协调功能，正确处理突发事件，可能会使危机变为机会。

（3）教育功能。各种公关活动中都能体现出其教育的功能，因此企业应充分利用这一功能去达到企业的目标，要把好传播关，更好地发挥其教育功能。

（4）娱乐功能。在大量的公关活动中，都能体会到它的娱乐功能，在轻松愉悦的活动中，公关人员把传播企业的理念与信息寓于其中，在潜移默化中即完成了公关目标。从这个意义上说，公关是一种文化范畴。

（5）效益功能。公共关系最终的目的是提高企业经济效益和社会效益。公共关系的一切策略和方法都应围绕着这个中心来进行。

二、公共关系的活动形式

企业开展公共关系的活动方式有很多种，这与企业的规模、活动范围、产品类别、市场性质等密切相关。常见的公共关系的活动方式主要有以下几种。

1．利用新闻媒介

新闻媒介一般指以报纸、杂志、广播和电视为主的新闻传播工具。新闻媒介面向社会，涉及范围广、影响大，能够支配社会舆论，引导公众意见，因而具有很强的说服力。因此，企业应当争取一切机会和新闻界建立联系，及时将具有新闻价值的信息提供给这些新闻媒介，以形成有利的社会舆论，扩大企业在消费者中的影响，加深顾客印象。这种方式传播面广，推广企业形象效果较好。

2．赞助和支持各项公益活动

作为社会的一员，企业有义务支持各项公益活动，如通过赞助文化、教育、体育、卫生等事业，支持社区福利事业，参与国家、社区重大社会活动等形式来塑造企业的社会形象。赞助节日庆典、基金捐献等，这些活动往往为万众瞩目，各种新闻媒介会进行广泛的报道，企业能从中得到特殊的利益，建立一心为大众服务的形象。但在实践中，企业应注意自己的能力限度以及活动的互惠性。

3．参加各种社会活动

企业通过举办新闻发布会、展销会、看样订货会、博览会等各种社会活动，向公众进行市场宣传、推荐产品、介绍知识、以获得公众的了解和支持，提高他们对企业产品的兴趣和信心。

4．公关广告

公关广告即企业为形成具有积极意义的社会风气或宣传某种新观念而做的广告。如企业对过度吸烟、饮酒危害健康以及勤俭节约、遵守交通秩序等社会风尚的宣传均属此列。公关广告在客观效果上，能够有效地扩大企业的知名度和美誉度，树立企业关心社会公益事业的良好形象。

5．印制宣传品

编辑介绍企业发展历史，宣传企业宗旨，介绍企业产品以及员工教育、企业经营现状及动态等内容的宣传品，也是企业传播信息、树立形象的重要途径。它们以免费赠送为主，印刷精美，以增加公众兴趣和提高其保留价值，同时注明本企业的地址和电话号码、邮政编码等信息，以方便随时联系。

6．提供特种服务

企业的经营目的是在满足社会需要的基础上获得利润，因此，就应积极满足顾客的各种特殊需要，争取更大的长期利益。通过各种实惠性服务，以行动去获取公众的了解、信任和好评，以实现既有利于促销又有利于树立和维护企业形象与声誉的活动。企业可以以各种方式为公众提供服务，如消费指导、消费培训、免费修理等。

7．建立健全企业内部的公共关系制度

企业应当关心职工的福利，鼓励他们的工作积极性和创造性。要开展针对职工家属等的公共关系活动，密切与社会各界的联系。

三、公共关系活动的开展

1．确定公关目标

进行公共关系活动要有明确的目标。目标的确定是公共关系活动取得良好效果的前提条件。企业的公关目标因企业面临的环境和任务的不同而不同。一般来说，企业的公关目标主要有：① 新产品、新技术在开发之中，要让公众有足够的了解；② 开辟新市场之前，要在新市场所在地的公众中宣传组织的声誉；③ 转产其他产品时，要树立组织新形象，使之与新产品相适应；④ 参加社会公益活动，增加公众对组织的了解和好感；⑤ 开展社区公关，与组织所在地的公众沟通；⑥ 本组织的产品或服务在社会上造成不良影响后，进行公共关系活动以挽回影响；⑦ 创造一个良好的消费环境，在公众中普及同本组织有关的产品或服务的消费方式；等等。

2．确定公关对象

公关对象的选择就是公众的选择。公关的对象决定于公关目标，不同的公关目标决定了公关传播对象的侧重点不同。如果公关目标是提高消费者对本企业的信任度，毫无疑问，公关活动应该重点根据消费者的权利和利益要求进行。如果企业与社区关系出现摩擦，公关活动就应该主要针对社区公众进行。选择公关对象要注意两点：一是侧重点是相对的，企业在针对某类对象进行公关活动时不能忽视了与其他公众沟通；二是在某些时候(如企业出现重大危机等)，企业必须加强与各类公关对象的沟通，以赢得各方面的理解和支持。

3．选择公关方式

公共关系的方式是公共关系工作的方法系统。在不同的公关状态和公关目标下，企业必须选择不同的公关模式，以便有效地实现公共关系目标。一般来说，供企业选择的公关方式主要有以下两类：

1) 战略性公关方式

下列五种公关方式，主要针对企业面临的不同环境和公关的不同任务，从整体上影响

企业形象，属于战略性公关。

(1) 建设性公关，主要适用于企业初创时期或新产品、新服务首次推出之时，主要功能是扩大知名度，树立良好的第一印象。

(2) 维系性公关，适用于企业稳定发展之际，用以巩固良好企业形象的公关模式。

(3) 进攻性公关，是企业与环境发生摩擦冲突时所采用的一种公关模式，主要特点是主动。

(4) 防御性公关，是企业为防止自身公共关系失调而采取的一种公关模式，适用于企业与外部环境出现了不协调或摩擦苗头的时候，主要特点是防御与引导相结合。

(5) 矫正性公关，是企业遇到风险时采用的一种公关模式，适用于企业公共关系严重失调，从而使企业形象严重受损的时候，主要特点是及时。

2) 策略性公关方式

下列五种公关方式，属于公共关系的业务类型，主要是公共关系的策略技巧，属于策略性公关。

(1) 宣传性公关。运用大众传播媒介和内部沟通方式开展宣传工作，树立良好企业形象的公共关系模式，分为内部宣传和外部宣传。

(2) 交际性公关。通过人际交往开展公共关系的模式，目的是通过人与人的直接接触，进行感情上的联络，其方式是开展团体交际和个人交往。

(3) 服务性公关。以提供优质服务为主要手段的公共关系活动模式，目的是以实际行动获得社会公众的了解和好评。这种方式最显著的特征在于实际的行动。

(4) 社会性公关。利用举办各种社会性、公益性、赞助性活动开展公关，带有战略性特点，着眼于整体形象和长远利益。其方式有三种：一是以企业本身为中心开展的活动，如周年纪念等；二是以赞助社会福利事业为中心开展的活动；三是资助大众传播媒介举办的各种活动。

(5) 征询性公关。以提供信息服务为主的公关模式，如市场调查、咨询业务、设立监督电话等。

4. 实施公关方案

实施公共关系方案的过程，就是把公关方案确定的内容变为现实的过程，是企业利用各种方式与各类公众进行沟通的过程。实施公关方案是企业公关活动的关键环节。再好的公关方案，如果没有实施，都只能是镜花水月，没有任何价值。实施公关方案，需要做好以下工作：

(1) 做好实施前的准备。任何公共关系活动实施之前，都要做好充分的准备，这是保证公共关系实施成功的关键。公关准备工作主要包括公关实施人员的培训、公关实施的资源配备等方面。

(2) 消除沟通障碍，提高沟通的有效性。公关传播中存在着方案本身的目标障碍，实施过程中语言、风俗习惯、观念和信仰的差异以及传播时机不当、组织机构臃肿等多方面形成的沟通障碍和突发事件的干扰等影响因素。消除不良影响因素，是提高沟通效果的重要条件。

(3) 加强公关实施的控制。企业的公关实施如果没有有效的控制，就会产生偏差，从而影响公关目标的实现。公关实施中的控制主要包括对人力、物力、财力、时机、进程、质量、阶段性目标以及突发事件等方面的控制。公关实施中的控制一般包括制定控制标准、衡量实际绩效、将实际绩效与既定标准进行比较和采取纠偏措施四个环节组成。

5. 评估公关效果

公共关系评估，就是根据特定的标准，对公共关系计划、实施及效果进行衡量、检查、评价和估计，以判断其成效。需要说明的是，公共关系评估并不是在公关实施后才评估公关效果，而是贯穿于整个公关活动之中。

公共关系评估的内容包括以下几个方面：

(1) 公共关系程序的评估，即对公共关系的调研过程、公关计划的制订过程和公关实施过程的合理性和效益型作出客观的评价。

(2) 专项公共关系活动的评估，主要包括对企业日常公共关系活动效果的评估、企业单项公共关系活动(如联谊活动、庆典活动等)效果的评估、企业年度公共关系活动效果的评估等方面。

(3) 公共关系状态的评估，企业的公共关系状态包括舆论状态和关系状态两个方面。企业需要从企业内部和外部两个角度对企业的舆论状态和关系状态两个方面进行评估。

知识链接

模块二　技 能 训 练

案例分析

宝洁的广告策略

P&G 公司的发家是靠生产一种普通的肥皂，这种肥皂与普通肥皂在功用上并无多大区别，只是它是白色的，而其他肥皂多为黄色、绿色等。创始人普洛斯特深谙商道，了解人们的购买心理。他给他的白色香皂取了一个源于《圣经》的名字"象牙肥皂"，意喻洁白纯洁，既迎合人们的心理，又辅以铺天盖地的广告，特别是，他在广告中故意加入化学家的一些权威数据，使"象牙肥皂"更具诱惑力。

经过普洛斯特别出心裁的广告宣传，普通的"象牙肥皂"因此打入了千家万户，成为人们心中的名牌。

1. 聊天聊出 P&G 公司

P&G 公司的名字及其产品几乎渗透了世界每一个角落，"P&G"是世界著名商标之一。美国哈佛大学商学院的普希尔博士这样形容 P&G 公司，"它对美国肥皂业卓有贡献，它为世界工业发展史竖起了一座丰碑——成功地把 P&G 打入千家万户，为工业品如何打入市场树立典范。"

翻开 P&G 公司的发家史，我们首先看到的是它成功的关键——广告。

P&G 公司的历史奠基人是普洛斯特，一名毫不起眼的美国俄亥俄州小商店售货员。当时，由于业务上来往，普洛斯特与一家杂货店老板盖姆逐渐混得很熟，彼此情投意合，成了一对好朋友。

普洛斯特常常去盖姆家喝咖啡聊天，一天晚上，两个好朋友在院子里乘凉，盖姆妻子在一旁洗衣服。突然普洛斯特发现了什么，惊叫了起来，"那些肥皂制造商真混账，怎么造了这么恶心的肥皂！"说着，盯着盖姆夫人手上的一块又黑又粗的肥皂。盖姆夫人在当地是个美人，皮肤洁白细嫩，在灯光的照射下，与手中那块黑肥皂形成强烈对比，这令普洛斯特深感不协调。盖姆打趣道："你脑筋一向好使，又难得有这份惜香怜玉之心，为什么不在肥皂上下点功夫，造福天下妇女呢？"这本是盖姆的无心之言，谁知普洛斯特却很认真。"那我们合伙干，如何？"普洛斯特建议说，盖姆沉思了几秒钟，欣然同意了。之后，双方达成各出资一半参股的协议，并高薪聘请了普洛斯特的哥哥威廉姆专门研制肥皂，他曾在肥皂厂干过。很快两个好朋友为公司取了名，"PG 公司，""P"代表普洛斯特名字的第一个字母，同样"G"为盖姆名字头一字母，意即"普洛斯特和盖姆的公司。"P&G 公司就这样诞生了。

2. 象牙肥皂

公司成立后第一要事是研制自己的产品。普洛斯特坚持他那天晚上得到的启发，产品一定要洁白、美观。这一设想得到一致认同。经过一年的艰苦研制，威廉姆果然不负众望，终于研制出了洁白的肥皂，其功用与别的厂家的不是暗黄就是粗黑的产品不分伯仲。显而易见，洁白的东西本身就令人产生洁净的联想，也必定会比其他肥皂更容易被顾客接受。

但即使是好东西，如果不让众多顾客知道，一样难以销出。当过店员的普洛斯特太清楚这一点了，所以他才会以令他身边的人也感到吃惊的举动大造产品的名声。

有了新产品，第一件要事当然是起名。起名当然要与市场销售联系一起，普洛斯特梦想着他们 P&G 公司的肥皂一经面市立即被人们一抢而空，一鸣惊人，人们争相议论他们肥皂的名字，经销商、小贩之流更是在闹市中扯开喉咙大呼小叫这个名字，像华盛顿对美国人一样熟知。这个名字必须是很特别很有意义的！但它叫什么呢？普洛斯特和他的合伙人苦思冥想也无得而终。

一个星期天早上，普洛斯特陪他的朋友去教堂做礼拜。礼堂里非常肃静，只有神父朗诵《圣经》的深沉的声音，礼拜者虔诚地跪倒在主的脚下，用心与主交流。可普洛斯特还在念念不忘他 P&G 公司肥皂的名字。

"你来自象牙似的宫殿，你所有的衣物沾满了沁人心脾的芳香！"这句圣诗突然令普洛斯特眼前一亮，"对，象牙肥皂！"象牙洁白无瑕，又在《圣经》中被引用，更增添洁净宜人的想力。"象牙肥皂"一定行！

3. 在广告上做文章

接着，P&G 公司赶紧为新诞生的"象牙肥皂"设计外形。传统的肥皂制造商并不刻意设计其外形，大多是一副呆板的正方形蛋糕状。"象牙肥皂"一改传统，为椭圆形，既便于把握使用又增添美感。为防止别人模仿，维护其独一无二的"相貌"，P&G 公司为其外形申请了专利。产品出来了，名字也有了，万事俱备，只欠推向市场这一步了。

怎样推向市场？P&G 公司陷入了争论之中，按普洛斯特拟定的一个宏大的计划：在俄市两家最畅销的杂志上，在当地发行量最大的报纸上，在繁华的马路边等做广告，当然这要花费一大笔钱。普洛斯特的计划遭到盖姆等人的强烈反对。然而普洛斯特更有道理，如果不做大量的广告让更多的人知道、相信、偏爱"象牙肥皂"，就不会有大批顾客购买"象牙肥皂"——他们为什么偏要买"象牙肥皂"呢？"象牙肥皂"的优点在于色白、形美，明显比别的肥皂优越，如果没有"广而告之"，又有谁知道呢？

1882 年，在盖姆等人的一致的反对声中，普洛斯特在杂志上登了一幅有许多人在使用"象牙肥皂"的广告，广告非常引人注目。广告获得了很大的成功，一经面市，人们纷纷放弃传统的肥皂，抢购又白又漂亮的"象牙肥皂"，特别是那些爱美的妇女，是喜爱之极。尝到了广告好处的 P&G 公司，在不断扩大其生产规模的同时，也展开了一场广泛的广告宣传运动。

P&G 公司和它的产品"象牙肥皂"，在大量广告的宣传下，名声越来越大。

4．别出心裁的手段

P&G 公司大获其利、迅速崛起令同行们十分眼馋，其中一些商家赶紧进行产品"改造"。说是改造，其实是刻意模仿制造类似"象牙肥皂"的肥皂，并也辅以大量广告开路。

这一层其实普洛斯特早有预料，他明白"象牙肥皂"的制造并没有什么复杂的技术，如果公司经营成功一定会招来众多闻风而动的竞争对手，所以必须用宣传巩固自己的地位，扩大市场占有量和影响力，造成一种无法与之竞争的局面。既然"象牙肥皂"成分并不复杂，与普通肥皂并无多少差别，而购买者又首先要注意商品的优劣，普洛斯特因此要借助广告来使人信服，P&G 公司的"象牙肥皂"的优越是其他肥皂不可比拟的。

他心生一计，决心借助科学家之口为"象牙"印证其优越性。他从美国一流的大学高薪聘请了化学家为"象牙"化验化学成分，并做出权威的报告。然后，他就专门从报告中挑了一些最具说服力和诱惑力的数据，巧妙地安插在广告中，让人们不得不相信"象牙"无可比拟的优点。他又把眼光瞄向孩子们。曾有段时间，几乎全美的儿童都在收集"象牙肥皂"或精美的包装纸；只要有 15 张这种包装纸就可以换得一本图画本和一个写字板。那些图画本和写字板在经济萧条的当时，对孩子们非常有吸引力，为了得到更多的"象牙肥皂"包装纸，他们不断怂恿父母去购买"象牙肥皂"；还四处去寻觅被丢弃的"象牙肥皂"包装纸。"象牙肥皂"包装纸成了非常珍贵的东西，在孩子们眼中几乎跟钱币一样。这个广告手段使"象牙肥皂"成了非常紧俏的商品，更大大提高了其知名度。

P&G 公司就是靠着普洛斯特别出心裁的广告取得了成功。经历了 100 多年后的今天，P&G 公司已发展成一个规模非常巨大的国际性财团，其经营的拿手好戏除了广告还是广告，如今不但 P&G 公司的洗涤用品享誉全世界，而且 P&G 公司的名称更是响当当震响全球。

思考：

分析宝洁公司的广告策略？有什么值得借鉴？

实训练习 ✎

1．内容：你所在的学校附近的书店要进行促销活动，以 5～7 人为一组进行讨论。

(1) 该书店可以运用哪些促销手段？

(2) 该书店在做促销决策时应考虑哪些因素？

2．要求：

(1) 认真分析促销和促销组合知识以及相关资料，针对目标市场调查研究，进行促销和促销组合分析，然后为其进行促销活动策划，并写出促销活动策划书。

(2) 开拓思路，不断创新，构思新奇。

模块三 复习与思考

一、单项选择题

1. 促销工作的核心是(　　)。
　　A. 出售商品　　　　　　　　　　B. 沟通信息
　　C. 建立关系　　　　　　　　　　D. 寻找顾客

2. 促销的目的是引发刺激消费者产生(　　)。
　　A. 购买行为　　　　　　　　　　B. 购买兴趣
　　C. 购买决定　　　　　　　　　　D. 购买倾向

3. 对于单位价值高、性能复杂、需要做示范的产品,通常用(　　)策略。
　　A. 广告　　　　　　　　　　　　B. 公共关系
　　C. 推式　　　　　　　　　　　　D. 拉式

4. 营销推广是一项(　　)的促销方式。
　　A. 常规性　　　　　　　　　　　B. 辅助性
　　C. 经常性　　　　　　　　　　　D. 连续性

5. 人员推销的缺点主要表现为(　　)。
　　A. 成本低,顾客量大　　　　　　B. 成本高,顾客量大
　　C. 成本低,顾客有限　　　　　　D. 成本高,顾客有限

6. 一般日常生活用品,适合于选择(　　)媒介做广告。
　　A. 人员　　　　　　　　　　　　B. 专业杂志
　　C. 电视　　　　　　　　　　　　D. 公共关系

7. 为建立良好的企业形象,企业应大力开展(　　)活动。
　　A. 广告　　　　　　　　　　　　B. 公共关系
　　C. 营业推广　　　　　　　　　　D. 人员推销

二、简答题

1. 促销组合包含哪几个方面?
2. 人员促销与非人员促销有哪些差异?
3. 企业公共关系有哪些作用?
4. 促销人员应该具备哪些素质?

营销前沿

第十一章　市场营销的计划、组织与控制

知识点 ✍

1. 市场营销计划的含义
2. 市场营销组织的含义
3. 市场营销控制的含义
4. 市场营销组织的类型
5. 基本的营销控制方式

技能要求 📖

市场营销控制的运用

普华永道的发现

普华永道咨询公司在一项关于企业经营趋势的调查中发现，世界上快速发展的企业当中，三分之二的企业都是制定了企业营销计划的。这项调查还表明以下几种情况：

(1) 制定了营销战略计划从新产品或新服务中获利的比例明显高于那些没有制订计划的企业。

(2) 有战略计划的企业在过去 5 年内的销售收增长率比没有计划的企业要高 69%。

(3) 总经理通过推动营销战略的落实，致力于解决对企业至关重要的问题。

美国的《商业周刊》杂志更在头版强调战略规划的重要性，他们声称：

(1) 战略营销已成为企业获取更高销售收入和利润、开发新品、实现企业扩张、开拓新市场的核心。

(2) 战略营销是现在最重要的经营管理理念。

(3) 通过各部门的经理通力合作，充分实现公司计划制订过程的民主化，使经营任务的完成更具把握，把很多经理人从日常琐碎、无用的管理中解脱出来，使他们关注更重要的事。

(4) 创建与客户、供应商、顾客、对手的关系，是企业获得更大竞争优势的战略选择。

从以上的论述中我们可以感知到营销计划是何其的重要，对中国众多根本不进行战略计划、只关注广告战术组合的企业来讲，又是多么值得深思。

(资料来源：《中国市场营销》杂志)

模块一 理 论 知 识

第一节 市场营销计划

一、市场营销计划的内容

市场营销计划是识别和利用机会、避免风险不可或缺的基本工具。市场营销计划是市场营销组织关于某个具体产品、品牌如何进行市场营销的安排。制订和实施市场营销计划是市场营销组织的基本任务。市场营销组织如果缺乏预先营销工作的安排，将会导致营销行动和经费开支上的混乱，易使企业受到有远见的竞争者的攻击。

营销计划包含的内容将因具体要求不同，详细程度也有所不同。大多数的营销计划，特别是产品和品牌计划包含经营摘要、当前营销状况、机会和问题分析、明确目标、营销战略、行动方案、预计的损益表和控制手段等。

1．经营摘要

经营摘要是一份计划书的开端，是对主要的市场营销目标和有关建议所做的极为简短的概述。实际上，这是整个市场营销计划精华所在。市场营销计划通常要提交给上级主管人员审核，而这些管理人员又不一定有充分的时间详细阅读全文内容，因此经营摘要应将整个计划的中心描述出来，使他们能够迅速掌握计划的要点。如果上级主管人员仍需要仔细推敲计划，则可查阅计划书中的有关部分。所以，最好在经营摘要后面附列整个计划的目录，或在摘要里的有关内容中注出其在计划书中的页码。

2．市场营销现状

计划书中的这一部分提供与市场、产品、竞争、分销及宏观环境有关的背景资料。

(1) 市场形势。市场形势主要描述市场的基本情况，包括市场规模与成长(以单位或金额计算)、分析过去几年的总额、不同地区或分市场的销售情况；提供顾客需求、观念和购买行为方面的动态和趋势资料。

(2) 产品情况。产品情况要列出过去几年中有关产品的销售、价格、利润及差额方面的资料。

(3) 竞争形势。竞争形势主要指出主要的竞争者，并分析他们的规模、目标、市场占有率、产品质量、市场营销策略以及任何有助于了解其意图、行为的其他资料。

(4) 分销情况。介绍在各条销售渠道上的销售情况，以及各条渠道的相对重要性的变化。不仅要说明各个经销商以及他们的经销能力的变化，还要包括激励他们时所需的投入、费用和交易条件。

(5) 宏观环境。阐述影响该产品市场营销的宏观环境因素，它们的现状及未来的变化趋势。

3．机会与问题分析

市场营销部门要在市场营销现状的基础上，围绕产品找出主要的机会和威胁、优势与劣势以及面临的问题。

(1) 通过机会与威胁分析，阐述外部可以左右企业未来的因素，以便考虑采取的行动。对所有机会和威胁，要有时间顺序，并分出轻重缓急，使更重要、更紧迫的能受到应有的关注。

(2) 通过优势与劣势的分析，说明企业内部条件。优势是企业成功利用机会和对付威胁所具备的内部因素；劣势则是必须改进、提高的某些方面。

(3) 通过问题分析，企业将机会与威胁、优势与劣势分析的结果，用来确定计划中必须强调、突出的主要方面。对这些问题的决策产生出市场营销的目标、战略和战术。

4．明确目标

明确问题之后，市场营销部门要作出与目标有关的基本决策，以指导战略和行动方案的制定。

一是财务目标。每一个公司都在寻求一定的财务目标。业主们将会寻找一个既定的、长期的投资报酬率，并且希望知道他们在本年度所能获得的利润，如某公司可以制订如下的财务目标：

- 在下一个五年内获得平均 20% 的税后投资报酬率。
- 在 2003 年净利润达到 180 万美元。
- 在 2003 年现金流量达到 200 万美元。

二是市场营销目标。财务目标必须转化为营销目标。例如，如果公司想赚到 180 万美元利润，并且它的目标利润率是销售的 10%，那么，它在销售收入上的目标必须是 1800 万美元。如果公司产品的平均单价是 260 美元，那么，它必须销售出 69 230 单位的产品，如果它对整个行业的销售预计是达到 230 万单位，那么，它就占有 3% 的市场份额。为了保持这个市场份额，公司必须建立一定的目标。因此，营销目标可以是以下几点：

- 在 2003 年获得总销售收入 1800 万美元，比去年提高 9%。
- 因此，销售量为 69 230 单位，它占预期的市场份额 3%。
- 经过该计划工作后，该品牌的消费者知名度从 15% 上升到 30%。

5．市场营销战略

每个目标都可以通过多种途径去实现。比如完成一定的利润目标，可以薄利多销，也可以厚利限销。通过深入分析，权衡利弊，要为有关产品找出主要的市场营销战略，并做出基本选择。市场营销部门还要对战略详细加以说明。

市场营销战略主要由三部分组成：

(1) 目标市场战略。阐明企业及其产品准备投入的分市场。由于不同分市场在顾客偏好、对企业市场营销的反应、盈利潜力及企业能够或愿意满足需求的程度等方面各有特点，市场营销部门要在精心选择的目标市场上慎重地分配力量。

(2) 市场营销组合战略。对选定的各个分市场，分别制订包括产品、价格、分销和促销因素在内的组合战略。通常，在针对目标市场发展市场营销组合时，市场营销部门会有多种不同的方案可供选择。对此，要辨明主次，选出最优方案。

(3) 市场营销费用预算。提出执行各种市场营销战略所需的最适量的费用预算、用途和理由。

6．战术行动方案

战略必须具体化，市场营销部门必须将其具体化为一整套的战术行动。进一步从要做什么、何时去做、何人去做、花费多少代价去做及达到什么要求等方面，仔细考虑市场营销战略的各项内容。常有一些企业把各种具体的战术行动用图表形式表达，标明日期、活动费用和负责人员。这样，使企业的整个战术行动方案做到一目了然，便于计划的实施和控制。

7．预算

市场营销部门在决定目标、战略、战术行动方案之后，便可编制一个类似损益报告的辅助预算，并在预算书的收入栏中列出预计的单位销售数量以及平均净价；在支出栏中列出划分成细目的生产成本、储运成本及市场营销费用。收入与支出的差额，就是预计的盈利。它经上级主管部门审查同意之后，成为有关部门、有关环节安排采购、生产、人力及市场营销工作的依据。

8．控制

控制是市场营销计划的最后部分，说明企业如何对计划的执行过程、进度进行管理。典型的做法是把目标、预算按月或季度分开，帮助上级主管部门及时了解各个时期的销售实绩，找出未完成任务的部门、环节，并限期作出解释和提出改进措施。有些计划的控制部分，还包括意外事件的应急计划，扼要地列举可能发生的某些不利情况、管理部门因此应采取的措施，其目的是事先考虑到可能出现的各种困难。

二、市场营销计划的实施

1．制订行动方案

为有效实施营销战略，必须制订详细的行动方案。这个方案应当明确营销战略和营销计划实施的关键决策和任务，并将执行这些决策和任务的责任落实到个人和小组。另外，行动方案还应包括具体的时间表，定出行动的确切时间。

2．建立组织结构

企业的正式组织在营销战略和营销计划的实施过程中起决定性作用，组织将战略实施的任务分配给具体的部门和人员，规定明确的职权界限和信息沟通渠道，协调企业内部的各项决策和行动。

具有不同战略的企业，需要建立不同的组织结构。也就是说，组织结构必须同企业战略、企业本身的特点、企业的环境相适应。

组织结构具有两大职能：一是提供明确的分工，将全部工作分解成便于管理的几个部分，再将他们分配给各有关部门和人员；二是发挥协调作用，通过正式的组织联系和信息沟通网络，协调各部门和人员的行动。

3．设计决策和报酬制度

决策和报酬制度直接关系到实施营销战略和营销计划的成败。例如，奖励如果是以短期的经营利润为标准的话，营销人员的行为必定趋于短期化，他们就不会有为实现长期战略目标而努力的积极性。

4. 开发人力资源

营销的实施最终是由企业内部人员来完成的，所以，人力资源的开发至关重要，这涉及人员的考核、选拔、安置、培训和激励等问题。

此外，企业还必须决定行政管理人员、业务管理人员和一线业务人员的比例。在美国，许多企业削减了公司各级行政管理人员的数量，目的是减少管理费用，提高工作效率。

应当指出的是，不同的战略需要不同性格和能力的管理人员。"拓展型"战略要求具有创业和冒险精神、有魄力的人员去完成；"维持型"战略要求具备组织和管理方面的才能；而"紧缩型"战略则需要寻求精打细算的管理者来执行。

5. 建设企业文化和管理风格

企业文化是一个企业内部全体人员共同持有和遵循的价值标准、基本信念和行为准则。企业文化对企业经营思想和领导风格、对职工的工作态度和作风均起着决定性的作用。

管理风格是指企业中管理人员不成文的习惯约定和共同工作的方式，是一种人际关系和组织环境气氛。有的企业的管理者习惯于一种紧张而富有逻辑的工作秩序和心照不宣的默契；有的管理者却推崇宽松随和的组织气氛，给予员工较大的工作自由度。不管何种管理风格，都应有利于营销计划的实施。

第二节　市场营销组织

一、市场营销组织的演进

现代普遍采用的市场营销组织方式，是市场经济发达的西方国家随着经营思想的发展和企业管理的经验积累逐渐发展和演变形成的，经历了五种典型的演进形式。

1. 简单推销部门

20 世纪 30 年代以前，西方国家企业市场营销活动主要以生产观念为指导，其内部市场营销组织为简单销售部门。当时推销和财务、生产都是企业最基本的职能构成，财务部门管理资金、账务，生产部门负责产品制造，推销部门则管理产品销售。推销部门由一位副总经理负责，管理推销人员及其促销工作，如图 11-1 所示。推销部门只负责把生产出来的产品销售出去，不过问生产的质量、种类、规格，也不管生产过程。

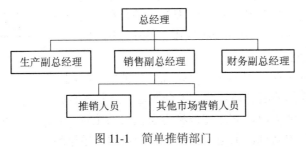

图 11-1　简单推销部门

2．具有辅助性功能的推销部门

推销部门除了推销产品，也要承担如市场调研、广告宣传和销售服务等推销辅助功能。20 世纪 30 年代以后，很多企业进一步扩大规模，市场竞争日趋激烈，销售工作变得更为复杂。在推销观念的指导下，很多企业通过市场研究、广告等促销活动积极推动销售。随着这方面工作量的增加，便需要设立市场营销主管，负责这些具体、专门的工作，如图 11-2 所示。

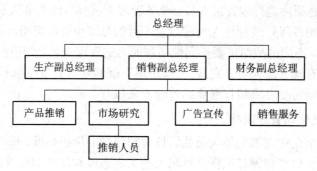

图 11-2　具有辅助性功能的推销部门

3．独立营销部门

随着企业经营规模和业务范围的进一步扩大，原来只作为辅助性职能的市场调研、广告促销甚至产品开发等工作需要进一步加强，原有的推销部门工作量和管理难度大大增加，于是市场营销部门随着一系列工作的独立而脱离出来，成为一个与推销并立的职能部门，由一位市场营销副总经理负责，与推销副总经理同时直接由总经理领导，如图 11-3 所示。

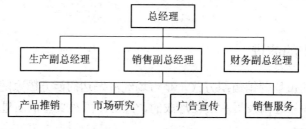

图 11-3　独立营销部门

4．现代营销部门

在经历独立营销部门之后，逐步诞生了现代营销部门，如图 11-4 所示。推销与营销部门活动的出发点有很大的差异，前者追求的是单纯的当前销售量，营销部门则从产品开发、产品形象、市场开发等多方全面考虑企业的各项活动，从企业各环节考虑满足顾客的需求。两者在矛盾中整合，发展为销售和营销归市场营销副总经理全面负责，下辖市场营销职能和推销职能。

图 11-4　现代营销部门

5．现代营销企业

现代营销企业的外在组织形式与上述现代营销部门相同，但只有当企业在现代市场营销观念的指导下，内部各级管理者和员工全面地"为顾客服务"，围绕"满足顾客需求"而开展企业各个环节的活动时，其才能被称为现代营销企业。在现代营销企业中，市场营销不仅是一个职能部门的名称，也是贯穿于这个企业的指导思想。

二、市场营销组织的形式

为了实现营销目标，企业必须建立适合企业自身特点的营销组织，同时必须适应市场营销活动的四个方面，包括职能、地理、产品和消费对象。市场营销组织具有五种基本模式，企业可以选择其中一种或者综合几种模式来组织自己的营销部门。

1．职能型

企业的市场营销活动包括市场调研、销售计划、广告推销、新产品开发等。在职能型的营销组织中，企业设立一名营销副总经理管理营销事务，由若干名市场营销专家各执行某一方面的营销职能，他们都对营销副总经理负责，接受营销副总经理的领导。其中，营销行政事务经理主管营销日常工作，广告与营业推广经理主管产品的促销工作，销售经理主管推销人员的招募和管理，市场研究经理主管市场调查、分析与预测等工作，新产品经理主管新产品的开发与研制工作。其组织结构如图 11-5 所示。

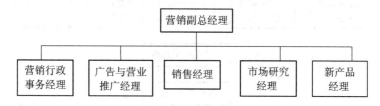

图 11-5　职能型组织

职能型组织形式的主要优点是：① 贯彻了专业分工的要求，有利于在人力资源利用上提高效率；② 职责分明，落实各类人员对各类工作成果的责任；③ 集中管理、统一指挥，有利于维护领导对指挥和控制活动的权利和威信。不过随着企业产品增多，市场扩大，这种组织形式可能暴露出其效益较差的弱点，因为没有一个职能组织为具体的产品或市场负责，每个职能组织都力求与其他职能组织对等的地位，因而面临着如何进行协调的问题。

2．地区型

地区型组织形式，指一个在全国范围内销售产品的企业通常按地理区域设置营销机构，安排销售队伍地区。地区型组织如图 11-6 所示。

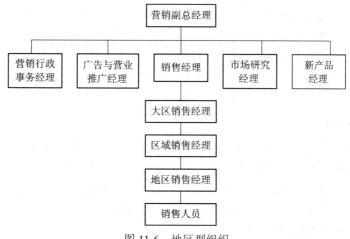

图 11-6　地区型组织

地区型组织形式的主要特点：① 管理幅度与管理层次相对增加，这样便于高层管理者授权，充分调动各级营销部门的积极性；② 发挥地区部门熟悉地区情况的优势，发展特定市场。它的主要缺点是：各地区的营销部门自成体系，容易造成人力资源的浪费，地区销售经理更多的只考虑本地区的利益。

3. 产品管理型

产品管理型组织形式，是指生产多种产品或品牌的企业，常常建立一个产品或品牌经理组织形式，这种形式并没有取代职能式组织形式，只不过是增加一个管理层次而已。产品管理组织形式由一名产品主管经理负责，下设几个产品大类经理，产品大类经理又监督管理某些具体产品经理，如图11-7所示。

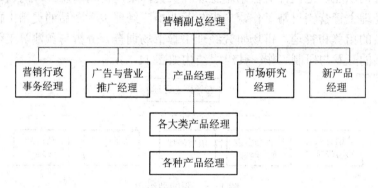

图 11-7　产品管理型组织

最早的产品管理组织形式出现于1927年的宝洁公司，当时，该公司开发的一种新肥皂境况欠佳。一位名叫纳尔·麦克埃尔罗伊的年轻人(后来升任宝洁公司总经理)，受命统筹开发和推销，他取得了成功，于是公司随之增设了其他产品经理。从那时起，许多公司，特别是生产食品、肥皂、化妆品和化工产品的公司，都建立了产品管理组织。

产品经理的主要任务是制订发展产品的长期经营和竞争策略，编制年度营销计划，并负责全面实施计划和控制执行结果。

产品管理组织形式的优点：① 产品经理能够将产品营销组合的各种要素较好地协调起来；② 能对市场上出现的问题迅速作出反应；③ 较小的品种或品牌由于有专人负责而不至遭忽视；④ 由于涉及企业经营的各个领域，是年轻经理们经受锻炼的好位置。

然而，这种组织形式也有不便之处：① 产品经理未能获得足够的权威，以有效履行自己的职责，只有靠劝说的方法取得广告、销售、生产等部门的配合；② 只能成为本产品的专家，很难成为职能专家；③ 这种管理形式的费用常常高出原先的预料；④ 产品经理任职期限较短，故使市场营销计划缺乏长期连续性。

4. 市场管理型

市场管理组织形式，指企业按照市场的不同划分建立市场管理组织。例如，钢铁公司将钢铁既卖给商业企业，又卖给建筑业和加工业等，这种组织形式由副总经理统一领导协调各职能部门的活动。市场管理组织形式的结构与产品管理形式的结构基本相同，只是由面对不同类型产品改为面对不同类型市场，各个市场由市场经理负责，他们的职责与产品经理相类似。市场管理型组织如图11-8所示。

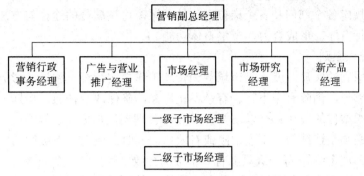

图 11-8　市场管理型组织

市场管理组织有着与产品管理组织形式相同的优缺点，其最大的优点是市场营销活动是按满足各类不同的顾客的需要来组织安排的，而不是集中在营销功能和销售地区的扩大造成营销费用的增加。

5. 产品/市场型

生产多种产品并向多个市场销售的企业，常常会遇到如何设置机构的难题，他们可以采取产品管理组织形式，那就需要产品经理熟悉广为分散的各种不同的市场；也可以采取市场管理组织形式，那就需要市场经理熟悉销往各市场的五花八门的产品；或者还可以同时设置产品经理和市场经理，形成一种矩阵式结构。

产品经理负责产品的销售利润和计划，为产品寻找更广泛的用途；市场经理开发现有的和潜在的市场，着眼市场的长期需要，而不只是推销眼前的某种产品。这种组织形式适用于多角化经营的企业，不足之处是费用较大，而且由于权利和责任界限比较模糊，易产生矛盾。

三、市场营销组织设计的原则

任何一个现代企业都必须要建立市场营销组织。企业设计市场营销组织，必须从实际出发，遵循以下原则。

1. 目标一致原则

市场营销组织是实现营销目标的手段和保证，它的设置必须依据并服从于营销目标，与营销目标保持高度的一致，因此，在设计市场营销组织时，坚持以营销目标为导向，以"事"为中心，因"事"设机构，因"事"配人员。也就是说，任何一个职务与机构的设置都是实现营销目标所必需的，凡是与目标无关的职位与机构都必须坚决取消，对于那些与营销目标关系不大、可有可无的职位与机构，应该予以调整或合并。

2. 分工协作原则

分工与协作是社会化大生产的客观要求，是实现现代企业目标所必需的，因此，在设计企业市场营销组织时，必须坚持分工协作的原则。应将市场营销目标层层分解，变成一项项具体的工作和任务，落实到各个部门与岗位。这就是在组织内部进行分工，明确各个部门和各个岗位的工作内容、工作范围，解决干什么的问题。有分工就必然有协作，分工将一个整体分成各个部分，为使各个部分协同运作，产生 1+1>2 的效应，就必须在分工的基础上，明确规定各个部门和各个岗位之间的关系，协调配合的途径与方法，使得企业市场营销工作运行有序，形成合力，产生整体功能。

3. 命令统一原则

命令统一原则的实质，就是在市场营销管理工作中实行统一领导，形成统一的指挥中心，避免多头领导，消除有令不行、有禁不止现象，确保政令畅通、指挥灵敏。命令统一原则对营销组织结构的设计具有以下要求：① 各管理层次形成一条等级链。从最高层到最低层的等级链必须是连续的，不能中断或有缺口，同时，应对上下级间的职责、权限、联系方式加以明确规定；② 每一级只能有一个最高行政主管，统一负责本级内的全部工作，直接向上级报告工作，并向下级下达命令；③ 在主管领导下设副职和职能部门，副职和职能部门对正职负责，为正职提供参谋意见；④ 下级组织只接受一个上级组织的命令和指挥，对上级的命令和指挥，下级必须无条件服从，不得各自为政、各行其是；⑤ 下级只能向直接上级请示报告工作，不能越级，如有不同意见，可以越级上诉；⑥ 上级不能越级指挥，以维护下级组织的领导权威，但可以越级检查工作。

4. 权责对等原则

职权和职责是两个互相关联的概念。职责是指某一职位的责任和义务，职权是指为完成某一职位的责任和义务所应具有的权力，包括决定权、命令权、审查权、提案权、支配权等，两者不可分割，因此，在设计营销组织结构时，既要明确规定各个部门、各个职位的职责范围，又要赋予完成其职责所必需的管理权限。职责与权限不仅必须统一，而且必须对等。为了履行一定的职责，就必须有相应的职权。只有职责，没有职权或权限太小，人们就没有履行职责的能力；反之，只有职权而没有责任，或权力很大责任很小，就会造成滥用权力的行为，产生官僚主义。只有职责与职权对等，才是最佳的组合。

5. 集权与分权相结合原则

集权是把权力集中于最高层领导，分权是将权力分散于组织各个层次。集权的优点是：有利于集中统一领导，加强对整个组织的控制；有利于协调组织的各项活动，提高工作效率；有利于充分发挥高层领导的聪明才智和统御能力。但集权也使得管理层次增多，信息沟通渠道变长，基层组织缺乏独立性和自主权，高层领导的负荷过重。分权正好相反，它使得管理层次减少，信息沟通渠道缩短，高层管理者可以从具体事务中解脱出来，集中精力抓大事，同时又有利于调动基层管理人员的积极性和主动性，但过度分权，也有可能失去对整个组织的控制，因此，权力过于集中和过于分散，都不利于发挥整个组织的作用。为了避免权力的过于集中和过于分散，应坚持把集权和分权有机地结合起来，并把握好两者结合的度。一般而言，集权应以不妨碍基层人员积极性的发挥为限，分权应以不失去对下级的有效控制为限。

第三节　市场营销控制

一、市场营销控制的程序

所谓营销计划控制，就是企业营销管理部门为了营销目标的实现，保证营销计划的执行取得最佳效果而对实施过程中各营销要素进行监督、考察、评价和修正。营销计划控制的程序包括以下方面。

1. 确定控制对象

确定控制对象，即确定对哪些营销活动进行控制。

2. 设置控制目标

如果计划中已经认真设立了目标，可以直接借用。

3. 建立衡量尺度

一般情况下，企业的营销目标就可以作为营销控制的衡量标准，如销售额指标、销售增长率、利润率、市场占有率等。

4. 确定控制标准

所谓控制标准，是对衡量标准定量化，即以某种衡量尺度表示控制对象的预期活动范围或可接受的活动范围。

5. 比较绩效与标准

确立了控制标准后，就要把控制标准与实际结果进行比较。检查的方法有很多种，如直接观察法、统计法、访问法、问卷调查法等，可根据实际需要选择。

6. 分析偏差原因

执行结果与计划发生偏差的情况是经常出现的。原因不外乎两种：一种是实施过程中的问题，这种偏差较容易分析；另一种是计划本身的问题。而这两种原因通常是交织在一起的，加大了问题的复杂性，致使分析偏差原因成为营销控制的一个难点。

7. 采取改正措施

针对存在的问题，应提出相应的改进措施。提高工作效率是营销控制的最后一个步骤。采取改正措施宜抓紧时间，有的企业在制订计划的同时还提出了应急措施，在实施过程中，一旦发生偏差可以及时补救。

二、市场营销控制的内容

市场营销控制主要有四种类型，即年度计划控制、盈利能力控制、效率控制和战略控制，如表 11-1 所示。

表 11-1　市场营销控制类型

控 制 类 型	负 责 人	控 制 目 的	控 制 方 法
年度计划控制	最高主管 中级管理人员	检查计划目标是否完成	销售情况分析 市场占有率分析 营销费用率分析 财务分析 用户反映跟踪
盈利能力控制	营销主管人员	审查企业盈亏原因	各产品、地区、细分市场、分销渠道的盈利能力分析
效率控制	管理人员 营销控制人员	评估与提高经费开支的效率及效果	人员推销效率 广告效率 营业推广效率 分销效率
战略控制	最高主管 市场营销审计人员	检查企业是否最大限度地利用了市场营销机会	市场营销审计

1．年度计划控制

年度计划控制是一种短期的即时控制，是营销管理人员根据年度计划，监控营销效果，并采取改进措施的控制。年度计划控制系统包括四个主要步骤：

(1) 制定标准，即必须在年度计划中建立本月或本季度的目标，如销售目标，利润目标等。

(2) 监督检查，即营销管理者必须跟踪目标在市场上的执行情况。

(3) 因果分析，即管理者必须对任何严重的偏离行为的原因作出判断。

(4) 改正措施，即采取最佳行动，使目标与计划一致。

年度计划控制的方法有以下五种：① 销售情况分析，包括销售差距分析和区域销售分析。② 市场占有率分析，包括总的市场占有率、可达市场占有率、相对市场占有率(相对其他三个竞争者)、相对市场占有率(相对市场最大竞争者)。③ 营销费用率分析。④ 财务分析。⑤ 用户反映跟踪。

2．盈利能力控制

企业必须对产品、地域、消费者群体、细分市场、分销渠道和订货量的盈利能力进行分析控制。这方面信息可帮助管理层决定哪些产品或者营销活动是否应该扩大、收缩或者取消。营销盈利能力分析的第一步，确定各种活动所引起的职能性费用(如广告和货运)；第二步，企业测量通过各种渠道进行销售所产生的职能性费用；第三步，企业为每种渠道编制一份营销损益表，并对各表进行分析。

3．效率控制

假设盈利分析揭示了企业在某些产品、地域或市场的盈利情况较差时，管理层必须询问，是否存在更加有效的方法来管理与这些营销工作相联系的销售队伍、广告、促销和分销活动。效率控制就是指运用一系列指标对营销的各项工作进行日常管理的方法，这些指标包括：① 销售人员的效率控制指标；② 广告效率控制指标；③ 促销效率控制指标；④ 分销渠道效率评价指标。

4．战略控制

1) 战略控制与营销审计

战略控制是总体目标的控制，企业必须经常对其整体市场营销活动作出检查和评估，最常用工具是市场营销审计。

营销审计是对企业或一个业务部门的营销环境、目标和活动等方面所作的全面、系统、独立和定期的检查，确定问题范围和发展机遇，提出可行的解决方案以提高总体营销效益的一种控制方法，具有综合性、系统性、独立性和定期性的特点。

2) 营销审计步骤

(1) 了解企业目标，确定审计范围。

(2) 检查各项企业目标实际情况。

(3) 确定计划的执行是否尽自己所能。

(4) 检查企业组织内部信息的沟通、权责的分配是否合理。

(5) 提出改进措施。

3) 市场营销审计内容

(1) 市场营销环境审计，包括对市场、消费者、竞争对手、经销商等市场营销环境的分析评价，并在分析人口、经济、生态、技术、政治、文化等环境因素的基础上制订企业的市场营销战略。

(2) 市场营销战略审计，主要考察企业营销目标、战略与当前及预期的营销环境相适应的程度。

(3) 市场营销组织审计，主要是检查企业营销组织对环境变化的适应能力和实施企业组织战略的能力。

(4) 市场营销系统审计，主要是审查包括市场营销信息系统、市场营销计划系统、市场营销控制系统和新产品开发系统运行的有效性、对外部变化反映的灵敏性及各系统之间的协调性。

(5) 市场营销效率审计，主要是检查企业各类系统所具有的获利能力和开展各项营销活动的成本收益。

(6) 市场营销职能审计，主要是对企业的市场营销组合各因素(产品、价格、地点、促销)的检查评价。

营销审计的目的在于确定营销问题，找出正确的计划，以便提高该组织的总体营销效益。尽管其出现的历史不长(20 世纪 70 年代逐渐发展起来的)，但由于它作为加强市场营销管理的一个有效工具，越来越受到一些前瞻性管理者的重视，也成为营销理论发展的一个亮点。

知识链接

模块二 技能训练

案例分析

联合利华公司的组织结构

英—荷联合利华是一家生产国际食品和家庭及个人卫生用品的集团。该集团在 1990 年经过了彻底重组。在过去，联合利华高度分权化，各国的子公司均享有高度的自治权。在 20 世纪 80 年代后期和 90 年代初，公司开始引入新的创新和战略流程，同时清理其核心业务。直到 1996 年，由荷兰和英国的董事长以及他们的代表组成的一个特别委员会和一个包括职能、产品和地区经理的 15 人董事一直独揽着公司的决策大权，整个结构是矩阵式的，其中产品"协调人(经理)"负有西欧和美国的利润责任，地区经理则负有其他地区的利润责任。责任经常是模糊不清的，一份内部报告称，我们需要明确的目标和角色：董事会使自己过多地卷入了运营，从而对战略领导造成了损害。

1996 年启动的杰出绩效塑造计划造成了公司结构的实质性改变。杰出绩效塑造计划废除了特别委员会和地区经理这一层级，代之以一个 8 人(后变为 7 人)的董事会，由董事长加上职能和大类产品(食品、家庭和个人卫生用品)的经理组成。向他们报告的是 13 位(后来是 12 位)负有明确盈利责任的业务集团总裁，后者在特定地区对其管理的产品类别负有完全的利润责任。全球战略领导被明确地置于执委会一级；运营绩效则是业务集团的直接责任。

在这种正式结构经过调整之后，国际协调由许多正式和半正式的网络促成。研究和发展由国际网络创新中心负责实施，其领导责任通常属于中心的专家而不是自动地属于英国或者荷兰的总部机构；产品和品牌网络由国际业务小组负责，负责在全球范围内协调品牌和营销业务。同时，职能网络也开展一系列计划以便就一些关键问题，如录用和组织效能，实现全球协调。所有这些网络均大大依赖于非正式的领导和社会过程，同时也依赖于电子邮件和内部网络方面投入的增加。是否参与这种协调在很大程度上是由业务集团而非公司总部确定并资助。

思考：

1. 联合利华的营销组织结构属于什么类型的组织结构？
2. 联合利华的营销组织类型的新形式？有哪些优势？

实训练习 ✍

1. 内容：通过学习，了解某个公司在营销组织设计上的特点，初步掌握中小企业营销组织设计的基本知识。

2. 要求：

(1) 请以小组为单位，画出该公司的组织结构图，写出部门职责。为该公司营销机构拟定详细到岗位的组织结构图，并写出每个岗位的岗位说明书，说明每个岗位设立的理由。

(2) 开拓思路，不断创新，构思新奇。

模块三　复习与思考

一、单项选择题

1. 企业的市场营销组织随着经营思想的发展和企业自身的成长，大体经历了( )典型形式。

　　A. 六种　　　　　　B. 四种　　　　　C. 五种　　　　　D. 七种

2. ( )是最常见的市场营销组织形式。

　　A. 职能型组织　　　　　　　　　B. 产品型组织
　　C. 地区型组织　　　　　　　　　D. 管理型组织

3. 市场营销计划的摘要部分是整个市场营销计划的( )所在。

　　A. 任务　　　　　B. 精神　　　　　C. 标题　　　　　D. 目录

4. 制订实施市场营销计划，评估和控制市场营销活动，是( )的重要任务。

　　A. 市场主管部门　　　　　　　　B. 市场营销组织
　　C. 广告部门　　　　　　　　　　D. 销售部门

5. 满足市场的需要，创造满意的顾客，是企业最为基本的( )。

　　A. 组织形式　　　　　　　　　　B. 宗旨和责任
　　C. 主要职能　　　　　　　　　　D. 营销观念

6．年度计划控制要确保企业在达到(　　)指标时，市场营销费用没有超支。

A．分配计划　　　　　　　　　　B．生产计划

C．长期计划　　　　　　　　　　D．销售计划

7．战略控制的目的，是确保企业的目标、政策、战略和措施与(　　)相适应。

A．市场营销环境　　　　　　　　B．市场营销计划

C．推销计划　　　　　　　　　　D．管理人员任期

二、简答题

1．企业的市场营销组织随着经营思想的发展和企业自身的成长，大体经历了哪几种典型形式？

2．职能型组织的主要特点是什么？

3．营销部门在整个企业中居于什么样的地位？

4．市场营销控制通常包含哪些类型？

营销前沿

第十二章 服务营销

知识点 ✍

1. 服务营销的含义与特点
2. 服务营销组合的主要因素及服务质量管理方法
3. 服务营销的有形展示

技能要求 📖

应用服务的有形展示、定价、分销与促销等营销组合策略，为提高服务企业的形象与效益提供决策依据。

海底捞的服务营销理念

一、海底捞餐厅的个性化服务特点

该品牌自创立以来，始终奉行"服务至上，顾客至上"的理念，以贴心，周到、优质的服务赢得了纷至沓来的顾客和社会的广泛赞誉。

海底捞始终坚持"绿色、无公害、一次性"的选料和底料熬制原则，严把原料关、配料关，十三年来历经市场和顾客的检验，成功地打造出信誉度高、颇具四川火锅特色，融汇巴蜀餐饮文化"蜀地、蜀风"浓郁的优质火锅品牌。

"所谓特色就是你比别人多了一点点，而正是这'一点点'为海底捞赢来了口碑。"张勇说。

二、服务理念独特

"服务高于一切，服务是海底捞最大的特色"是海底捞的服务理念。

把客人的每一件小事当作自己的大事，用热情周到、细致服务好每一位顾客，力求每位客人高兴而来，满意而归。

来海底捞就餐，当您还没进门时，门迎人员就已经迎上去了。进入海底捞，迎面碰到的每一位海底捞人都会热情地和您打招呼。

海底捞始终高扬"绿色、健康、营养、特色"的大旗，致力于火锅技术的开发与研究，在继承川渝餐饮文化原有的"麻、辣、鲜、香、嫩、脆"等特色的基础上，不断创新，以独特、纯正、鲜美的口味和营养健康的菜品，赢得了顾客的一致推崇并在众多的消费者心目中留下了"好火锅自己会说话"的良好口碑。

每一家海底捞门店都有专门的泊车服务生，主动代客泊车，停放妥当后将钥匙交给客人，等到客人结账时，泊车服务生会主动询问："是否需要帮忙提车？"如果客人需要，立即提车到店门前，客人只需要在店前稍作等待。如果你选择在周一到周五中午去用餐的话，海底捞还会提供免费擦车服务。按照网友的话说，"泊车小弟的笑容也很温暖，完全不以车型来决定笑容的真诚与温暖程度。"

如果没有事先预订，你很可能会面对漫长的等待，不过过程也许不像你想象的那么糟糕。晚饭时间，北京任何一家海底捞的等候区里都可以看到如下的景象：大屏幕上不断打出最新的座位信息，几十位排号的顾客吃着水果，喝着饮料，享受店内提供的免费上网、擦皮鞋和美甲服务；如果是一帮朋友在等待，服务员还会拿出扑克牌和跳棋供你打发时间，减轻等待的焦躁。

大堂里，女服务员会为长发的女士扎起头发，并提供小发夹夹住前面的刘海，防止头发垂到食物里；戴眼镜的朋友可以得到擦镜布；放在桌上的手机会被小塑料袋装起以防油腻；每隔15分钟，就会有服务员主动更换你面前的热毛巾；如果你带了小孩子，服务员还会帮你喂孩子吃饭，陪他／她在儿童天地做游戏。

抻面是很多海底捞老客户必点的食物，不为了吃，就为了看。年轻的师傅会把4元一根的抻面舞得像艺术体操的缎带，还不时抛向某个客人，表演欲极强。

餐后，服务员马上送上口香糖，一路遇到的所有服务员都会向你微笑道别。一个流传甚广的故事：一个顾客结完账，临走时随口问了一句："有冰激凌送吗？"服务员回答："请你们等一下。"5分钟后，这个服务员拿着"可爱多"气喘吁吁地跑回来，"小姐，你们的冰激凌，让你们久等了，这是刚从易初莲花超市买来的。"

模块一 理 论 知 识

第一节 服 务 营 销

一、服务的概念

美国市场营销协会(AMA)1960年对服务的定义是：服务是用于出售或与产品一起被出售的活动、利益或满足感。后来又修改为"可被区分界定，主要为不可感知，却可使欲望得到满足的活动，而这种活动并不需要与其他产品或服务的出售联系在一起。生产服务时可能会或不会需要利用实物，而且即使需要借助某些实物协助生产服务，这些实物的所有权将不涉及转移的问题。"

1990年，克里斯蒂·格鲁诺斯对服务的定义是：服务一般是以无形的方式，在顾客与服务职员、有形资源商品或服务系统之间发生的，可以解决顾客问题的一种或一系列行为。

菲利普·科特勒认为，"服务是一方能够向另一方提供的基本上是无形的任何行为或绩效，并且不导致任何所有权的产生。它的产生可能与某种物质产品相联系，也可能毫无联系。"

A.佩恩在分析了各国营销组织和学者对服务的界定之后，对服务做出了这样的界定，"服务是一种涉及某些无形性因素的活动，它包括与顾客或他们拥有财产的相互活动，它不会造成所有权的变更。条件可能发生变化，服务产出可能或不可能与物质产品紧密相连。"

二、服务的特征

(1) 无形性，也称不可触知性，主要指服务提供非物质产品，顾客在购买之前，一般不能看到、听到、嗅到、尝到或感觉到。比较而言，纯粹的产品则是高度有形的，而纯粹的服务是高度无形的。在高度有形和无形之间，存在这一系列连续变化的状态。不过，在更多的情况下，有形产品可能是无形服务的载体，而无形服务则可能是有形产品价值或功能的延伸。实际上，真正无形的服务极少，很多服务需借助有形的实物才可以产生，多数企业向顾客提供的都是产品与服务的"综合体"。潜在顾客运用可利用的有形因素，对服务供应商提供的某项服务，能做一些前期的评估。例如，顾客选择饭店时，可能考虑到地点、外观及额外服务(住店时间长的旅客会关心餐厅、洗衣服、购物和邮政设施、托管孩子的设施、接待质量等)。对顾客而言，购买某些服务产品，只不过因为它们是一些利益的载体，这些载体所承载的服务或者效用才是最重要的。无形性这一本质的特点要求广告宣传不宜过多介绍服务的本体，而应集中介绍服务所能提供的利益，让无形的服务在消费者眼中变得有形。

(2) 同步性，也称不可分割性，主要指服务的生产和消费是同时进行的，有时也与销售过程连接在一起。服务具有直接性，服务的过程是顾客同服务人员广泛接触的过程。服务的供应者往往是以其劳动直接为购买者提供使用价值，其生产过程与消费过程同步进行，如照相、理发。这一特征表明，顾客只有而且必须加入到服务的生产过程中，才能享受到服务；而且，一个出售劳务的人，在同一时间只能在一个地点提供直接服务。因此，直接销售通常是唯一的销售途径。

(3) 异质性，也称为可变性，主要指服务的构成成分及其质量水平经常变化，很难统一界定。与实行机械化生产的制造业不同，服务是以人为中心的产业，它依赖于谁提供服务以及何时、何地提供服务。由于人的气质、修养、文化与技术水平存在差异，同一服务由数人操作，品质难以完全相同；同一人做同样服务，因时间、地点、环境与心态变化，其作业成果也难完全一致。格鲁诺斯认为"顾客认可才是质量"，质量是服务营销的核心所在。因此，服务的产品设计需特别注意保持应有的品质，力求始终如一，维持高水准，建立顾客信心，树立优质服务形象。

(4) 易逝性，也称不可储存性或"短暂性"，主要指服务既不能在体验之前也不能在体验之后制造和在生产后贮存备用，消费者也无法购后贮存。服务的生产与消费同时进行及其无形性，决定了服务具有边生产、边消费或边销售的重要特征。很多服务的使用价值如不及时加以利用，就会"过期作废"，如车、船、飞机上和剧院中的空座位，宾馆中的空房间，闲置的服务设施及人员，均为服务业不可补偿的损失。因此，服务业的规模、定价与推广，必须力求达到人力、物力的充分利用；在需求旺盛时，要千方百计解决由缺乏库存所引致的供求不平衡的问题。

(5) 所有权的不可转移性、服务的无形与易逝，使得购买者不能"实质性"地占有，因而不涉及所有权的转移，也不能申请专利。以银行取款为例，通过银行的服务，顾客手里拿到了钱，但这并没有引起任何所有权的转移，因为这些钱本来就是顾客自己的，只不过是暂时放置在银行一段时间而已。

三、服务营销的含义及特征

服务营销是指企业在充分认识满足消费者需求的前提下，为充分满足消费者需求在营销过程中所采取的一系列活动。它缘于企业对消费者需求的深刻认识，是企业市场营销观的质的飞跃。

随着科学技术的进步和社会生产力的显著提高，服务营销在社会经济活动中的重要性与日俱增。服务营销的研究逐渐形成了两大领域，即服务产品营销和顾客服务营销。服务产品营销是研究如何促进作为产品的服务的交换，顾客服务营销则是研究如何利用服务作为一种营销工具促进有形产品的交换。当然，无论是服务产品营销，还是顾客服务营销，其核心理念都是追求顾客满意和顾客忠诚，实现企业的长期稳定发展。与一般有形产品的营销相比，服务营销具有以下几个特征。

(1) 供求分散性。在服务营销活动中，服务产品的供求具有分散性。不仅供方覆盖了第三产业的各个部门和行业，企业提供的服务广泛分散，而且需方更是涉及各类企业、社会团体和千家万户不同类型的消费者。由于服务企业一般占地小、资金少、经营灵活，往往分散在社会的各个角落；即使是大型的机械服务公司，也只能在有机械损坏或发生故障的地方提供服务。服务供求的分散性，要求服务网点要广泛而分散，尽可能地接近消费者。

(2) 营销方式以直销为主。有形产品的营销方式有经销、代理和直销多种营销方式。有形产品在市场可以多次转手，经批发、零售多个环节才使产品到达消费者手中。服务营销则由于生产与消费的同步性，决定其主要采取直销方式，中间商的介入往往受到限制，储存待售更不可能。服务以直销为主的营销方式在一定程度上限制了服务市场规模的扩大，也限制了服务业在许多市场上出售自己的服务产品，这给服务产品的推销带来了困难。

(3) 营销对象复杂多变。服务市场的购买者是多元的、广泛的、复杂的。购买服务的消费者的购买动机和目的各异。某一服务产品的购买者可能牵涉社会各界、各业、各种不同类型的家庭和不同身份的个人，即使是购买同一服务产品，其目的也不尽相同，有的用于生活消费，有的却用于生产消费，如信息咨询、邮电通信等。

(4) 服务消费者需求弹性大。人们的基本物质需求是一种原发性需求，这类需求人们易产生共性，而人们对精神文化消费的需求属继发性需求，需求者会因各自所处的社会环境和各自具备的条件不同而形成较大的需求弹性。同时，对服务的需求与对有形产品的需求在一定组织及总金额支出中相互牵制，也是形成需求弹性大的原因之一。另外，服务需求受外界条件影响大，季节的更替、气候的变化、科技发展的日新月异等对信息服务、环保服务、旅游服务、航运服务的需求造成重大影响。需求弹性大是服务业经营者面临的最棘手的问题。

(5) 对服务人员的技术、技能、技艺要求高。服务者的技术、技能、技艺直接关系着服务质量。消费者对各种服务产品的质量要求也就是对服务人员的技术、技能、技艺的要求。服务者的服务质量不可能有唯一的、统一的衡量标准，而只能有相对的标准，或者凭购买者的感觉来体会。

第二节　服务营销组合

由于服务产品具有不同于有形产品的特征，且服务消费者的行为特征有别于有形产品消费者的行为特征，服务营销战略的形成和实施以及服务营销组合均应有所调整，传统的4P组合的不适应性日益凸显。布姆斯(Booms)和比特纳(Bitner)于1981年提出了7P服务营销要素组合，在原来的4P的基础上，增加了人员(people)、有形展示(physical facility)和过程(process)三个要素。7P组合策略服务的核心宗旨是向市场提供符合顾客需要的产品。

一、服务产品策略

服务营销的产品主要考虑的要素是提供服务的范围、质量、品牌、保证以及售后服务等，包括核心服务、便利服务和辅助服务。核心服务体现了企业为顾客提供的最基本效用。服务的特性决定了提高服务质量是服务产品的核心任务。

1．服务质量的内涵

服务质量是服务的效用及其对顾客需要的满足程度的综合表现。服务质量同顾客的感受关系很大，它取决于顾客对服务的预期质量同其实际感受的服务水平或体验质量的对比。整体感受质量不仅取决于预期质量与体验质量之比，也取决于技术质量和职能质量的水平。技术质量指服务过程的产出，即顾客从服务过程中所得到的东西容易感知，也便于评价。职能质量则指服务推广的过程，即顾客同服务人员打交道的过程，服务人员的行为、态度、穿着等都直接影响顾客的感知，通常提供服务和接受服务的过程会给顾客留下深刻的印象。

2．服务质量的评价标准

一般认为，评价服务质量的标准主要有以下方面：

(1) 感知性。感知性指提供服务的有形部分，如各种设施、设备、服务人员的仪表等。顾客正是借助这些有形的、可见的部分来把握服务的实质。有形部分提供了有关服务质量本身的线索，同时也直接影响着顾客对服务质量的感知。

(2) 可靠性。可靠性指服务供应者准确无误地完成所承诺的服务。可靠性要求避免服务过程中的失误，顾客认可的可靠性是最重要的质量指标，它同核心服务密切相关。许多以优质服务著称的服务企业，正是通过强化可靠性来建立自己的声誉。

(3) 相应性。相应性主要指反应能力，即随时准备为顾客提供快捷、有效的服务，包括矫正失误和改进对顾客服务的能力。对顾客的各项要求能否予以及时满足，表明企业的服务导向，即是否把顾客利益放在第一位。有研究表明，可靠性和相应性是最被顾客看重的表现。

(4) 保证性。保证性主要指服务人员的友好态度与胜任能力。服务人员较高的知识技能和良好的服务态度，能增强顾客对服务质量的可信度和安全感。在服务产品不断推陈出新的今天，顾客同知识渊博而又友好和善的服务人员打交道，无疑会产生信任感。

(5) 移情性。企业和服务人员能设身处地为顾客着想，努力满足顾客的要求，这便要求服务人员有一种投入的精神，想顾客之所想，急顾客之所急，了解顾客的实际需要，以至特殊需要，千方百计予以满足；给予顾客充分的关心和相应的体贴，使服务过程充满人情味，这便是移情性的体现。按上述评价标准，可通过问卷调查或其他方式对服务质量进行测量。调查应包括顾客的预期质量和体验质量两个方面，以便进行分析研究。

3. 服务质量测量模式

为便于分析服务质量问题，柏拉所罗门(Palasuraman)、塞登尔(Zeithaml)和贝利(Berry)在对众多管理者及顾客研究的基础上系统地提出了一种服务质量差距分析模型。他们认为企业提供的服务可能存在五个方面的差距，如图 12-1 所示。

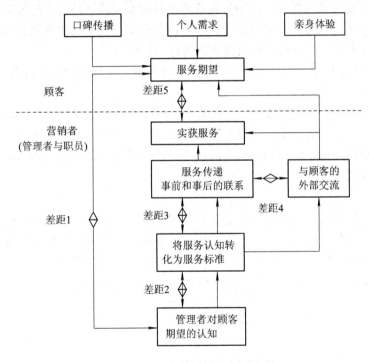

图 12-1 服务质量差距分析模型

(1) 顾客预期服务与管理者认知的服务预期之间的差距(差距 1)。由于管理者未能正确认知顾客需求，或不了解顾客如何评价服务成分，因而存在差距。

(2) 管理者的认知与服务质量标准之间的差距(差距 2)。

(3) 服务提供与服务质量标准之间的差距(差距 3)。

(4) 服务提供与外部沟通之间的差距(差距 4)。外部沟通提供的材料如超出实际提供的服务水平，可能误导消费者，形成过高的服务预期，进而使体验质量与预期质量存在差距。

(5) 顾客的认知服务与服务预期之间的差距(差距 5)。由于顾客衡量服务质量的标准差异，或是没有真实体验到提供的服务质量，这有可能导致顾客过高或过低评价服务质量。这一差距的后果，对企业形象可能带来积极影响，也可能带来消极影响。

4. 提高服务质量策略

提高服务质量的方法与技巧很多，这里介绍两种常用的方法，即标准跟进和蓝图技巧。

1) 标准跟进

标准跟进，来自于英文"benchmarking"，首先是由施乐公司 1979 年提出来的，通常也称标杆管理，美国生产力与质量中心对标杆管理的定义：标杆管理是一个系统的、持续性的评估过程，通过不断地将企业流程与世界上居领先地位的企业相比较，以获得帮助企业改善经营绩效的信息。具体地说，标杆管理是企业将自己的产品、服务、生产流程、管理模式等同行业内或行业外的领袖企业作比较，借鉴、学习他人的先进经验，改善自身不足，从而提高竞争力，追赶或超越标杆企业的一种良性循环的管理方法。

服务企业在运用这一方法时可从策略、经营和业务管理方面着手。

(1) 策略。将自身的市场策略与竞争者的成功策略进行比较，寻找它们的相关因素。比如，竞争者主要选择哪些细分市场，实施的是低成本策略还是价值附加策略，竞争者如何进行资源分配等。通过一系列的比较和分析，企业将会发现以往被忽视的成功的策略因素，从而制订出新的、符合市场和自身资源条件的策略。

(2) 经营。主要集中于从降低营销成本和提高竞争差异化的角度了解竞争对手的做法，并制订自己的经营策略。

(3) 管理。在业务管理方面，根据竞争对手的做法，重新评估某些职能部门对企业的作用。比如，在一些服务企业中，与顾客相脱离的后勤部门因缺乏必要的灵活性而无法同前台的质量管理相适应。学习竞争对手的经验后，使两者步调一致、协同动作，无疑会有利于提高服务质量。

2) 蓝图技巧

蓝图技巧是以准确描述服务体系的服务蓝图工具为基础的。服务蓝图借助于流程图，通过持续地描述服务提供过程、服务遭遇、员工角色以及服务的有形证据来直观地展示服务。服务蓝图的基本构成如图 12-2 所示，服务蓝图被三条线分成四个部分，自上而下分别是顾客行为、前台服务员行为、后台服务员行为及支持保障行为。

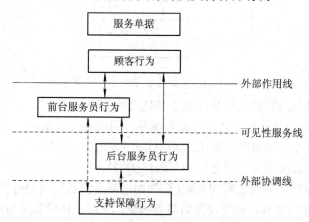

图 12-2　服务蓝图的基本构成

蓝图技巧借助流程图分析服务传递过程的各个方面，包括从前台到后勤服务的全过程，其主要步骤为以下几步：

第一，将服务的各项内容绘成服务作业流程图，使服务过程一目了然地客观展示出来。

第二，找出容易导致服务失误的接触点。

第三，建立体现企业服务质量水平的执行标准与规范。

第四，找出顾客能看得见的作为企业与顾客的服务接触点的服务展示。在每一个接触点，服务人员都要向顾客提供不同的职能质量和技术质量，而顾客对服务质量感知的好坏将会影响企业形象。

5. 服务质量与顾客满意

由于服务的不可感知性，顾客常因担心服务质量难以符合期望水平而在购买时犹豫不决。企业为化解顾客对质量风险的顾虑，提高顾客满意，可从以下几方面改进工作：

(1) 突出质量第一。高层管理人员真正投入质量管理活动，包括履行承诺保证，在资源配置上支持质量管理活动；建立以质量为核心的企业文化，全体员工树立质量第一的服务态度，自觉地为提高服务质量贡献力量。顾客了解到企业内部的质量观及措施，会逐渐消除质量风险忧虑。

(2) 重视人的因素。以人为中心的服务，质量决定于人的操作技巧和态度，必须重视员工培训，让员工掌握新的服务技巧、改善服务态度。同时，管理者要创造一种能够得到员工支持的对优良业绩给予奖励的环境，争取在员工满意的基础上让所有的顾客满意。

(3) 广告强调质量。针对顾客对质量的担心，在设计广告宣传时要形象地突出有关服务的质量特征与水平。例如，请现有顾客"现身说法"，介绍自己购买服务后的心理感受。善用顾客口碑，有时能收到比广告更好的效果。

二、服务产品的定价策略

由于服务作为产品很难统一标准，所以服务的定价灵活性较大。例如，在飞机快要起飞前买票的乘客，或深夜入住的旅客，也许能谈定一个比定价低得多的价钱。因为服务的易逝性，航空公司不愿让座位空着，旅馆也不愿让床位空着。而在区别一项服务与另一项服务时，价格是一种重要的识别标志，顾客往往能从价格中感受到服务价值的高低。

1. 客观定价法

不论顾客种类，先设定服务单价，如每小时服务价格是多少。这种定价法的前提条件是，该项服务可以被分割，通常根据经验或市场价格水平来确定。其优点是适应固定方式的服务，易于计费，顾客心中有底；缺点是不能反映顾客对价格的感受，固定的价格有时对某些顾客过于昂贵，而被另一些顾客又当成档次过低的服务，从而降低竞争力。

2. 主观定价法

根据顾客对服务的感觉价值和接受程度，结合客观因素制定和调整服务价格。这些因素有服务效率的估价、企业的经验和能力、企业的知名度、服务工作的类型和难度、服务的便利性、额外的特殊费用及加班费、市场价格水平等。对于趋近于艺术化的服务来说，服务对象和服务状况多种多样，根据具体情况灵活调整价格的主观定价法有其适应性。

3. 利润导向定价法

利润最大化是服务企业的定价目标之一。利润最大化决定了定价必须高于总成本，成本应是定价的最低限。当价格在成本基础上逐渐增加时，利润水平将得到提高，直到出现很大的市场阻力时为止。市场或顾客能否接受，应是定价的上限。价格过高，顾客会寻找替代品，导致服务需求和盈利水平下降。当然，服务定价过低，会影响顾客低估服务质量，故服务定价除考虑成本、利润因素外，也不可忽视服务形象的重要性。

4. 成本导向定价法

依据服务成本决定价格，主要优点是简单明了，适应需求状况，保持合理利润水平。当需求旺盛时，价格显得较为公道；当需求平淡时，价格可合理降低。总成本是固定成本、变动成本和准变动成本在一定产出水平上的总和。固定成本指不随产品的增减而变化的成本，如建筑物、服务设施、维修费用、管理人员工资等；变动成本指随服务产出的变化而变化的成本，如临时雇员工资、水电费、邮寄费等；准变动成本既同顾客人数有关，也同服务产品数量有关，如清洁服务场所费用、员工加班费等。服务的类型、顾客人数和对额外设施的需求程度对不同产品成本的影响差异性较大。属于政府管制的价格，一般按照总成本加合理利润制定服务价格。在竞争激烈的买方市场，也可以变动成本为基础，实行边际成本定价法，争取在价格中有一定的边际贡献即可。

5. 竞争导向定价法

竞争导向定价法包括通行价格定价和主动竞争型定价，前者指以该种服务的市场通行价格作为定价的基础，避免价格战，平均价容易为顾客所接受，企业也可获得适度的利润；后者则是为了维持或增加市场占有率，而采取进取性定价。

6. 需求导向定价法

需求导向定价法着眼于消费者的态度和行为，服务的质量和成本则为配合价格而进行相应的调整。

三、服务产品的分销策略

随着服务领域的扩展，除直销外，服务销售分销渠道也日渐增多。例如，歌舞剧团演出、博览会展出、职业球队比赛等，往往经中介机构推销门票。分销渠道主要有代理、代销、经纪、批发、零售等形态。在分销因素中，选择服务地点至关重要。对于商店、电影院、餐厅等服务组织，如能坐落于人口密集、人均收入高、交通方便的地段，服务流通的范围较广泛，营业收入和利润也就较高。

1. 位置选择

位置指企业做出关于在什么地点经营和员工处于何处的决策，包括地域地区和地点的选择。服务提供者和顾客相互作用的方式不外三种：一是顾客主动找服务提供者；二是服务提供者主动找顾客；三是顾客与服务提供者在双方可达到的范围内交易。在顾客主动找服务提供者的情况下，服务地点坐落的位置特别重要，企业在选址时首先要考虑所能到达地域内潜在顾客及竞争对手的数量和分布。

2. 渠道策略

渠道的参与者包括服务的提供者、中间商和顾客。渠道的类型主要有以下几种：

(1) 直销。从服务提供者直接到顾客，实行面对面的服务。这可能是经过选择而采取在方式，也可能是因服务提供者不可分离，如会计、管理与法律咨询等。

(2) 经由中介机构销售。中介机构的形式较多，常见的有以下五种：

第一，代理人，指依据代理合同的规定，受服务提供者的授权委托从事某项服务活动者。例如，保险代理人接受保险人的委托，代表保险公司依据保险合同的规定招揽业务、代收取保险费、接受投保人的投保单、从保险公司获得保险代理手续费；旅游代理人为旅游者的旅行活动做出安排，包括交通工具、食宿、游览、办理护照和签证等，收入来源主要来自航空公司、饭店、旅行经销商付给的佣金，在未收佣金的情况下，也可向旅行者收取一定数额的服务费。

第二，经纪人。在市场上为服务提供者和顾客双方提供信息，充当中介并收取佣金。例如，电影明星聘请经纪人，通过他们去选择剧本、导演、演出场地和商定出场费，经纪人代理费用可由任一方或双方支付。

第三，经销商，指将服务产品买进后再售出的中间商，利润来源于进销差价。经销商包括批发商和零售商：① 批发商，主要指从事批发业务的服务中介机构。例如，旅行社、旅游公司，其业务是将航空公司或其他交通运输企业的产品与旅游目的地旅游企业的地面服务，组合成整体性的旅游产品再推向旅游者；② 零售商，面向广大顾客从事服务产品的供应。例如，旅游零售商熟悉多种旅游产品的情况，也了解旅游者的支付能力和消费需求的情况，可帮助旅游者挑选适宜于其要求的旅游产品。

第四，代销商，为服务提供者代为推销服务产品。例如，演出单位和博览会物色能接触目标顾客的机构和人员代为售出门票。代销商收取手续费或从折扣中取得收入。

第五，特许经营，指特许者将自己所拥有的服务商标、商号、产品、专利和专有技术、经营模式等以特许经营合同的形式授予被特许者使用，被特许者按合同规定，在特许者统一的业务模式下从事经营活动，并向特许者支付相应的费用。目前，世界上规模最大的特许连锁企业为麦当劳公司。

四、服务产品的促销策略

服务促销指为了和目标顾客及相关公众沟通信息，使他们了解企业及所提供的服务、刺激消费需求而设计和开展的营销活动。促销的对象并不完全限于顾客，有时也可以用来激励雇员和中间商。

服务促销的手段主要是广告、人员推销和公共关系。要根据企业的营销目标、资源状况、购买者特点、企业服务的特点和其他营销组合因素、竞争对手的情况等，确定促销组合中的何种方式占主导地位。为增进消费者对无形服务的印象，企业在促销活动中要尽量使服务产品有形化。

1. 广告

基于服务的特点，服务广告要努力实现将无形服务有形化，消除顾客的不确定心理。

(1) 传递服务信息。以简明的文字和图形，传达所提供服务的领域、深度、质量和水准的明确信息。

(2) 强调服务利益。在充分了解顾客需求的基础上，选择广告所使用的利益诉求，争取广告的最佳效果。

(3) 承诺必须兑现。广告中关于服务可获得利益的诺言必须务实，既是顾客所想得到的，也是企业能够做到的。在某些方面要制订最低一致性标准，如能做得比标准更好，顾客会更加高兴。

(4) 提供有形线索。为增强促销效果，应尽量使用有形线索作提示，如知名人物和实体(如建筑物)，广告中常用此对服务做有形展示。

(5) 消除购后顾虑。有针对性地强调购买选择的合理性，鼓励顾客将服务与使用后的感受、利益转告他人，消除购后的不和谐感。

2. 人员推销

人员推销是为了帮助和说服顾客购买某项服务而进行的人与人之间的交往过程。帮助是向顾客传达信息，说服是试图影响潜在顾客采取有利于双方的购买行动。关于人员推销的要求具有以下几个方面：

(1) 推销人员素质高。推销人员必须业务能力强，服务态度好，能取得顾客信任。

(2) 发展与顾客的个人关系。由于顾客需求的差异性，对不同的问题有不同的感受，通常希望能被单独接待。实际上，往往并非服务本身，而是人与人之间的关系使顾客满意或不满意。

(3) 采取专业化导向。在顾客心目中，销售人员必须是一个真正的行家里手，服务提供者的外表、动作、行为和态度要符合顾客心目中一个专业人员应有的标准。

(4) 推销多项服务。在推销核心服务时，提供一系列有关的辅助性服务，这既可为顾客提供方便，也可为企业带来利益。

3. 公共关系

公共关系是为了树立和维护服务企业良好形象而采用各种交际技巧提高企业的知名度和美誉度，主要手段有以下几种：

(1) 媒介宣传。报刊、广播、电视发布消息，这是一种免费的宣传，具有较高的可信度，易为公众接受。

(2) 企业宣传资料。公司利用出版物和宣传品向顾客传达企业的目标和策略，表彰服务人员的业绩，报道企业信息，从而激励销售并改善与顾客的关系。

(3) 欢迎顾客参观。开展参观日或庆祝某一纪念日等活动，随时接待顾客，向顾客展示新的服务项目和服务设施，使其有机会更多地了解企业。

(4) 密切社团关系。服务企业需要取得地方和社区的大力支持，与社团建立良好的关系，有利于维持稳定的顾客群和得到政府机构的支持。

五、内部营销人员

人员是指提供或传递服务的人。在顾客心目中，服务业的工作人员实际上是服务产品的一个重要组成部分。服务企业的特色往往体现在工作者的服务表现和服务销售上，因此，企业必须重视雇员的甄选、训练、激励和控制。此外，顾客对服务质量的认识，很可能是受到其他顾客的影响。

六、有形展示

有形展示包括一些支持提供服务的可以传递服务特色和优点的有形因素，或是能让顾客看得见、摸得着的东西，包括环境、实物装备等。例如，航空公司或汽车出租公司的飞机或车子的型号以及新旧程度，超市的地点和设施，学校、图书馆的环境及设备等，对于服务都是至关重要的。

七、服务流程

流程是指服务供应商应有流畅、让顾客一目了然的服务流程，包括服务的传递顺序、内容以及整个体系的运作政策和方法。在服务流程中，顾客主要接触的是前台人员和设施，同时感受到服务的质量。但是，有些流程是在后台进行的，例如，行政和数据处理系统处理与服务有关的文件和信息，并进行顾客跟踪。后台的工作量往往比前台大，技术性更强，是保证服务质量所必不可少的。服务流程管理的好坏，直接影响服务的质量，从而影响着企业的竞争力。

第三节 服务的有形展式

一、有形展示的类型

服务作为一种产品，是一个各种有形组成部分和无形组成部分的集合。物质产品可以自我展示，服务则不能。但是，顾客可以看到服务工具、设备、员工、信息资料、其他顾客、价目表等，这些有形事物都可为无形的服务提供有形的展示。由此，在服务营销管理中，一切可以传递服务特色与优点的有形组成部分，均可称作服务的有形展示。

有形展示可以从不同的角度加以分类。从构成要素的角度，有形展示可分为三种类型，即实体环境、信息沟通和价格，这三种类型往往是交织在一起的。例如，价格是一种不同于实物设备和说服性信息交流的展示方式，必须通过多种媒介将价格信息从服务环境传进、传出。

1. 实体环境

实体环境包括周围因素、设计因素和社会因素。

(1) 周围因素，指空气的质量、声音、气氛、整洁度等。这类要素通常被顾客认为是构成服务产品内涵的必要组成部分，消费者不易立即意识到的背景条件，如气温、湿度、气味、声音等，它们的存在并不会使顾客感到格外地兴奋和惊喜。但是，如果失去这些要素或者这些要素达不到顾客的期望，就会削弱顾客对服务的信心。周围因素是不易引起人们重视的背景条件。但是，一旦这些因素不具备或令人不快，就会引起人们的关注，比如气温和噪音。因为周围因素通常被人们认为是理所当然的，所以它们的影响只能是中性的或消极的。换句话说，顾客注意到了周围因素更可能引发躲避行为，而不是导致接近行为。例如，餐厅一般应具备清洁卫生的环境，达到此要求的餐厅应当不会使顾客感到极为满足。

然而，污浊的环境显然会令顾客大为反感，转而光顾另一家餐厅。

(2) 设计因素。设计因素是刺激消费者视觉的环境因素，这类要素被用于改善服务产品的包装，使产品的功能更为明显和突出，以建立有形的、赏心悦目的产品形象，如服务场所的设计、企业形象标识等便属于此类因素。设计性因素是主动刺激，它比周围因素更易引起顾客的注意，因此，设计性因素有助于培养顾客的积极的感觉，且鼓励其采取接近行为，有较大的竞争潜力。设计性因素又可分为两类：美学因素(如建筑风格，色彩)和功能因素(如陈设、舒适)。设计性因素既包括应用于外向服务的设备，又包括应用于内向服务的设备。

(3) 社会因素。在服务场所内一切参与及影响服务产品生产的人，包括服务员工和其他出现于服务场所的人士，他们的人数、仪表、行为等都有可能影响顾客对服务质量的期望与认知。服务员的外貌在服务展示管理中特别重要，因而，对服务人员进行适当包装就很有必要了。迪斯尼乐园是一个出色的例子，所有迎接顾客的公园职员(在迪斯尼称之为"舞台成员")每天都穿着洁净的戏服，通过地下阶梯进入自己的活动地点，他们从不离开自己表演的主题，对于服务员工，迪斯尼制定了严格的个人着装标准。在迪斯尼乐园，职工的头发长度、首饰、化妆和其他个人修饰因素都有严格的规定，且被严格地执行。迪斯尼的大量着装整洁、神采奕奕、训练有素的"舞台成员"对于创造这个梦幻王国至关重要。正因为此，每天才有 15 万游客付高价来此游玩。

2. 信息沟通

沟通的信息来自公司本身及其他引人注目之处，通过多种媒体传播与展示服务。从赞扬性的讨论到广告，从顾客口头传播到公司标志，不同形式的信息沟通都传送了有关服务的线索。信息沟通所使用的方法有以下几种：

(1) 服务有形化。在信息交流中强调与服务相联系的有形物，让服务显得实实在在。如麦当劳公司针对儿童的快乐餐设计的盒子里面有游戏、迷宫等图案，把目标顾客的娱乐和饮食联系起来，效果很好。这证明有形因素能使服务容易被感觉，而不那么抽象。

(2) 信息有形化。通过鼓励积极的口头传播、服务保证和在广告中应用容易被感知的展示，使信息更加有形化。很多顾客都特别容易接受其他顾客提供的口头信息，据以做出购买决定。如选择医生、律师或选修课教师时，先征询他人的看法。服务保证主要是强调承诺的真实性，这种形式长期被采用。

(3) 员工有形化。服务提供者直接与消费者接触，其所具备的服务素质和性格、言行以及与消费者接触的方式、方法、态度等如何，会直接影响到服务营销计划的实现。为了保证服务营销计划的有效性，企业应对员工进行服务标准化培训，让他们了解企业所提供的服务内容和要求，掌握提供服务的必备技术和技巧，以保证顾客从他们那里获得服务与企业的营销规划相一致。

3. 价格

服务价格被营销经理重视，是因价格乃营销组合因素中决定收入的主要因素；而顾客之所以关注价格，是因价格可以提高或降低人们的期望。由于服务是无形的，价格是对服务水平和质量的可见性展示。价格能展示一般的服务，也能展示特殊的服务；它能表达对顾客的关心，也能给顾客以急功近利的感觉。制定正确的价格能传送适当的信息，是一种对服务有效的有形展示。

二、有形展示的管理

1. 设计理想的服务环境

设计理想的服务环境并非一件容易的事情，除了需要大量的资金花费外，一些不可控制的因素也会影响环境设计。一方面，我们现有的关于环境因素及其影响的知识与理解程度还很不够。究竟空间的大小、各种设施和用品的颜色与形状等因素的重要性如何？地毯、窗帘、灯光、温度等因素之间存在怎样的相互关系？另一方面，每个人都有不同的爱好和需求，他们对同一环境条件的认识和反应也各不相同。因此，设计满足各种各样类型人的服务环境，如旅馆、大饭店、车站或机场等存在一定的难度。设计理想的服务环境是服务业首先要重视的问题。

2. 培养优秀的服务员工

一般的物质环境，只要资金实力充足是可以模仿的，而优秀的服务员工却是服务业梦寐以求的。从内部营销的理论来分析，服务员工也是企业的顾客。由于服务产品是"无形无质"的，从而顾客难以了解服务产品的特征与优点，那么，服务员工作为企业的内部顾客也会遇到同样的难题。如果服务员工不能完全了解企业所提供的服务，企业的营销管理人员就不能保证他们所提供的服务符合企业所规定的标准。所以，营销管理人员利用有形展示突出服务产品的特征及优点时，也可利用相同的方法作为培训服务员工的手段，使员工掌握服务知识和技能，指导员工的服务行为，为顾客提供优质的服务。

3. 服务尽量有形化

服务有形化就是使服务的内涵尽可能地附着在某些实物上，正如"康师傅"的一句广告词所描写的那样："好吃看得见"。服务有形化的典型例子是银行信用卡，虽然信用卡本身没有什么价值，但它代表着银行为顾客所提供的各种服务，以至于只要"一卡在手，便可世界通行"。把服务同易于让顾客接受的有形物体联系起来。由于服务产品的本质是通过有形展示表现出来的，所以，有形展示越容易理解，服务就越容易为顾客所接受。

4. 加强有形展示的管理

鉴于有形展示在服务营销中的重要地位，服务企业应善于利用组成服务的有形元素，突出服务的特色，使无形无质的服务变为相对地有形和具体化，让顾客在购买服务前，能有把握判断服务的特征及享受服务后所获得的利益。因此，加强对有形展示的管理，努力借助这些有形的元素来改善服务质量，树立独特的服务企业形象，无疑对服务企业开展市场营销活动具有重要意义。

三、服务环境的设计

服务环境是指企业向顾客提供服务的场所，它不仅包括影响服务过程的各种设施，而且还包括许多无形的要素。因此，凡是会影响服务表现水准和沟通的任何设施都包括在内。

1. 环境的特点

从环境设计的角度看，环境具有如下特点：

(1) 环境是环绕、包括与容纳，一个人不能成为环境的主体，只可以是环境的一个参与者。

(2) 环境往往是多重模式的，也就是说，环境对于各种感觉形成的影响并不是只有一种方式。

(3) 边缘信息和核心信息总是同时展现，都同样是环境的一部分，即使没有被集中注意的部分，人们还是能够察觉感知出来的。

(4) 环境的延伸所透露出来的信息，总是比实际得到的更多，其中有若干信息可能会相互冲突。

(5) 环境隐含着目的和行动(以及种种不同角色)。

(6) 环境包含许多含义和动机性信息。

(7) 环境隐含各种美学的、社会性的和系统性的特征。

因此，服务业环境设计的任务关系着各个局部和整体所表达出的整体印象。

2. 理想环境的创造

有形展示除了环境与气氛因素以及设计因素之外，还有社交因素。社交因素代表服务员工的外观、行为、态度、谈吐及处理顾客要求的反应等，它们对企业服务质量乃至整个市场营销过程的影响不容忽视。

知识链接

模块二 技 能 训 练

案例分析 ✒️

迪士尼乐园的服务营销

"只要你来到这里，在里面的任何一个角落，你都能找到一个属于你内心的童话世界。"提起迪士尼，人们便会想到家庭娱乐，想到"米老鼠"。人们进入迪士尼就如同进入梦幻世界，在这里我们可以看到我们这个星球的过去和未来。而从前的娱乐只是少数人的特权，大众难以进入。靠着"在娱乐之中学习知识"的诀窍，迪士尼成了名垂青史的企业巨头，开创并主宰了一个全新的卡通世界。迪士尼与众不同之处在于它生产的是精神产品、无形产品、文化产品和娱乐产品，目的是为孩子和家长提供娱乐、创造人间欢乐童话。

迪士尼把生产有形产品推进到生产无形产品的远见卓识是领先于时代的，正是这种远见使其能在竞争激烈、复杂险恶的环境中始终比别人抢先一步。经营者不但创作卡通，还朝着全方位的家庭娱乐组合发展，包括电视、主题公园的发展等，不断开拓新的领域，从而走向更大的成功。迪士尼在产品上不断求变，致力于通过主题公园的形式提供高品质、高标准和高质量的娱乐服务；同时，公司还提供餐饮，销售旅游纪念品，经营度假宾馆、交通运输和其他服务支持行业。迪士尼品牌以及米老鼠、唐老鸭等动画人物，均享有极大的影响力和商誉，并包含着巨大的经济利益。然而，整个迪士尼经营业务的核心仍是"迪士尼乐园"本身，而该乐园的生命力在于能否使游客欢乐。给游客以欢乐，并由游客和员工共同营造"迪士尼乐园"的欢乐氛围，成为迪士尼乐园始终如一的经营理念和服务承诺。

引导游客参与是营造欢乐氛围的另一重要方式。游客能同艺术家同台舞蹈，参与电影配音，制作小型电视片，通过计算机影像合成成为动画片中的主角，亲身参与升空、跳楼、登绝壁等各种绝技的拍摄制作等。

在"迪士尼乐园"中，员工们得到的不仅是一项工作，还是一种角色。员工们身着的不是制服，而是演出服装。他们仿佛不是为顾客表演，而是在热情招待自己家的客人。当他们在游客之中时，即在"台上"；当他们在同事之中时，即在"台后"。在"台上"时，他们表现的不是他们本人，而是一个具体角色。根据特定角色的要求，员工们要热情、真诚、礼貌、周到，处处为客人的欢乐着想。简而言之，员工们的主体角色定位是热情待客的家庭主人或主妇。

思考：

1. 有形展示有哪几种类型？
2. 迪士尼乐园是如何进行产品有形展示的？
3. 结合案例分析有形展示对迪士尼乐园起到了什么作用？

实训练习 ✍

1. 内容：以一家大型或中型商场为例。
(1) 调查其服务营销管理现状。
(2) 应如何提高服务管理水平？
2. 要求：请以小组为单位，分析并回答以上问题。

模块三　复习与思考

一、单项选择题

1. 服务区别于有形产品的最显著的特点是(　　)。
   A．无形性　　　　B．不可分离性　　　C．差异性　　　D．不可储存性
2. 与传统的营销组合相比，服务营销组合不包括(　　)营销要素。
   A．服务过程　　　B．服务水平　　　　C．人员　　　　D．有形展示
3. 服务交易的成败、顾客满意的高低主要取决于服务企业对于(　　)控制能力。
   A．人员　　　　　B．过程　　　　　　C．风险　　　　D．绩效
4. 下列不属于实体环境中周围因素范畴的是(　　)。
   A．气温　　　　　B．员工　　　　　　C．气味　　　　D．声音

二、简答题

1. 服务与服务营销的概念。
2. 服务质量的内涵。
3. 营销组合的内容。
4. 有形展示的形式有哪些？有形展示具有怎样的效应？
5. 简述服务营销策略。

营销前沿

第十三章　市场营销的发展与创新

知识点 ✎

1. 了解市场营销观念创新的新概念
2. 掌握绿色营销、网络营销、体验营销和病毒营销的特点

技能要求 📖

运用理论知识，对具体案例、具体企业进行分析

向《爸爸去哪儿》学营销

就在《中国好声音》等歌唱类节目在"红海"里厮杀、观众已失去兴趣的时候，湖南电视台推出了名人亲子关系类节目——《爸爸去哪儿》。它像一股清风，迅速获得观众的芳心，创造了同时段收视率排名第一的佳绩。《爸爸去哪儿》的成功为众多营销从业者上了生动的一课。

1. 善打感情牌

打好感情牌，获取客户的认可或感动客户，是成功营销的关键环节。经济高度发达的背后是父母与子女见面时间的减少，父母的工作、应酬是以减少和子女的相处时间为代价的。所以，节目中各位爸爸与孩子的互动让不少现众感慨良多，同时也看到了父亲在孩子成长中不可或缺的作用。因此，该节目送上的是一碗暖暖的心灵鸡汤，必定会在社会上引起共鸣。

2. 引进成熟模式

《爸爸去哪儿》节目版权和模式购自韩国 MBC 电视台的《爸爸！我们去哪》。此节目在韩国一经推出，收视一路飘红。从受众人群的角度来看，中韩文化差异性相对较小，将韩国观众喜欢的节目复制到中国不会发生水土不服。从节目制作的角度来看，引进韩国团队的制作经验，扫除了节目制作的硬件问题。无论从外在需求角度，还是从内在硬件实力，湖南卫视都驾驭自如，奠定了《爸爸去哪儿》火爆的基础。

3. 产品差异

"人无我有，人有我新，人新我变"的俗语是营销成功的不二法门。《爸爸去哪儿》将室内综艺升级为野外综艺，将虚假的比惨变成突出节目的记录性，忽略综艺性，温馨的小清新情调突破了传统综艺节目的窠白，受到了观众的热捧。

4. 明星造势

《爸爸去哪儿》之所以能完胜《饭没了秀》，是因为嘉宾是明星爸爸和星二代，满足了普通观众的窥探和猎奇心理，从而使一档家庭亲子节目具备了十足的娱乐性，变成了一档全家人可以一起观看的电视节目。

5. 善于推广

《爸爸去哪儿》开播初期的微博一直处于几百、几千的讨论量。随着节目所带来的话题讨论日渐发酵，在微博、微信上引发了从最开始的萌、开心上升到全民热议的亲子教育、父爱不缺席等社会现象的讨论。电视、网络、视频、微博、微信、软文等多种方式互动的推广方式让这个节目一夜间街知巷闻，带动了收视率的节节攀升。因为社交网络、移动互联的推波助澜，让"小众热点"变成了"大众娱乐"，在放大节目影响力的同时，也让商业价值无限放大。

《爸爸去哪儿》的成功昭示着一个新营销时代的逐渐成熟，那就是以情感人、明星造势和制造话题的方式，利用娱乐营销、名人营销、病毒营销等创新营销方式打造成功的综艺品牌。

模块一 理 论 知 识

第一节 绿 色 营 销

一、绿色营销的内涵与特征

1. 绿色营销内涵

广义的绿色营销也称伦理营销(Ethics marketing)，是指企业营销活动中体现的社会价值观、伦理道德观，充分考虑社会效益，既自觉维护自然生态平衡，更自觉抵制各种有害营销。狭义的绿色营销(Green marketing)也称生态营销(Ecological marketing)或环境营销，是指企业以环境保护观念作为其经营思想，以绿色文化为其价值观念，以消费者的绿色消费为中心和出发点，力求满足消费者绿色消费需求的营销策略。企业通过绿色营销活动，协调维护自身利益、保护环境和促进社会发展三者的关系，使经济的发展既能满足当代人的需求，又不至于对后代生存和发展构成危害和威胁，即实现社会经济的可持续发展。

一般认为，绿色营销企业在经营活动中要体现"绿色"，即在营销中要注意生态环境的保护，促进经济与生态的协调发展，为实现企业自身利益、消费者和社会利益以及生态环境的统一而对产品、定价、分销和促销进行策划与实施。它要求在现代市场营销的基础上，增加环境保护，把"无废无污"和"无任何不良成分"及"无任何副作用"贯穿于整个市场营销活动之中。绿色营销体现了生态系统之完美、大自然之纯正、生态之和谐，是当今世界发展的大趋势和必由之路。

绿色营销要求以"绿色"为核心，至少包括以下含义：市场营销的观念是绿色的，以节约能源、资源和保护生态环境为中心，强调污染防治、资源的充分利用、再生利用以及新资源的开发；绿色营销企业所属的行业是绿色的，或者说其生产经营的产品是绿色的，具有节约能源和资源、利用新型资源、或者促使资源再生利用等特点；绿色营销强调企业服务的不仅是顾客，而是整个社会，关注的不是近期而是长期；绿色营销不仅是要从大自然索取，更要强化对大自然的保护，在营销活动的全过程中时时注意对环境的影响。

2. 绿色营销——21世纪营销的主流

绿色营销将成为21世纪营销的主流，这是因为：

1) 社会可持续发展战略呼唤绿色营销

可持续发展战略是指社会经济发展必须同自然环境及社会环境相联系，使经济建设与资源、环境相协调，使人口增长与社会生产力发展相适应，以保证社会实现良性循环发展的长远战略。然而，社会经济的长足发展，在为社会创造巨大财富、给广大消费者提供物质福利及给企业带来巨额商业利益的同时，却严重地浪费了自然资源，破坏了自然生态平衡，污染了环境，严重地威胁着人类生存环境的良性循环。因此，保护自然环境、治理环境污染、解决恶劣的社会环境、实施可持续发展战略已势在必行。

20世纪70年代，西方国家提出了可持续发展问题；80年代是逐步树立环保意识的年代，被称为"环保崛起的十年"；90年代则将环保付诸行动，称为"环境行动的十年"。至今，世界各国尤其是经济发达国家掀起了制定"环保标志"、实施"环保意识"的战略及方针。

可持续发展战略的实施，从宏观方面，要求政府重视制定及实施可持续发展战略的总体目标、方针及具体办法；从微观方面，要求各类企业将营销活动同自然环境、社会环境的发展相联系，使企业营销活动有利于环境的良性循环发展，也就是说，要求企业从实施可持续发展战略的高度来开展绿色营销。

2) 21世纪的消费者趋向于绿色消费

消费者趋向于绿色消费主要有两方面的原因：一是社会经济发展在为社会及广大消费者谋福利的同时，也造成了恶劣的自然环境及社会环境，直接威胁着人们的身体健康，因此，人们迫切要求治理环境污染，要求企业停止生产危害环境及人们身体健康的产品；二是社会经济的发展使广大居民个人收入迅速提高，他们迫切要求高质量的生活环境及高质量的消费，亦即要求绿色消费。

3) 政府更加重视制订和严格实施规范企业营销行为的立法

政府对企业立法调控行为日趋严厉，既受到保护消费者利益运动及保护生态平衡运动的压力，同时，随着市场经济日益发展，市场经济体制日趋成熟，亦促使政府宏观调控手段更加成熟。

4) 绿色营销是21世纪企业兴衰的根本

21世纪的企业将面临着一系列的挑战。首先是宏观环境的压力，诸如保护消费者利益运动和保护生态平衡运动的压力，以及政府规范化立法的压力，从而驱使企业必须树立环保观念，开展绿色营销；其次是广大消费者对绿色消费的需求剧增，企业必须顺应消费者的绿色消费需求，开展绿色营销，才能赢得顾客；最后是市场竞争优胜劣汰规律的作用，迫使企业改变经营观念，开展绿色营销，才能有力地对付竞争对手，不断地提高市场占有率。

5) 传统经济为现代经济所替代，为企业开展绿色营销奠定了基础

众所周知，传统经济只重视劳动力和资本在经营活动中的作用，而忽略了土地等自然资源的重要作用。过去，人们认为自然资源是无价值的，例如，在种植业中认为，唯一成本是开发及耕种，而土地是无价格的。在这种观念的支配下，对自然资源的过度开采，甚至掠夺式开发也就不足为奇了。这同早期市场营销理论一样，倾向于产品及生产导向，其发展的重点是物品数量及服务创造，而非生活的品位及消费者的满意度。如今，现代经济已取代传统经济，现代经济不仅重视劳动力、资本，而且同样重视自然资源在经营活动中的作用，强调社会经济发展必须同环境相协调，从而为企业从传统营销转化为绿色营销提供了理论基础。

二、绿色营销与传统营销的差异

1．营销观念的升华

经过近一个世纪的探索和发展，企业的营销观念已从以产品为导向发展到以人类社会的可持续发展为导向，并在此基础上提出了绿色营销观。与传统的营销观念相比较，绿色营销观是继 20 世纪 50 年代由产品导向转向顾客导向的、具有根本性变革的基础上的又一次升华。绿色营销观与传统营销观的差异主要表现在以下几个方面：

- 绿色营销观是以人类社会的可持续发展为导向的营销观。
- 绿色营销观念更注重社会效益。
- 绿色营销观念更注重企业的社会责任和社会道德。

绿色营销观要求企业在营销中不仅要考虑消费者利益和企业自身的利益，而且要考虑社会利益和环境利益，将四者利益结合起来，遵循社会的道德规范，实现企业的社会责任。

2．经营目标的差异

传统营销，无论是以产品为导向、还是以顾客为导向，企业经营都是以取得利润作为最终目标。传统营销主要考虑的是企业利益，往往忽视了全社会的整体利益和长远利益，其研究焦点是由企业、顾客与竞争者构成的"魔术三角"，通过协调三者间的关系来获取利润；在营销中不注意资源的有价性，将生态需要置于人类需求体系之外，视之为可有可无，往往不惜以破坏生态环境利益来获得企业的最大利润。

绿色营销的目标是使经济发展目标同生态发展和社会发展的目标相协调，促进总体可持续发展战略目标的实现。绿色营销不仅考虑企业自身利益，还应考虑全社会的利益。

3．经营手段的差异

传统营销通过产品、价格、渠道、促销的有机组合来实现自己的营销目标。绿色营销强调营销组合中的"绿色"因素：注重绿色消费需求的调查与引导；注重在生产、消费及废弃物回收过程中降低公害、符合绿色标志的绿色产品的开发和经营；在定价、渠道选择、促销、服务、企业形象树立等营销全过程中都要考虑以保护生态环境为主要内容的绿色因素。

三、绿色营销策略

1．树立绿色营销观念

绿色营销观念是人类环境保护意识与市场营销观念相结合的一种新的营销观念。绿色营销必须要在绿色营销观念的指导下进行，在实施过程中，不能仅局限于营销部门，而应覆盖企业的各个方面，从战略制定到实施的全过程都应始终贯彻绿色营销观念，在全员范围内形成绿色氛围。

2．实施绿色营销战略

在全球绿色浪潮兴起的时代，制定体现绿色营销内涵的战略计划，有利于企业的长期发展。绿色营销战略应明确企业研制绿色产品的计划及必要的资源投入，应明确企业的环保方针和方向，不仅要阐明企业自身应当承担的研制和营销绿色产品的义务，还要具体说明环保的努力方向以及如何尝试，并用以指导日常决策。企业绿色营销战略还必须与企业长期战略相组合，保证资源的充分利用。

3．开发绿色产品

开发绿色产品，要从产品设计开始，包括材料的选择以及产品结构、功能、制造过程的确定、包装与运输方式，产品的使用及产品废弃物的处理等都要考虑环境的影响。绿色设计强调对资源与能源的有效利用，要综合考虑各种因素，如材料选择、产品制造品牌、功能、包装、回收、无污染、安全等。绿色产品的生产过程应该是"一种清洁生产"，这是一种物料和能耗最少的人类生产活动的规划和管理，将废物减量化、资源化和无害化，或消灭于生产过程之中。企业在给产品命名和选择品牌时，要符合绿色标志和"环境标志"的要求；绿色包装也是一个极其重要的组成部分，应选择纸料等可分解、无毒性的材料，并使包装材料单纯化，避免过度包装等。企业在产品或劳务满足绿色消费的同时，要考虑废弃物的再生利用性、可分解性，并搞好包装品及其废弃物的回收服务，以免给环境带来污染。

4．制定绿色价格

首先，利用人们的求新、求异、崇尚自然的心理，采用理解价值定价。消费者一般都认为绿色产品具有更高的价值，愿意为此支付较高的价格。其次，根据"污染者付费"和"环境有偿使用"的现代观念，企业用于环保方面的支出应计入成本，从而成为价格构成的一部分。但是，绿色产品价格上扬的幅度不仅取决于绿色产品品质提高的幅度和环保费用支出的多少，还取决于消费者对绿色产品价格的理解。在工业发达国家，绿色产品价格上扬幅度较大，消费者也乐于接受。在我国，由于消费者的绿色意识较弱，绿色产品价格上扬幅度不宜过大，在大中城市市场价格可略高些。

5．选择绿色渠道

绿色营销渠道的畅通是成功实施绿色营销的关键，既关系到绿色产品在消费者心中的定位，又关系到绿色营销的成本。因此，企业选择绿色渠道时：一是选择具有绿色信誉的中间商，如关心环保、在消费者心中有良好信誉的大中间商，借助该中间商本身的良好信誉，推出绿色产品；二是设立绿色产品专营机构，以回归自然的装饰为标志招徕顾客；三是所选择的中间商不经营相互排斥、相互竞争而且相互补充的非绿色产品，便于中间商的推销。与此同时，要选择和改善能避免污染、减少损耗和降低费用的储存条件。

6. 绿色促销

绿色促销是绿色媒体传播绿色企业及产品信息的行为，其核心是通过充分的信息传递来树立企业和企业产品的绿色形象，使之与消费者的绿色需求相协调，巩固企业的市场地位。因此，要利用传媒和社会活动，为企业的绿色表现做宣传；通过赞助、捐赠等对绿色组织及活动给予经济上的支持。广告要突出绿色产品的特点，突出环保靠全社会的力量、靠每个人的贡献的理念。企业应大力宣传绿色消费时尚，引导人们使用绿色产品，支持绿色营销，此行为本身就是对社会、对自然、对他人、对未来的奉献，提高公众的绿色意识，引导绿色消费需求。广告投入和广告频率要适度，防止因广告而造成资源浪费和声、光等感官污染。

7. 推行绿色管理

绿色管理就是把环境保护的观念融入到企业经营管理和生产活动之中。这一思想可概括为"5R"原则。一是研究(Research)：把环保纳入企业的决策要素之中，重视研究本企业的环境对策；二是减消(Reduce)：采用新技术、新工艺，减少或消除有害废弃物的排放；三是再开发(Reuse)：变传统产品为"绿色产品"，积极争取"绿色商标"；四是循环(Recycle)：对废旧产品进行回收处理，循环利用；五是保护(Rescue)：积极参与社区的环境整治，对员工进行环保宣传，树立绿色企业形象。企业只有在绿色管理原则下，才能加快向绿色企业发展转变，推动企业采用各种环保技术，实行清洁生产，生产出符合社会和消费者需要的绿色产品，从而实现经济的可持续发展。

知识链接

第二节　网　络　营　销

一、网络营销的概念及特点

1. 网络营销概念

网络营销被定义为通过网上活动来建立和维持顾客关系，以促进思想、产品和服务的交换，从而实现购买者和销售者的目标。在 2002 年之前，说起网络营销，很多人以为网络营销就是网站建设，或者开一个网上书店之类的事情。随着以搜索引擎营销为代表的网络营销服务市场的发展，人们对网络营销的理解又增加了新的内容。网络营销的功能随着市场的发展不断增加。

2. 网络营销特点

1) 实时性和交互性

在网络环境中，企业通过电子布告栏、在线讨论和电子信函服务等方式，在营销的全过程中对消费者进行实时的信息搜集，与消费者进行实时交流，向潜在顾客提供具体的、必要的信息。这种双向互动的沟通方式，提高了消费者的参与性和积极性，也提高了企业营销的针对性，十分有助于实现企业的全程营销目标。

2) 经济性和高效性

网络营销可以降低企业的交易成本，同时提高企业运营的效率。首先，企业通过商业增值网络使用 EDI(电子数据交换)建立一体化的电子采购系统，实现实时采购，带来劳动力、打印和邮购等采购成本的降低。其次，互联网不仅为市场调查提供了全球性的空间，而且还大大降低了调查的各种费用。再次，有关公司、产品、渠道等的信息均储存在网络服务器中，企业可直接在线及时更新，顾客可随时在网上查询，从而降低促销成本。最后，在提高售后服务效率的同时降低了企业的运行成本。

3) 定制化和个性化

网络营销的定制化是指企业利用网络优势，一对一向顾客提供独特化、个性化的产品或服务。网络营销可跟踪每个客户的消费习惯和偏好，并向其推荐相关产品或服务。通过网络营销企业与顾客建立起学习型关系。学习型关系是指企业在通过网络向消费者传递信息的同时，也在积极地对消费者进行消费教育和引导，这样，顾客在自身需求得到满足的情况下，将与企业保持长期的联系，密切了企业与顾客的关系，提高了顾客的忠诚度。

4) 方便性和娱乐性

网络营销是集购物的便利性和娱乐性为一体的新型购物模式。售前，消费者可以在网上获得充分的产品或服务的信息及相关资料，便于对同类产品或服务的性能、价格等因素进行比较，以做出购买决定。例如，对于准备购买汽车的顾客，网络可以提供目前市面上所有品牌的汽车信息，并提供任意几个品牌汽车的各种性能、价格等指标的对比，且有大量消费者的"意见"供参考。售中，在网上不但省去了购物的路途麻烦，电子结算也省去了现金交款的麻烦，送货上门服务令消费者足不出户就可以完成购物。在售后服务方面，网络也给客户提供了最好的支持和帮助。总之，网络营销能最大限度地简化购物环节，节省消费者的时间和精力，使消费者真正地"乐在其中"。

二、网络营销的基本步骤

1．确定网络营销对象

以盈利为最终目标，从事网络营销活动的企业或个人，通过充分地调查分析自身优势、劣势，以及企业内、外部环境后，确定某些具有特定需要，有意向与营销者进行交换，而获得其所需所欲之物的个人或组织。

2．一对一营销

营销者通过网络寻找目标顾客，并向有意者提供产品或服务的信息以及交易条件；而后，通过网络与其进行交流，根据其所提出的要求，提供更详细的资料，或设计个性化的产品或服务，令潜在顾客满意，从而最终实现交易；最后，利用网络及时快捷地为顾客提供高效的售后服务。

3．客户关系管理

网络营销的目的并非在于实现某一次销售，而是在于通过向顾客提出定制化的产品或服务，在顾客享受网上购物的同时，与顾客建立和保持恰当的关系，以使其重复购买，并向外传播其美好感受。

三、网络营销策略

1．网上市场调查

网上市场调查主要利用 Internet 交互式的信息沟通渠道来实施调查活动，包括直接在网上通过问卷进行调查，还可以通过网络来收集市场调查中需要的一些二手资料。利用网上调查工具，可以提高调查效率和调查效果。Internet 作为信息交流渠道，它成为信息的海洋，因此在利用 Internet 进行市场调查时，重点是如何利用有效工具和手段实施调查和收集整理资料，获取信息不再是难事，关键是如何在信息海洋中获取想要的资料信息和分析出有用的信息。

2．网上消费者行为分析

Internet 用户作为一个特殊群体，它有着与传统市场群体截然不同的特性，因此要开展有效的网络营销活动必须深入了解网上用户群体的需求特征、购买动机和购买行为模式。Internet 作为信息沟通渠道，正成为许多兴趣、爱好趋同的群体聚集交流的地方，并且形成了各个特征鲜明的网上虚拟社区，了解这些虚拟社区的群体特征和偏好是网上消费者行为分析的关键。

3．网络营销策略制定

不同企业在市场中处于不同地位，在采取网络营销实现企业营销目标时，必须采取与企业相适应的营销策略，因为网络营销虽然是非常有效的营销工具，但企业实施网络营销时是需要进行投入和有风险的。同时，企业在制定网络营销策略时，还应该考虑到产品生命周期对网络营销策略制定的影响。

4．网上产品和服务策略

网络作为有效的信息沟通渠道，它可以成为一些无形产品如软件和远程服务的载体，改变了传统产品的营销策略特别是渠道的选择。作为网上产品和服务营销，必须结合网络特点重新考虑产品的设计、开发、包装和品牌的传统产品策略，如传统的优势品牌在网上市场并不一定是优势品牌。

5．网上价格营销策略

网络作为信息交流和传播工具，从诞生开始便实行自由、平等和信息免费的策略，因此网上市场的价格策略大多采取免费或者低价策略。制订网上价格营销策略时，必须考虑到 Internet 对企业定价的影响和 Internet 本身独特的免费思想。

6．网上渠道选择与直销

Internet 对企业营销渠道的影响非常大。Dell 公司借助 Internet 的直接特性建立的网上直销模式获得了巨大成功，改变了传统渠道中的多层次选择和管理与控制问题，最大限度降低渠道中的营销费用。企业建设自己的网上直销渠道必须进行一定投入，同时还要改变传统的经营管理模式。

7．网上促销与网络广告

Internet 作为一种双向沟通渠道，最大优势是可以实现沟通双方突破时空限制直接进行交流，而且简单、高效和费用低廉。因此，在网上开展促销活动是最有效的沟通渠道，但网上促销活动的开展必须遵循网上信息交流与沟通规则，特别是遵守虚拟社区的礼仪。网络广告作为最重要的促销工具，主要依赖 Internet 的第四媒体的功能。目前网络广告作为新兴的产业得到迅猛发展，其作为第四类媒体广告具有交互性和直接性，具有报纸杂志、无线广播和电视等传统媒体发布广告无法比拟的优势。

8. 网络营销管理与控制

网络营销作为在 Internet 上开展的营销活动，它必将面临许多传统营销活动无法碰到的新问题，如网络产品质量保证问题、消费者隐私保护问题以及信息安全与保护问题等。这些问题都是网络营销必须重视和进行有效控制的，否则网络营销效果会适得其反，甚至产生很大的负面效应，这是因为网络信息传播速度非常快而且网民对反感问题反应比较强烈而且迅速。

知识链接

第三节 体验营销

一、体验营销的产生

当今时代是一个产品过剩的经济时代，特别是在全球化、信息化、市场化等的影响下，企业间的竞争日益激烈。谁赢得顾客，谁就赢得市场。赢得顾客就必须使顾客满意，要使顾客满意就必须能更好地满足顾客需要。科特勒在《营销管理》中揭示了营销最本质的内涵：有利益的满足需要。产品和服务只是传递一些观念和利益的平台，因此营销要努力探索如何满足顾客的核心需要，而核心需要的满足过程就是顾客一系列体验过程。美国露华浓(Revlon)公司的查理·杰弗逊(Charley Revson)曾这样阐述："在工厂里，我们制造化妆品；在商店里，我们出售希望。"这种希望就是人们对美的一种体验要求。

从营销提供物的区别来划分，营销理论与实践经历了三个发展阶段：

(1) 在产品营销阶段，人们追求产品价值，主要包括数量和质量的消费。

(2) 在服务营销阶段，人们在产品价值的基础上追求附加服务价值，主要包括服务质量、人员价值、形象价值。

(3) 在体验营销阶段，人们通过参与和互动的方式来获得体验价值，主要包括娱乐、审美、教育、逃避现实等四类体验活动。

从以上发展过程的演变我们可以看出，营销发展实质是顾客需要层次和体验质量要求不断提高的过程。

体验一直是休闲娱乐的中心所在，如美国迪士尼乐园就是想让人们完全浸入到整个卡通王国，成为其中的一分子。如果说商品是有形的，服务是无形的，那么体验就是难忘的。消费者重视的是在消费过程中企业向其提供的身临其境的体验。美国南加利福尼亚州的一家名为比斯拖美食家的食品店，成功地将购物这种常常被视为家庭负担的事情变为一项兴趣盎然的活动。这家高级连锁店就像经营剧院一样经营自己的百货店，根据美国商店杂志的评论，"这儿有悦耳的音乐、活泼的娱乐节目、独特的景致、免费的点心、剧场般的音响效果、客串的明星和全体顾客的参与。"如今，越来越多的企业已加入到体验营销中来，消费类型也不仅限于娱乐行业，如麦当劳、耐克公司、英特尔公司、惠而浦以及中国的海尔等，企业通过它们的商品或服务的体验化(营造温馨环境氛围，引导顾客参与)来更好地满足消费者需要。

二、体验营销的定义

教授伯恩德·H.施密特是第一个提出"体验营销"概念的学者。他在1999年出版了《体验营销》一书，首次提出体验式营销(Experience Marketing)，从顾客的感官、情感、思考、行动和关联五个方面重新定义、设计营销的思考方式。此种思考方式突破传统上"理性消费者"的假设，认为顾客消费是理性与感性兼具的，他们在消费前、消费时和消费后的体验，才是研究消费行为与企业品牌经营的关键。

体验营销就是通过消费者的感官、情感、思考、行为、关联五个方面，与消费者建立有价值的客户关系。体验营销通过各种体验媒介，包括沟通、识别、产品、品牌、环境、网站等来刺激消费者的感官和情感，引起消费者的思考和联想。体验营销强调满足人们精神的、社会的、个性的需求。

菲利普·科特勒认为，体验营销是通过让顾客体验产品确认价值、促成信赖后自动贴近该产品，成为忠实的客户。

国内学者普遍认为，所谓体验营销，就是在整个营销过程中，充分利用感性信息的能力，通过影响顾客更多的感官感受来介入其行为过程，从而影响消费者决策过程与结果。

综合对体验的理解和国内外对体验营销的定义，从企业角度看，体验营销是指企业把顾客的感官、情感、思考、行动、联想等要素融为一体，作为设计、生产产品或提供服务的主要依据，通过创造、提供和出售体验，让顾客在购买和消费的过程中因主动参与而产生美好体验的一种营销管理过程。

三、体验营销的类型与特点

1. 体验营销的类型

1) 知觉体验

知觉体验即感官体验，将视觉、听觉、触觉、味觉与嗅觉等知觉器官应用在体验营销上。

2) 思维体验

思维体验即以创意的方式引起消费者的惊奇、兴趣、对问题进行集中或分散的思考，为消费者创造认知和解决问题的体验。

3) 行为体验

行为体验指消费者在参与事件的互动过程中所感受到的生活方式和身体体验，从而使消费者被激发或自发地改变生活形态，以丰富他们的生活。

4) 情感体验

情感体验即体现消费者内在的感情与情绪，使消费者在消费中感受到各种情感，如亲情、友情和爱情等。

5) 相关体验

相关体验即以通过实践自我改进的个人渴望，使别人对自己产生好感。它使消费者和一个较广泛的社会系统产生关联，从而建立对某种品牌的偏好。

2．体验营销的特点

体验营销与商品营销、服务营销相比，既有共性，也有其特殊性。相同点就是它们都是为了满足顾客的需求；区别主要在于提供物、提供方式等不同。体验营销主要有无形性、个性化、互动性、主观性、延续性等特点。

(1) 无形性。服务营销中服务的无形性是以商品为依托的，制造商们通常的做法是将商品和服务捆绑式销售，以达到更完善的服务。当然许多服务本身也是一种体验，但在体验营销中的无形性更强调顾客所能感受到的一种难忘的、身临其境的体验，它是一种被感知的效果。

(2) 个性化。产品营销中强调提供标准化的产品，服务营销强调产品和服务的定制，而在体验营销中，由于个体存在巨大差异性，要吸引个体参与达到互动，在营销活动设计中就必须体现较强的个性化。当然，顾客也乐意为所获得的体验价值承受相对高的价格水平。

(3) 互动性。在产品营销中，消费者是企业的"用户"；在服务营销中，消费者被称为"客户"；而在体验营销中，消费者是企业的"客人"，也是体验活动的"主人"。因为体验活动必须要有顾客的参与，进而在顾客和企业之间发生一种互动行为。体验营销效果是顾客在互动活动中的感知效果。

(4) 主观性。在产品营销中，企业用价格或其他差异化手段区别于其他企业，在服务营销中企业通过服务价值等让渡使顾客获得更大的利益，而体验营销活动的最终效果是建立在个人主体印象(包含时间、空间、技术、真实性、质地、规格等方面的特征)的基础上的，它包含个体差异的影响，不同的个体有不同的感受，表现出个体的主观性。

(5) 延续性。顾客所获得的感受并不会因一次体验的完成而马上消失，具有一定的延续性，如发生的顾客对体验的各种回忆等，有时顾客事后甚至会对这种体验重新评价，产生新的感受。因此体验营销的效果是长期性的，一旦顾客对体验满意，他们对公司往往产生高度忠诚。

四、影响体验营销策略的因素

影响体验结果的主要因素有公司营销策略和个体差异。体验营销策略中影响体验结果的主要有体验的产品、体验的价格、体验的广告、体验的环境等。个体差异包括对体验期望、体验结果的影响两部分。

1．体验营销策略组合

(1) 体验的产品。不同的体验产品对体验结果的影响是不同的，因此正确地认识体验产品类型是体验营销中十分重要的环节。

① 产品类型。约瑟夫·派恩和詹姆士·吉尔摩根据人的参与程度和联系的类型把体验产品分为四种，即娱乐体验、教育体验、逃避现实体验、审美体验，如图 13-1 所示。

娱乐体验顾客参与度低，是主要依靠感觉被动地吸取的一种体验，它是一种单向行为，如人

图 13-1　体验产品的四种类型

们参加音乐会、观看体育活动等。

教育体验顾客参与程度高，通过教育者 (如老师)与受教育者(如学生)互动来使教育者吸取体验(知识)。

逃避现实体验顾客积极参与到一种浸入式的环境中，它与纯娱乐截然相反，逃离者完全沉浸在里面，如人们进入主题公园、聊天室、网络游戏等，这是完全互动的体验。近年出现的三维立体电影就是想要达到这种效果。

审美体验，个人沉浸于某一事物或环境中，但个人本身对事物或环境不产生影响，如参观艺术画廊和站在大峡谷边缘极目远眺等。

从本质上而言，这四种体验都是为满足马斯洛需要层次理论中发展性的需要，都是建立在缺失性需要满足的基础上，没有生存、安全、社交等的满足就谈不上尊重、自我实现、审美和求知的体验。有时饮食文化、社交等也是达到审美、求知体验等的方式。

② 体验的产品对体验结果的影响。个人参与体验的动机各不相同。参与有教育意义的体验是想学习，参与逃避体验是想去做；参与娱乐体验是追求感觉；而参与审美体验是想到达现场。当然，各种体验之间不能明显地分开，有时一种活动或服务兼有几种体验，如参观画廊时有专业人员介绍，就同时包含了教育体验和审美体验。顾客的最终体验结果取决于体验产品的可感受性的程度。体验营销要设法提高体验的参与度和吸取度。即使被动行为变为一种主动行为，这也是中国填鸭式教育的改革方向。

体验结果的差别也体现在行业的差别上，如艺术、游戏、餐馆提供不同类型和程度的体验。顾客最终的感知决定了体验结果。不管什么类型的体验，那些经历往往比商品、服务或活动本身更有意义，即更有价值，顾客才会给予提供体验的公司更高的价格作为回报。因此，提高商品和服务体验化程度，吸引顾客的参与是体验营销成功的关键。

(2) 体验的价格。理性消费者总是追求自身利益最大化。顾客将从能为其提供最大让渡价值的公司购买商品。科特勒把总顾客价值分为产品价值、服务价值、人员价值、形象价值，把总顾客成本分为货币成本、时间成本、体力成本和精力成本，而把两者的差作为顾客让渡价值。传统营销把体验作为一种服务，如果分出来，那么价值当中就要加上体验价值。而对于除产品之外的价值估计都是主观行为，并且人们对机会成本方面的估计也不相同，有时取决于人们手中所掌握的信息量的多少。体验类消费的定价应主要按心理和需求定价，如消费者根据自己认知衡量出来的价格与公司定价不一致，特别是当消费者认为总成本大于总价值时，体验活动的效果受很大的影响。因此必须加强与顾客交流来使其认识到物有所值。最成功的定价方式是顾客把价格作为回忆体验价值的一种功用。

(3) 体验的广告。广告本身是对体验的一种描述，对消费者起引导作用。顾客很多时候是通过企业广告了解体验活动内容的。当广告带有欺骗性或由于环境的变化(如旅游中季节不同或天气突变等)导致与广告中体验的不一致，特别是当对消费者敏感的体验无法感觉到时，对公司形象和顾客的忠诚都将产生极大的影响。因此，广告本身应主要作为一种实证性描述，不要带有主观感受，把这一部分让给顾客发挥(如在公司 BBS 上交流等)。顾客之间交流往往能修正和丰富一些顾客对体验的认识和感受，增加体验结果，进而提高顾客满意值，这也可以认为是一种规范性的广告。

(4) 体验的环境。从根本上讲，体验所在的环境也会影响体验的结果。当消费者离体验地距离较远时，一方面会造成顾客消费体验总成本的上升，使顾客消费的次数减少，另一方面地域的距离带来文化上的差异，进而给顾客带来体验的差别化，如拉萨人和内陆人参观布达拉宫的体验是有很大差别的。网络的流行正是其一定程度上克服了地点的限制，而且体验选择性大大增加。如何让顾客在消费中身临其境，是体验营销活动的关键环节所在。

2．个体差异分析

体验本身和人的需要都是客观的，但体验期望和体验结果从根本上讲是主观的，它与个人的收入状况、知识、经验、价值观、态度、心情、兴趣等有关。

(1) 个体差异对体验期望的影响。个人的收入状况决定了个人需要是否能转化为需求，即一种有购买力的需要。同时收入状况有时也决定了个人处于哪个需要层次，进而决定体验的类型和层次。一个处在温饱线以下的人可能对生存、安全等缺失性体验的需要要求更强烈些；而高收入者更多的是对汽车的豪华、住房的舒适、自我实现等发展性体验需要的关注。

个人的知识、经验等都会对体验内容等预期产生影响，如不同的人对上网的需求程度是不同的。另外，同是上网，游戏爱好者和查资料者将产生不同的体验。

个人的价值观、态度、兴趣会使个人产生思维定势，产生想当然的感觉，这都表现在其对体验的偏差性认识，体验营销应在与顾客的互动中进行交流和适当引导。

(2) 个体差异对体验结果的影响。知识、经验、价值观、态度、心情、兴趣、身体状况等个体差异都会使个体在同样的活动中产生不同的体验，特别是专业性很强的体验(如画展)和知识密集型的体验(如网络)。

正因为个体差异将同时影响体验期望和体验结果，所以收集个体背景数据是体验营销的一个重要环节。网络数据库的发展，较好地解决了这个问题，通过网上调查、互动性交流等手段，来了解体验的期望和效果，对于旅游、影视等分散型的顾客群体帮助极大。因此，未来的企业必须掌握电子营销技能和客户关系管理技能。

知识链接

第四节　病 毒 营 销

一、病毒营销的内涵

病毒营销源自生物医学中的病毒传播概念。医学上的病毒传播主要指病毒在人际间的传播，病毒在遇到易感人群后，吸附到宿主细胞上，在宿主细胞中增殖，到成熟时会释放大量的子一代病毒，子病毒通过被感染的人体向接触该人体的更多人传播扩散。因此，病毒的增殖方式是一种爆炸性的扩散方式。病毒营销就是以此为基本原理，将营销活动的受众作为宿主细胞，以各种营销信息作为病毒，映射到受众意识中，实现"感染"，而被"感染"的受众则在无意中把"病毒"传染给与其有联系的相关人群，进而以类似病毒增殖的方式进行人际间的滚动式信息传播。病毒营销的核心理念在于传播过程中的"受众"同时又是"传播者"，具有双重角色。

美国教授肯尼思·E.克洛曾在《广告、促销与整合营销》书中写道，所谓病毒营销，是指通过电子邮件传递广告，其实质也是种鼓吹或口碑营销。换句话说，当某顾客将信息传递给其他潜在顾客时，就发生了病毒营销。所以，病毒营销主要强调通过因特网这种手段，利用消费者的口碑传递企业的营销信息。

美国著名电子商务顾问 Ralph F. Wilson 博士将一个有效的病毒营销战略归为六项基本要素：① 提供无须努力向他人传递信息的方式；② 提供有价值的产品或服务；③ 利用现有的通信网络；④ 利用他人的资源；⑤ 利用公众的积极性和行为；⑥ 信息传递范围容易从小规模到大规模扩散。

二、病毒营销的特征

1. 有吸引力的话题

既然是"病毒性"营销，那么首先就必须要有一个"病毒"来传播。制造一个话题作为"病毒"看起来很简单，似乎只要是人们感兴趣的话题，就可以随意发挥。但其实不然，如果你的产品信息是赤裸裸的广告，用户不仅不会自愿传播，而且心生厌恶与反感。而微信红包则顺应了中国人新年讨彩头、交朋友、交好运的心理诉求，增强了互动性、娱乐性、交际性，从而突破了消费者的戒备心理，自觉自愿、乐此不疲地参与其中，促使其完成从纯粹受众到积极传播者的变化。

大公司往往会在品牌推广方面花费很多精力和预算，但百度系创业者曲博在这方面的投入几近空白。他创立的外卖品牌"叫个鸭子"，主要都是通过口碑传播，朋友传朋友、发朋友圈被看到的。因为"叫个鸭子"这个名字本身，就已经能诱发顾客在亲友间进行自传播，再加上诸多以鸭为核心的新奇趣味点，例如，双鸭套餐叫"双飞套餐"，粥叫"鸭绿江"，还有随餐附送的小黄鸭肥皂等，都能激发顾客们进行自传播。而在"叫个鸭子"的顾客群体里，90%都是女性。针对这个特点，"叫个鸭子"展开了"鸭寨夫人选美"的活动，鼓励这些女性顾客们发出与鸭子产品自拍照并参与评比。而自拍照是女性用户在微信朋友圈里最爱分享的内容。这样的营销活动并不需要砸钱就能起到事半功倍的效果。

2. 几何倍数的传播速度

一直以来，大众媒体发布广告的营销方式是"一点对多点"的辐射状传播，实际上无法确定广告信息是否真正到达了目标受众。"病毒性"营销是自发的、扩张性的、发散性的、弥漫性的信息推广，通过人际传播和群体传播，品牌信息被消费者传递给与自己相关或具有某种联系的人。例如，当目标受众读到一篇有趣的文章，他的第一反应或许就是将这篇文章转发给好友、同事，无数人在无数个群、圈子、论坛、微博上扩散，就构成了成几何倍数传播的主力。

在互联网时代，品牌已经不再是那个冰冷的、高高在上的、仅是搭乘娱乐媒体平台的形象，而是有亲和力、有内容的、有能够让更多的消费者关注的人格化的载体。例如，蓝翔技校的走红正是因为"挖掘机技术哪家强？中国山东找蓝翔"这句话在网络中病毒式的传播，而仔细分析会发现，他们的营销手法多样，从电视到微博，从电影到段子，关于蓝翔的段子带些自黑、恶搞，又不失幽默，总之娱乐性十足，让网民自愿提供传播渠道。

3. 高效率的接收

大众媒体投放广告难以克服信息干扰强烈、接收环境复杂、受众戒备抵触心理严重等缺陷。而对于那些有趣的"病毒"，是受众从熟悉的人那里获得或是主动搜索而来的，这些"病毒"有利、有趣、有理、有情、有料，大众在接受过程中自然会有积极的心态；而且，接收渠道也比较私人化，如微信、微博、QQ 群、电子邮件、封闭论坛等，使得病毒营销克服了信息传播中的噪音影响，增强了传播的效果。

三、病毒营销的分类

病毒营销主要分为微博营销、微信营销和网络视频营销。

1. 微博营销

微博营销是通过微博平台为商家、个人等创造价值的一种营销方式，也是商家或个人通过微博平台发现并满足用户各类需求的商业行为方式。在微博营销中，每个听众或粉丝都是潜在的营销对象，企业通过每天更新内容或发布大家感兴趣的话题，与听众或粉丝交流互动，向网友传播企业信息、产品信息，树立良好的企业形象和产品品牌形象，达到营销目的。该营销方式注重价值的传递、内容的互动、系统的布局、定位的准确。微博营销涉及的范围包括认证、有效粉丝、朋友、话题、名博、开放平台、整体运营等方面。自 2012年 12 月后，新浪微博推出企业服务商平台，为企业在微博上进行营销提供一定帮助。

2. 微信营销

微信营销是伴随着微信的火热而兴起的一种网络营销方式，是网络经济时代企业或个人营销模式的一种。微信不存在距离的限制，当用户注册微信后，便可与周围同样注册的"朋友"形成联系，订阅自己所需的信息，商家则通过提供用户需要的信息，推广自己的产品，从而实现点对点的营销。微信营销主要体现为在安卓系统、苹果系统的手机或者平板电脑的移动客户端进行的区域营销，商家通过微信公众平台，结合转介率微信会员管理系统展示商家微官网、微会员、微推送、微支付、微活动，形成以线上线下微信互动为主流的营销方式。

当今时代，信息之间交流的互动性越来越明显，虽然前些年曾经异常火热的博客营销也有和粉丝之间的大量互动，但是做不到及时。而微信则不一样，微信具有很强的互动及时性，无论你在哪里，只要带着手机，就能够轻松地与你未来的客户进行及时、良好的互动。同时，微信的用户一定是真实的、私密的、有价值的。相比而言，博客的粉丝中却存在着太多的无关粉丝。有媒体这样比喻：微信的 1 万个听众相当于新浪微博的100 万粉丝。

3. 网络视频营销

网络视频营销是指企业将各种视频短片以不同的形式放到因特网上，以达到商家扩大广告宣传影响力的目的。网络视频广告类似于电视视频短片，如现在流行的"快手""抖音"，这种方式有效融合了"视频"与"因特网"的各自优势，以其独特的方式吸引着消费者的眼球。网络视频是种真正意义上的互动视频，在网络视频中加入互动的成分，不但使视频具有很强的综合表现能力及感染力，而且具有高度的参与性和极强的趣味性。该视频还允许用户自己设置片头字幕，提高了用户参与的积极性。因特网及移动因特网的高速发展，网络视频的消费者不断增加。截至2018年12月底，我国网民规模达8.29亿人，因特网普及率为57.7%，网民通过手机接入互联网的比例高达98.3%，几乎与网民总量相当，这一发展趋势为网络视频营销创造了良好的基础与机会。

知识链接

模块二　技　能　训　练

案例分析

案例一：微媒体微信——关键词搜索＋陪聊式营销

据了解，微媒体微信公众号是最早一批注册并实现官方认证的公众账号，从开始到现在，一直专注于新媒体营销思想、方案、案例、工具，传播微博营销知识，分享微博营销成功案例。用户通过订阅该账号来获取信息知识，微信公众号每天只能推送一条信息，但一条微信不能满足所有人的口味，有的订阅者希望看营销案例，而有些或许只是想了解新媒体现状。面对需求多样的订阅者，微媒体给出的答案是关键词搜索，即订阅者可以通过发送自己关注话题的关键词例如"营销案例"、"微博"等，就可以接收到推送的相关信息。

当然，如果你发送"美女你好"，小微或许认为你只是要聊聊天，如果你实在不吐不快，或许这样的陪聊也是一个不错的选择。

案例二：星巴克——音乐推送微信

把微信做得有创意，微信就会有生命力！微信的功能已经强大到我们目不忍视，除了回复关键词，还有回复表情的。

这就是星巴克音乐营销，刺激你的听觉！通过搜索星巴克微信账号或者扫描二维码，用户可以发送表情图片来表达此时的心情，星巴克微信则根据不同的表情图片选择《自然醒》专辑中的相关音乐给予回应。

案例三：头条新闻——实时推送

当然，作为新媒体，微信当然也有其媒体传播的特性，尽管马化腾一直在弱化其媒体属性。作为微信营销案例的头条新闻，最大的卖点是信息的即时推送。头条新闻在每天下午六点左右，准时推送一天最重大的新闻，订阅用户可以通过微信直接了解最近发生的大事、新鲜事，不需要在海量的信息中"淘宝"。

"头条新闻"的定时推送选择在下班时间，完成一天的工作，在回家的路上看看当天的新闻也不失为一种调剂，既可以了解当下的大事，又可以排解路上的无聊。

思考：

1．分析以上案例属于何种营销案例？

2．分析病毒营销的利弊？

实训练习

1. 内容：大学城附近新开了一家以动物为主题的咖啡厅，老板在开业之前请你为咖啡厅设计宣传海报、营销计划和推广方案。

2. 要求：请运用体验营销的相关知识，以小组(5~7人为一个小组)为单位为这家主题咖啡厅策划营销方案并模拟体验营销过程。

模块三　复习与思考

一、单项选择题

1. 体验营销不包括(　　)。
   A. 感官体验营销　　　　　　　　B. 氛围体验营销
   C. 美学体验营销　　　　　　　　D. 绿色营销

2. 下列不属于感官体验营销的是(　　)。
   A. 氛围体验营销　　　　　　　　B. 触觉体验营销
   C. 视觉体验营销　　　　　　　　D. 听觉体验营销

3. 绿色营销以(　　)为最终目标。
   A. 可持续发展中　　　　　　　　B. 环境保护
   C. 绿色文化　　　　　　　　　　D. 消费者的绿色消费品

4. 在环境恶化、资源短缺的情况下逐渐形成的市场营销观念是(　　)。
   A. 人员推销　　　　　　　　　　B. 名人营销
   C. 绿色营销　　　　　　　　　　D. 文化营销

5. 文化营销在不同的地区、国度，因文化差异造成的营销对象、营销方式等的差别体现的是文化营销的(　　)。
   A. 差异性　　　　　　　　　　　B. 时代性
   C. 区域性　　　　　　　　　　　D. 开放性

二、简答题

1. 简述绿色营销的特征。
2. 叙述关系营销的运作模型。
3. 简述网络营销的特点。
4. 影响体验营销策略的因素有哪些？

营销前沿

参 考 文 献

一、书籍

[1] 倪杰. 现代市场营销学. 北京：清华大学出版社，2009.

[2] 许以洪，刘玉芳. 市场营销学. 北京：机械工业出版社，2012.

[3] 薛长青. 市场营销实务. 北京：北京大学出版社，2009.

[4] 吴健安. 市场营销学. 北京：高等教育出版社，2011.

[5] 郭国庆. 市场营销学通论. 北京：中国人民大学出版社，2011.

[6] 郭国庆. 市场营销学概论. 北京：高等教育出版社，2011.

[7] 苗新月. 市场营销学. 北京：清华大学出版社，2008.

[8] 梁健爱，连漪. 市场营销学：理论与实务学习指南. 北京：北京理工大学出版社，2008.

[9] 余丽琼，刘新贵. 新编市场营销学. 北京：北京理工大学出版社，2010.

[10] 赵越. 市场营销实训. 北京：首都经贸大学出版社，2010.

[11] 王天春. 市场营销案例评析. 大连：东北财经大学出版社，2009.

[12] 方四平，等. 市场营销技能实训. 北京：清华大学出版社，2009.

[13] 赵泽润，等. 文化市场营销学. 广州：中山大学出版社，2010.

[14] 王妙. 市场营销学教程. 上海：复旦大学出版社，2005.

[15] 何静. 市场营销学. 武汉：华中理工大学出版社，2008.

[16] 菲利普·科特勒. 营销管理. 13 版. 北京：中国人民大学出版社，2009.

[17] 陈阳. 市场营销学. 北京：北京大学出版社，2010.

[18] 郭国庆. 服务营销管理. 北京：中国人民大学出版社，2009.

[19] 王永贵. 服务营销与管理. 天津：南开大学出版社，2009.

[20] 万后芬. 绿色营销. 北京：高等教育出版社，2006.

[21] 花拥军. 客户关系管理. 重庆：重庆大学出版社，2012.

[22] 张艳芳. 关系营销. 成都：西南财经大学出版社，2007.

[23] 马鸿飞. 营销策划. 北京：机械工业出版社，2011.

[24] 符国群. 消费者行为学. 北京：高等教育出版社，2010.

[25] 贝尔奇，等. 促销整合营销传播视角. 郑苏晖，等，译. 北京：中国人民大学出版社，2009.

[26] 李飞. 关系营销. 北京：经济科学出版社，2010.

[27] 季辉，王冰，唐心智，等. 市场营销学. 西安：西安电子科技大学出版社，2017.

二、杂志

1. 销售与市场

2. 中国营销导刊

3. 市场与营销

4. 现代营销

5. 商界

三、网站

1. 营销与管理论坛

2. 中国经理人网

3. 中国经理人在线

4. 中国营销传播网

5. 营销与市场

6. 中国市场营销网(中国市场学会)

7. 中外管理网

8. 世界经理人网

9. 中国营销传播网

10. 第一赢销网